粤治撷英

治理现代化的广东探索

何增科　曹轲　蓝云 / 主编

南方日报出版社
NANFANG DAILY PRESS
中国 · 广州

图书在版编目（CIP）数据

粤治撷英 ：治理现代化的广东探索 / 何增科，曹轲，蓝云主编. —广州 ：南方日报出版社，2017.5
ISBN 978-7-5491-1606-5

Ⅰ. ①粤… Ⅱ. ①何… ②曹… ③蓝… Ⅲ. ①地方政府－行政管理－现代化管理－研究－广东 Ⅳ. ①D625.65

中国版本图书馆 CIP 数据核字(2017)第 071731 号

YUEZHI XIEYING
粤治撷英：治理现代化的广东探索

编　　者：何增科　曹　轲　蓝　云
出版发行：南方日报出版社
地　　址：广州市广州大道中 289 号
出 版 人：周洪威
责任编辑：刘志一　郑　颖
装帧设计：劳华义
责任技编：王　兰
责任校对：阮昌汉
经　　销：全国新华书店
印　　刷：广州市怡升印刷有限公司
开　　本：787mm×1092mm　1/16
印　　张：22.25
字　　数：338 千字
版　　次：2017 年 5 月第 1 版
印　　次：2017 年 5 月第 1 次印刷
定　　价：48.00 元

投稿热线：（020）87373998-8503　读者热线：（020）87373998-8502
网址：http://www.nanfangdaily.com.cn/press　http://www.southcn.com/ebook

2010年1月17日，第五届“中国地方政府创新奖”在北京揭晓。“中国地方政府创新奖”是由北京大学中国政治学研究中心（中国政府创新研究中心）联合中央编译局和中央党校的相关研究机构联合举办的全国性民间奖，目的在于鼓励地方政府创新行为。该奖项创办于2000年，每两年举办一次

2014年4月17日，广东省省长马兴瑞（时任广东省委副书记、政法委书记）（左一）在第一届“粤治”交流会上向时任中央编译局副局长俞可平（右一）、新加坡国立大学东亚研究所所长郑永年（右二）颁发南方舆情数据研究院专家委员会主任聘书。在本次交流会上，共有12位知名专家学者被聘为南方舆情专家委员会委员

2016年4月26日，广东省人大常委会副主任、省总工会主席黄业斌（右五），北京大学中国政治学研究中心主任、政府管理学院院长、南方舆情专家委员会主任俞可平（右七），韶关市委书记莫高义（时任广东省委宣传部副部长、南方报业传媒集团党委书记、南方日报社社长、南方舆情数据研究院院长）（左四），共同为第三届“粤治–治理现代化”优秀案例颁奖

2017年3月10日，南方报业传媒集团党委书记、南方日报社社长、南方舆情数据研究院院长刘红兵（左五）在南方报业传媒集团副总编辑、南方舆情数据研究院执行副院长曹轲（左三）的陪同下到南方舆情调研指导，并与南方舆情数据研究院秘书长、副秘书长合影

编委会名单

主创机构介绍

北京大学中国政治学研究中心

北京大学中国政治学研究中心是北京大学独立的实体研究机构，成立于2015年10月20日，其前身是北京大学中国政府创新研究中心，创始主任为北京大学讲席教授俞可平先生。中心主要从事政治学基础研究，包括政治哲学、比较政治制度、中外政治思想史和政治发展战略的研究。中心目前承担的主要课题包括国家社会科学基金重大委托项目“国家治理现代化研究”、大型合作课题“中国地方政府创新获奖项目跟踪研究”、国家部委委托课题“中国兴起战略研究”。中心老师主讲的课程包括“政治哲学”“政治学前沿”“政府创新的理论与实践”“监察与监督”等。中心还承担“全国治理研究协作网络”和“中国地方政府改革创新研究与奖励计划”的日常协调工作；主办“北大政治学”微信公众号，主编《中国治理评论》连续出版物。

北京大学中国政治学研究中心网址：

http://www.chinagovernance.pku.edu.cn/

南方舆情数据研究院

南方舆情数据研究院由南方报业传媒集团倾力打造，以助推“国家治理体系和治理能力现代化”为中心。南方舆情数据研究院于2014年初成立，是国内首家从专业媒体角度专注“治理现代化”研究领域的复合型智库，致力于建设成为有南方特点的中国特色新型智库，通过大数据采集和深度挖掘，还原社会真实意见，洞悉舆情事件发展规律与趋势，提供应对与引导建议，助推科学民主决策。

扫码关注南方舆情数据研究院

序

进一步推动政府创新

俞可平

中共十八届五中全会确立了“创新、协调、绿色、开放、共享”五大发展理念，创新居于五大理念之首。建设一个创新型国家，已经成为国家的发展战略。建设一个创新型社会，也已经成为新的共识。在我看来，要在全社会贯彻“创新”的发展理念，建设一个创新型国家和创新型社会，关键在于建设一个创新型政府。在理论创新、科技创新、文化创新、治理创新等所有类型的创新中，制度创新最为重要，而制度创新的关键则是政府创新。

政府创新，就是公共权力部门为增进公共利益而进行的创造性改革。政府创新首先是一种改革，包括行政管理体制、行政机构和行政程序的改革，它是政治体制改革的重要内容。但政府创新不是一般的改革，而是为了增进公共利益而进行的创造性改革。政府创新不仅直接关系到行政效率和执政能力，也从根本上关系到经济发展、政治民主和社会稳定，因此为各国政府所重视，是一种世界性的潮流。如果说善政是善治的关键，那么，政府创新便是治理创新的关键。

从过去15年我主持中国地方政府创新奖的经验来看，一方面我们高兴地看到，我们在政府创新方面取得了巨大的成就，建设创新型政府已经成为推进国家治理现代化的一个重要目标。特别是广东和浙江两省，一直走在地方政府创新的前列。从2014年的第八届中国地方政府创新奖申报情况看，广东和浙江是申报政府创新项目最多的两个省份，几近占全国申报数量的一半。因此，广东和浙江的政府创新经验尤为珍贵，值得认真总结。我们发起“粤治-治理现代化”论坛，就是总结粤治创新的重要举措。

另一方面，也令人担忧地看到，近几年来，地方政府的创新积极性在明显下降，政府创新的动力不足。这种现象值得认真研究和反思。南方报业传媒集团举办第二届“粤治-治理现代化”广东探索经验交流会，除了总结广东政府创新的成功经验之外，也应当直面我们在政府创新方面存在的问题，吸取我们在政府创新方面的教训。

总结一下近年来各地政府创新正反两个方面的经验和教训，最令人担心的一点，就是地方政府创新的阻力和困难在明显增大，而不是在减小。这些阻力和困难主要来自以下六个方面。其一，政府创新的制度环境没有适应地方社会经济发展的需要，使地方治理的自主性和多样性不能充分发挥。其二，上下级政府的事权划分不清楚，下级政府的自主权难以得到制度性的保障。其三，地方官员的改革创新积极性下降，从而导致地方政府创新的动力不足。其四，由于干部选拔制度和绩效考核制度等原因，政府创新的可持续性不高，导致许多创新项目难以为继。其五，许多优秀的创新实践没有及时上升为制度和政策，从而得不到巩固和推广。其六，许多政府创新的成本-效益比不高，使许多政府创新项目的实际效益不能彰显。

如何进一步推动地方的政府创新，真正使创新的理念引领社会政治经济的发展？我认为需要做好以下六个方面的工作。

第一，进一步解放思想，冲破陈旧观念的束缚。思想是行动的前提，观念创新是所有其他创新的前提。政府创新贵在突破性的改革举措，贵在创造性的制度变革。我们现在所面临的许多问题，都是我们过去没有碰到过的。在建设中国社会主义现代化过程中新产生的问题，没有现成的答案，也绝不能走回头路。只有转变观念，开动脑筋，想出新办法，才能真正从实际出发，创造性地解决我们在改革开放中遇到的各种新问题。解放思想是改革开放成功的法宝，也是我们广东改革发展的法宝，我们不能丢掉这个法宝，自废武功。没有思想的解放和观念的创新，一切创新都将无从谈起。

第二，更加重视政府创新，把创新当作政府的重要责任。政府是社会进步的火车头，善政是人类长期追求的政治理想，也是达到善治的关键。没有政府创新，就不可能有国家治理的现代化。在中国特殊的社会政治背景下，政府自身的改革创新，意义特别重大，与人民群众的切身利益息息相关。因此，既要从维护执政地位、提高能力的角度，更要从立党为公、执政为民的高度，重视和推动政府创新。

第三，政府的改革创新需要有良好的制度保障。任何创新都有风险，政府改革风险尤大，如果没有相应的法律和制度鼓励政府的改革创新，许多大胆的改革创新举措就会因没有制度保障而无法推出。在这里，要正确处理法律的合法性与政治的合法性之间的相互关系，要及时通过修改和调整相关法律来保护和鼓励改革者的创新行为。不进行制度性的改革，不从制度上保障各地政府的创新，甚至一些成熟的政治改革，也会裹足不前。

第四，政府创新需要有整体战略和长远战略，要有科学的顶层设计；又要充分认识地方的多样性，尊重地方的自主性和创造性，为地方的自主创新留下足够的空间。政府的改革创新，牵一发动全身，影响深远。一方面，要站在国家和民族根本利益的高度，超越部门和地区利益，进行全局性的统筹规划，挣脱既得利益的束缚。另一方面，又必须考虑到各个地方的差异性，充分发挥地方的自主性，避免出现“一人生病，全家吃药”的现象。

第五，上级政府要善于总结各级政府的改革创新经验，及时将成熟的改革创新政策上升为法规制度，从制度上保障政府创新的可持续性。一种政府创新，无论其效果多好，多么受到群众的拥护，如果最终不用制度的形式进行肯定和推广，那么，这种创新最后都难以为继，就难免“人走政息”，成为短期行为。

最后，要妥善处理好与中央保持一致和发挥地方自主性之间的关系。我国是单一制国家，地方要服从中央，要根据中央的统一部署、在中央的统一领导下进行改革，这是问题的一方面。另一方面，我国幅员广阔，地方的差异性大，各地的发展很不平衡，中央的制度和政策一定要给地方预留足够的自主空间。按照中央要求去做，在中央统一领导下去做，并不是说地方政府要亦步亦趋地刻板地按照中央或上级的指示去做。相反，各地完全可以按照中央的精神，以改革创新的态度，从各地实际出发进行大胆的创造性试验。其实，中央在全国范围内推行的许多政策和制度，最初都是地方党政机关改革创新的产物。

在政府创新方面广东一直做得很好，期待着在推进国家治理现代化，特别是政府治理现代化方面，“粤治”创造出更多的先进案例和成功经验。

（本文依据作者在2015年4月第二届“粤治”论坛发言稿整理而成）

目录

CONTENTS

上　篇

演变与趋势

展望

地方治理创新与地方治理现代化：以广东为例*

何增科

地方治理是国家治理的重要组成部分，地方治理现代化是国家治理现代化的一项重要内容，地方治理创新是通向地方治理现代化的必由之路。近些年来浙江和广东等省地方治理创新高度活跃，高质量的地方治理创新层出不穷，他们已经成为全国范围内地方治理创新的领跑者，其地方治理现代化在全国范围内也处于领先水平。本文以广东省为例，选取了2000年以来广东省申报“中国地方政府创新奖”的项目和获得“粤治”优秀案例的项目为分析对象，分析了广东省自2000年以来地方治理创新的类型分布与演变趋势，总结了广东省地方治理现代化的基本特点，并对广东省治理创新和治理现代化的未来努力方向进行了展望。

一、广东省地方治理创新的类型分布与演变趋势

“中国地方政府创新奖”是由北京大学中国政治学研究中心的前身中国政府创新研究中心联合中央编译局和中央党校的相关研究机构联合举办的全国性民间奖，目的在于鼓励地方政府创新行为。该奖项创办于2000年，每

* 这是笔者协助俞可平主持的“地方治理创新与地方治理现代化：以广东为例”课题的主报告。本报告写作过程中的调研和资料使用得到了课题负责人俞可平老师的大力支持，关于“粤治”的有关资料的使用得到了南方舆情数据研究院蓝云秘书长及其团队的倾情支持，对广东省申报“中国地方政府创新奖”的资料的定量分析得到了北大政管院博士研究生史霞的热情协助，笔者在此向他们表示衷心的感谢。当然本报告的文责由作者自负。

北京大学中国政治学研究中心教授　何增科

两年一次，到2016年已经举办了八届，在学术界和政界享有很高的声誉。从历年来广东省申报“中国地方政府创新奖”的项目数量和获奖项目数量可以看出广东省地方治理创新的活跃程度（它可以根据申报“中国地方政府创新奖”项目的数量所反映的发生频率来衡量）和创新项目质量（它可以根据获奖项目数量来衡量）。八届“中国地方政府创新奖”申请项目总数为2004个，其中广东省申请项目总数为114个（具体项目名录见附录一），占比达到5.69%，而第七届全国申报项目中广东一省占比竟高达28%以上，第八届全国申报项目中广东一省的占比也高达23%以上，这从一个侧面反映出广东省确实是地方治理创新大省，地方治理创新非常活跃。[①] 而从“中国地方政府创新奖”获奖项目数量来看，八届“中国地方政府创新奖”获奖项目总数为177个（剔除两个非地方政府层级的创新项目），广东省一个省份获奖项目总数为18个

① 地方政府创新，根据俞可平教授的定义，是地方公共权力机关发起实施的创造性变革，其目的是提高政府效率或增进公共利益。地方治理创新是多种地方政治行为主体围绕地方公共事务管理而发起实施的创造性变革，其目的是提高治理效率，增进地方民众利益。地方政府创新是地方治理创新极为重要的组成部分。地方治理创新包括了地方政府创新，同时也包括了其他地方政治主体发起实施的创造性变革。我们这里主要是根据地方政府创新情况来勾画地方治理创新图景。

（具体项目名录见附录二），占比达到10%以上或者说十分之一以上。[①]获奖项目多反映出高质量的地方治理创新多，这从一个侧面说明广东省在全国各省份中同时还是地方治理创新强省。

2000年以来，广东省地方治理创新在不同年份的活跃程度存在着很大的差别。广东省全省申报历届中国地方政府创新奖的项目数量的变化从一个侧面反映了这一点。见图1。在图1中，广东省申报历届中国地方政府创新奖的项目数量经历了起伏波动，但总体上呈现上升趋势，这从一个侧面反映出进入新世纪以来广东省地方治理创新日趋活跃的发展趋势，尽管这其中不同年份有起伏波动。

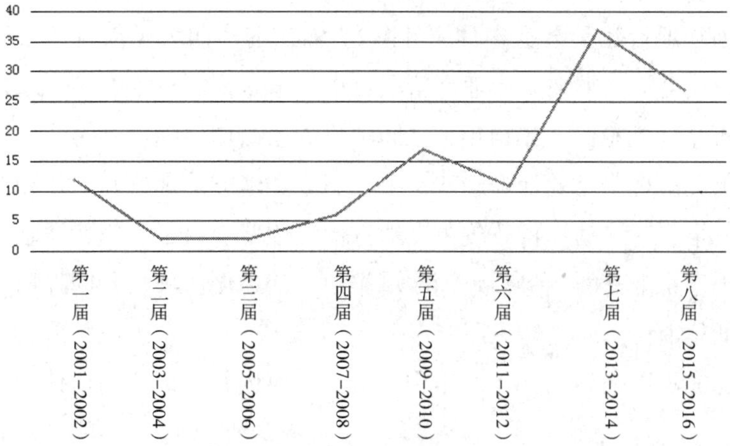

图1　广东省申报历届中国地方政府创新奖项目的数量

地方治理创新有多种类型划分方法。本文沿用了作者对地方政府创新四大类28个子类的类型划分，以便于对广东申报中国地方政府创新奖的项目进行类型划分并分析其总体状况与演变趋势。地方治理创新的四大类和28个子类分别是：政治改革类，行政改革类，公共服务类，社会治理类。政治改革类地方治理创新又可以进一步细分为7个子类：民主选举类，民主决策类，

① 笔者曾长期担任中国地方政府创新奖组委会主任，相关数据系笔者根据原始数据自己计算而得来。

民主管理类，民主监督类，政务公开类，提高立法质量类，司法改革类。行政改革类地方治理创新也可以进一步细分为7个子类：改善监管类，节约成本类，提高效率类，绩效管理类，行政问责类，依法行政类，专业行政类。公共服务类地方治理创新可以进一步细分为7个子类：服务特殊人群类，保护弱势群体类，扶贫济困类，社区服务类，社会保障与社会救助类，服务方式创新类，基本公共服务均等化类。社会治理类地方治理创新也可以进一步细分为7个子类：社会组织管理类，社区管理类，流动人口管理类，信访体制改革类，利益协调与纠纷调处类，社会治安管理类，社会应急管理类。①

从2000年以来到2016年八届中国地方政府创新奖广东申请项目的类型分布来看，社会治理类地方治理创新项目总数处于领先地位，其次为公共服务类地方治理创新项目，再次为行政改革类地方治理创新项目，政治改革类地方治理创新项目数量最少。具体见图2。而从前述四大类项目各自的演变趋势来看，社会治理类地方治理创新项目逐年增多，而在第六届（2011—2012年）到第七届（2013—2014年）之间项目数量激增，随后到第八届（2015—2016年）又出现明显的下降趋势；公共服务类地方治理创新项目则在高位上经历了三个起落波动；行政改革类地方治理创新项目虽有起伏波动，但总体上呈现出稳步上升的趋势；政治改革类地方治理创新项目其间经历了两次起落而在低位上徘徊。具体见图3。

从2000年以来到2016年八届中国地方政府创新奖，广东申请项目中政治

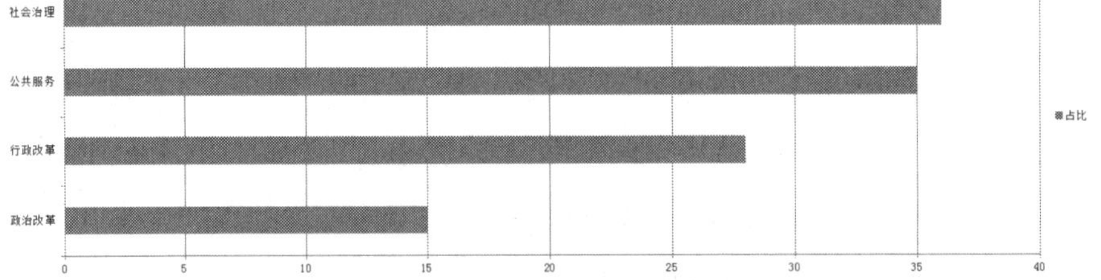

图2　广东省申报历届中国地方政府创新奖项目的类型分布

① 对这一类型划分框架感兴趣的读者可参见何增科. 中国政府创新的趋势分析——基于五届“中国地方政府创新奖”获奖项目的量化研究[J]. 北京行政学院学报，2011，1.

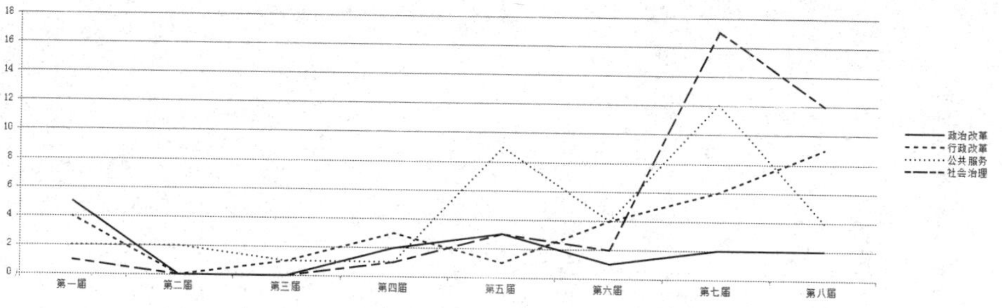

图3　广东省申报历届中国地方政府创新奖的四类项目的演变趋势

改革类项目7个子类型的具体分布来看，民主选举和民主决策类地方治理创新项目处于领先地位，其次为政务公开和民主监督类地方治理创新项目，再其次为民主管理和司法改革类地方治理创新项目，提高立法质量类地方治理创新项目则付之阙如。具体见图4。而从这7个子类型的演变趋势来看，民主选举类地方治理创新项目第一届数量最多，第五届又出现过一次，而在其他各届则归于消失，民主决策类地方治理创新项目从第六届开始出现并有所增加，民主管理类地方治理创新项目从第一届出现过一次后就归于消失，民主监督类地方治理创新项目仅在第四届和第五届各出现过一次此前和此后都没有再出现过，政务公开类地方治理创新项目在第四届、第五届和第七届各出现过一次而在其他各届则未曾出现过，司法改革类地方治理创新项目仅在第一届出现过一次，随后就未再出现过，提高立法质量类地方治理创新项目自始至终就不曾出现过。具体见图5。

从2000年以来到2016年八届中国地方政府创新奖广东申请项目中，行政改革类项目7个子类型的具体分布来看，提高效率和改善监管这两个子类型

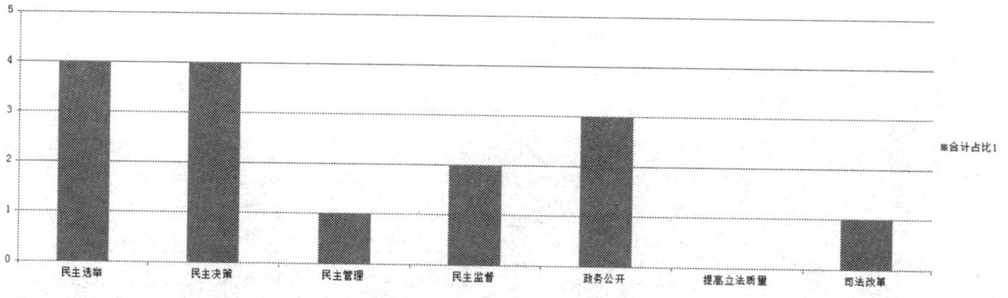

图4　广东省申报历届中国地方政府创新奖的政治改革类项目中7个子类型的具体分布图

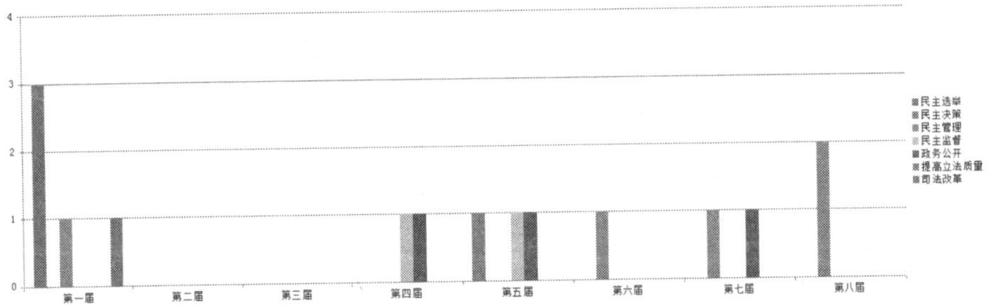

图5　广东省申报中国地方政府创新奖的政治改革类项目中7个子类型的具体演变趋势

的地方治理创新项目的总数处于领先地位，绩效管理类、依法行政类和节约成本类这三个子类型的地方治理创新项目的总数处于第二梯队的地位，专业行政类地方治理创新处于第三梯队的地位，而行政问责类项目处于缺位的状态。具体见图6。从这7个子类型的演变趋势来看，改善监管类地方治理创新项目在起伏波动中缓慢上升，节约成本类地方治理创新项目在低位上徘徊不定，提高效率类地方治理创新的项目虽有起伏波动但总体上呈现明显增加的趋势，绩效管理类地方治理创新项目在起伏波动中呈现出稳步上升的趋势，行政问责类地方治理创新项目始终处于缺位状态，依法行政类地方治理创新项目在起伏波动中呈现逐步增加的趋势，专业行政类地方治理创新项目经历了一个从无到有的演变过程。具体见图7。

从2000年以来到2016年八届中国地方政府创新奖广东申请项目中，公共服务类项目7个子类型的具体分布来看，服务特殊人群类和服务方式创新类这两个子类型地方治理创新项目就其数量来说处于领先地位，其次为社区服务类地方治理创新项目，再其次为扶贫济困类、社会保障与社会救助类、基

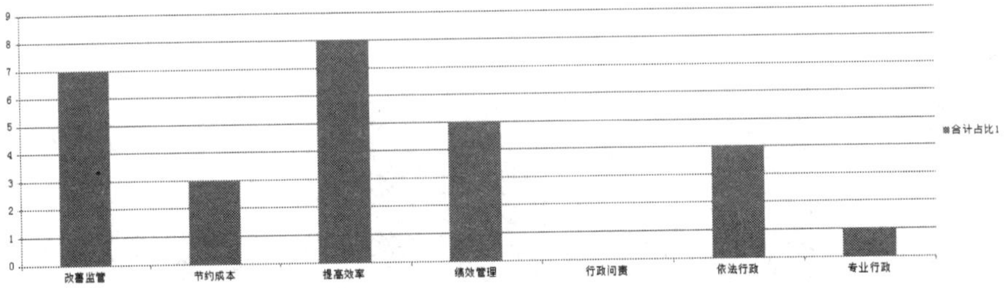

图6　广东省申报历届中国地方政府创新奖的行政改革类项目中7个子类型的具体分布图

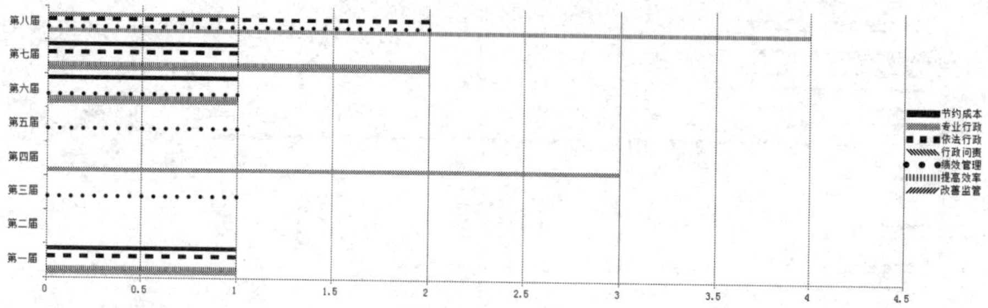

图7 广东省申报中国地方政府创新奖的行政改革类项目中7个子类型的具体演变趋势

本公共服务均等化类等三个子类型地方治理创新项目，保护弱势群体类地方治理创新项目的数量最少。具体见图8。从7个子类型的具体演变趋势来看，服务特殊人群类地方治理创新项目经历了从无到有并在第五届登上峰值随后又急剧减少直至消失这样一个过程，保护弱势群体类地方治理创新项目仅在第七届时出现过一次此前和此后各届都未曾出现过，扶贫济困类地方治理创新项目在第一届和第二届各出现过一次，随后就归于消失，社区服务类项目在起伏波动中缓慢上升，社会保障与社会救助类地方治理创新项目在第一届和第七届各出现过一次，而其他各届未再出现过，服务方式创新类地方治理创新项目在不同年份有起伏波动但总体上有所增加，基本公共服务均等化类地方治理创新项目仅在第七届有过两次，而其他各届则未曾出现过。具体见图9。

从2000年以来到2016年八届中国地方政府创新奖广东申请项目中，社会治理类项目中7个子类型的具体分布来看，社区管理和社会组织管理两个子类地方治理创新项目的数量处于遥遥领先的地位，其次为信访体制改革和流动人口管理体制改革两个子类型的地方治理创新项目，再其次为社会治安管

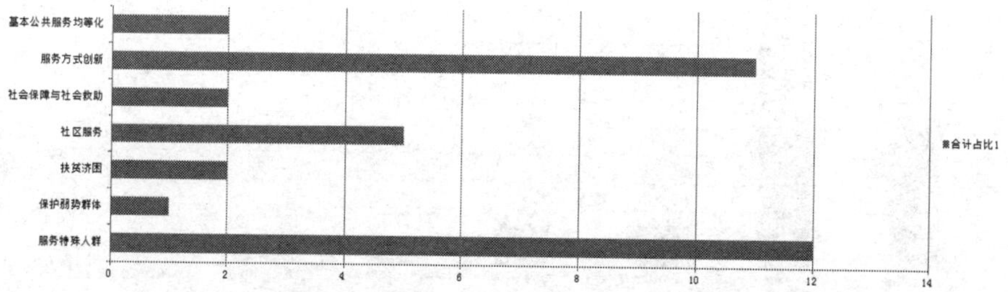

图8 广东省申报历届中国地方政府创新奖的公共服务类项目中7个子类型的具体分布图

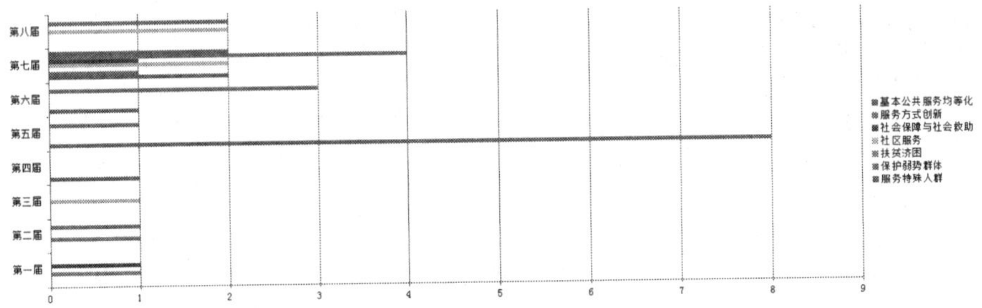

图9　广东省申报中国地方政府创新奖的公共服务类项目中7个子类型的具体演变趋势

理类和利益协调与纠纷调处类地方治理创新项目，而社会应急类地方治理创新项目则付之阙如。具体见图10。从7个子类型的具体演变趋势来看，社会组织治理类项目经历了从无到有、从少到多再有所减少这样一个过程，社区治理类项目经历了从无到有到近年来迅速增加这样一个发展趋势，流动人口管理类项目经历了从无到有稳步增加但第八届又归于消失这样一个过程，信访体制改革类项目在第一届、第五届和第八届各出现过一次，而在其他各届未曾出现过，利益协调与纠纷调处类项目只是在第七届出现过一次，而其他各届均未再出现过，社会治安类项目同样只是在第七届出现过一次，而其他各届均未再出现过，社会应急类项目则始终出现过。具体图11。

地方治理创新的主体包括党的机关、行政机关、司法机关、人大、政协、群团组织和其他组织等。从广东省申报历届中国地方政府创新奖的项目单位来看，行政机关申报数量最多，其次为党的机关，随后为群团组织，人大和政协申报数量很少。具体见图12。这从一个侧面反映出广东省地方治理创新不同主体在活跃程度上的重要差别。党的机关发起的地方治理创新涵盖政治改

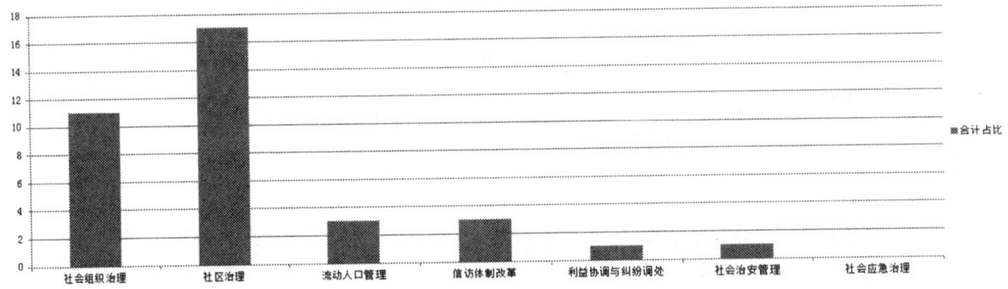

图10　广东省申报历届中国地方政府创新奖的社会治理类项目中7个子类型的具体分布图

革、行政改革、公共服务和社会治理等四大类别且相对比较平衡，其中以政治改革和社会治理类项目居多，行政改革和公共服务类项目数量次之。具体见图13。行政机关发起的地方治理创新项目以社会治理类项目居多，其次为行政改革和公共服务类项目二者不相伯仲，行政机关发起的政治改革类项目数量很少。司法机关发起的地方治理创新项目主要属于政治改革类，人大没有申报过地方政府创新奖，政协发起的创新项目主要属于政治改革类。群团组织发起的

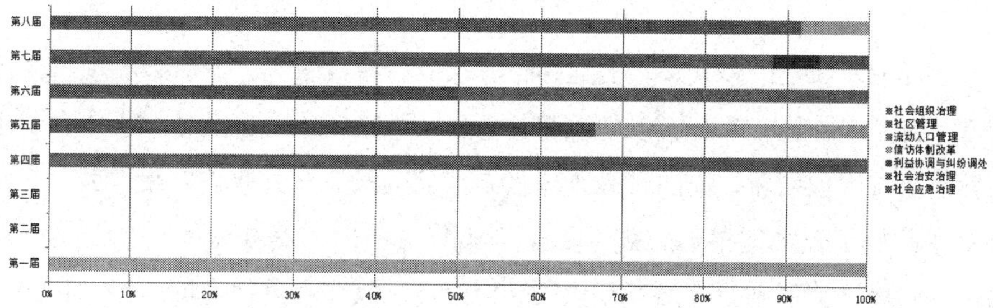

图11　广东省申报中国地方政府创新奖的社会治理类项目中7个子类型的具体演变趋势

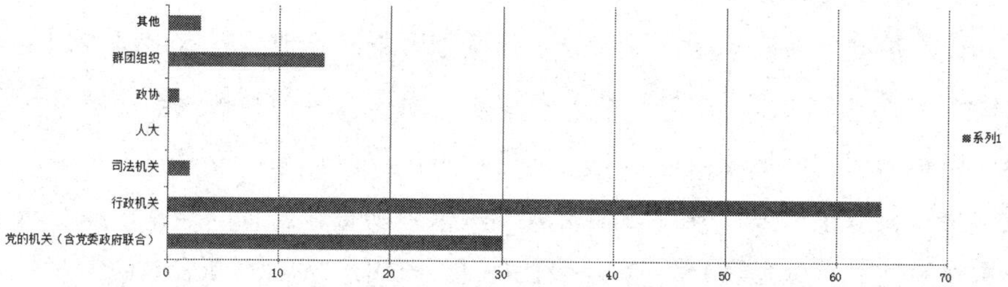

图12　广东省申报历届中国地方政府创新奖的项目单位类别分布图

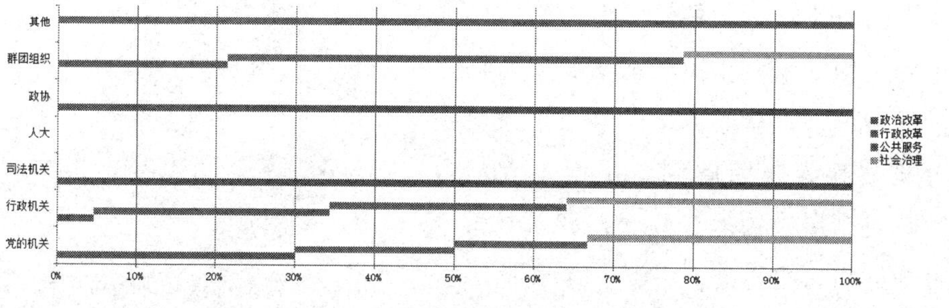

图13　广东省申报历届中国地方政府创新奖的各类项目单位发起的创新类别分布图

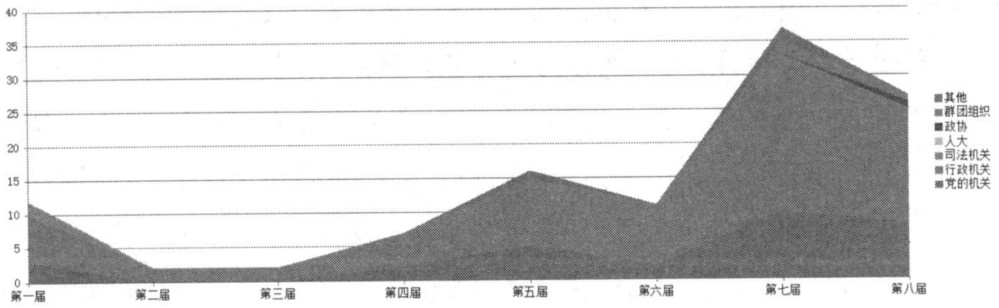

图14　广东省申报历届中国地方政府创新奖的项目单位逐届变化图

地方治理创新项目以公共服务类居多，其次为行政改革和公共服务类项目二者持平，群团组织没有发起过政治改革类项目。从地方治理创新各个主体在16年间发起地方治理创新方面的具体表现来看，党的机关在发起地方治理创新方面16年间经历了三个起落但总体来看呈现出日益活跃的趋势，行政机关这16年间在发起地方治理创新方面有起伏波动但总体呈现出高度活跃的趋势，司法机关在第一届时曾比较活跃随后就归于沉寂，政协到最近一届中国地方政府创新奖时开始活跃起来，群团组织在发起地方治理创新方面经历了一个从不甚活跃到较为活跃再到不太活跃的转变过程。（见图14）

地方治理创新在不同行政层级上活跃程度不同。地方行政层级可划分为省级、副省级、地市级、区县级、乡镇（街道）层级和其他等不同层级。广东省申报历届中国地方政府创新奖的项目单位按其行政层级分布来说，区县级申报项目数量最多，其次为地市级，再次为副省级，省级和乡镇级申报项目数量相同。具体见图15。这从一个侧面反映出广东省地方治理创新在区县这个层级最为活跃，其次为地市级，其原因或许在于区县级和地市级政府面临的问题最为迫切同时又有足够的自主权去解决这些问题，因而地方治理创新最为活跃。乡镇和街道尽管面临的问题最为直接而具体，但由于条块分割授权有限因此创新反而不太活跃。更高层级的地方政府在创新方面更为谨慎，更愿意在总结基层和低层级地方政府试点基础上进行创新推广

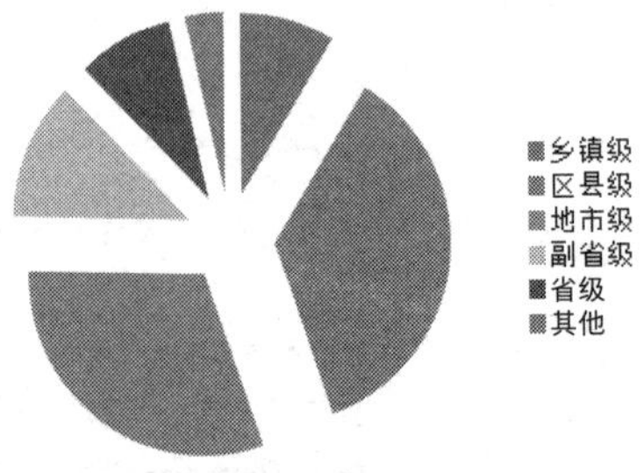

图15　广东省申报历届中国地方政府创新奖项目单位行政层级分布

工作，由此导致省级和副省级层面上地方治理创新相对较少。在乡镇级政府发起的地方治理创新项目中，社会治理类项目最多，其次为公共服务类，行政改革和政治改革类项目最少。在区县级政府发起的地方治理创新项目中，社会治理类项目最多，公共服务类项目次之，行政改革类项目又次之，政治改革类项目最少。在地市级政府发起的地方治理创新项目中，社会治理类项目最多，公共服务类项目次之，政治改革和行政改革类项目并列第三位。在副省级政府发起的地方治理创新项目中，公共服务类项目最多，行政改革和社会治理两个子类型并列第二位，政治改革类项目最少。在省级政府及其职能部门发起的地方治理创新项目中，行政改革类项目最多，公共服务和行政改革类项目并列第二位，没有政治改革类项目。具体见图16。在2000年以来的16年间，乡镇级政府在地方治理创新活跃程度方面经历了三个起落，区县级政府在地方治理创新活跃程度方面有起伏波动但上升趋势显著，地市级政府在地方治理创新活跃程度方面起伏波动较大但总体仍呈上升趋势，副省级政府在地方治理创新活跃程度方面处于低位徘徊的状态，省级政府及其职能部门在地方治理创新方面经历了一个从无到有低位徘徊的过程。具体见图17。

地方治理创新活跃程度在不同经济发展水平和条件的地区之间呈现出显著的差异。广东省区域经济发展不平衡，珠三角地区经济发展水平和条件明显好于东翼、西翼和山区，而东翼和西翼又要好于山区。[①]而从广东省这四

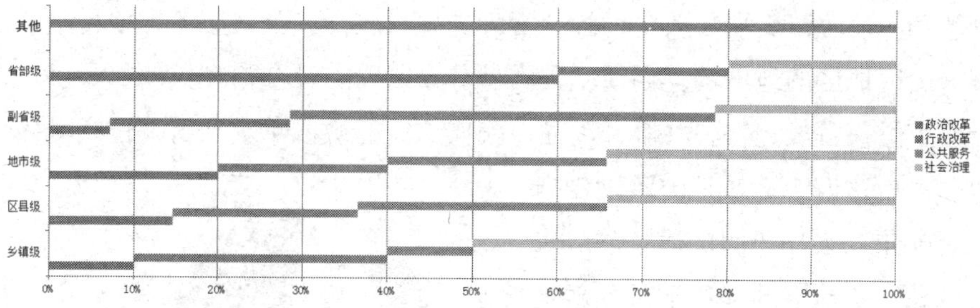

图16　广东省申报历届中国地方政府创新奖不同层级项目单位发起创新的大类分布图

① 珠三角范围包括由珠江沿岸广州、深圳、佛山、珠海、东莞、中山、惠州、江门、肇庆9个城市组成的区域，东翼是指汕头、潮州、揭阳、汕尾四个地级市，西翼是指湛江、茂名、阳江三市，山区是指韶关、梅州、清远、河源和云浮等五市。

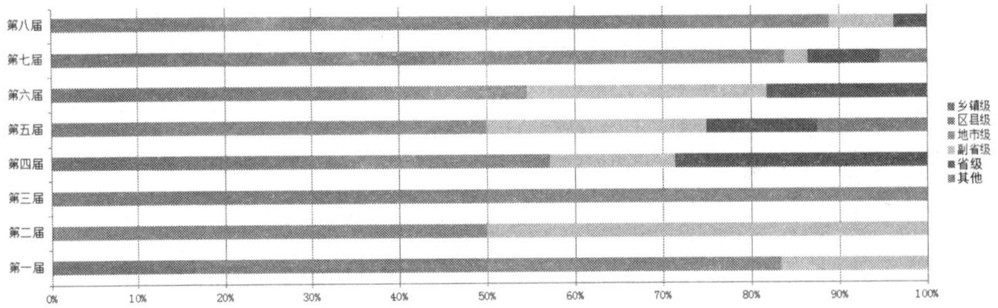

图17　广东省申报历届中国地方政府创新奖不同层级项目单位数量届别变化图

个区域申报历届中国地方政府创新奖项目数量来看，珠三角地区申报项目高达92项之多，反映出经济发达地区地方治理创新更为活跃的事实。但广东山区五市虽然经济发展水平不及东西两翼，但申报项目数量却要明显高于东西两翼，山区五市申报项目数量为11项，东西两翼分别只有6项和5项，这表明经济欠发达地区只要勇于创新，在地方治理创新方面同样可以表现活跃。具体见图18。从地方治理创新的具体类型分布来看，不同区域地方治理创新的侧重点存在着明显的差异。珠江三角洲地区的地方治理创新就其类型分布来看，公共服务类地方治理创新项目数量最多，其次为社会治理和行政改革类地方治理创新项目，政治改革类地方治理创新项目数量最少。东翼地区的地方治理创新就其类型分布来看，公共服务和社会治理类项目较多，政治改革和行政改革类项目较少。西翼地区的地方治理创新就其类型分布来看，政治改革和行政改革类项目较多，社会治理类项目较少，公共服务类项目基本没有。山区地区的地方治理创新就其类型分布来看，社会治理类项目最多，政治改革类项目次之，公共服务类项目又次之，行政改革类项目缺位。具体见图19。就这四个区域地方治理创新在2000年以来16年间的演变趋势来看，珠三角地区的地方治理创新虽有起伏波动但总体来看呈现显著上升趋势并维持着高位，东翼地区的地方治理创新在低位上经历了三起三落，西翼地区的地方治理创新同样在有和无的低位上经历了三个起

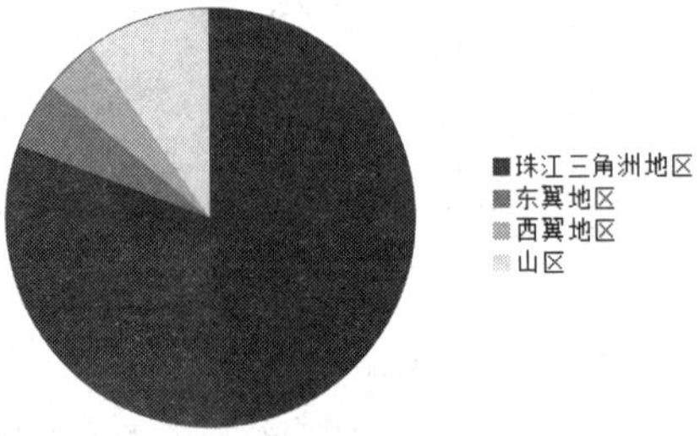

图18　广东省申报历届中国地方政府创新奖项目四大区域分布图

落，山区的地方治理创新在起伏波动中呈现出缓慢上升的趋势。但值得注意的是这四个区域申报第八届中国地方政府创新奖的项目数量均出现了明显的下降。具体见图20。

广东省各个地级以上市在地方治理创新的活跃程度上也呈现出明显的差异。在广东省申报历届中国地方政府创新奖的114个项目中，深圳市申报项目数量达到50个，遥遥领先，属于地方治理创新高度活跃的城市；广州、佛山、江门、清远等市申报数量在5—7个之间，属于地方治理创新较为活跃的城市；珠海市、云浮市、东莞市、中山市、阳江市、汕头市申报数量在3—4个之间，肇庆市、梅州市、潮州市、湛江市、茂名市、揭阳市仅有1—2个申报项目，这些城市皆可归于地方治理创新不太活跃的城市；河源市、汕尾市和韶关市这三个城市在16年间没有申报过一次中国地方政府创新奖，这些城市可归于地方治理创新不活跃的城市。具体见图21。

深圳市依靠改革创新成为中国经济最为发达的城市之一，经济的外向开放和充满活力又推动了地方治理创新，地方治理创新和经济发展在深圳市已

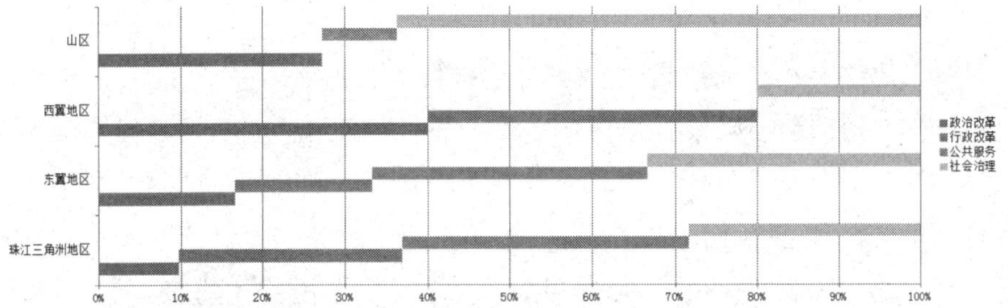

图19　广东省四大区域申报历届中国地方政府创新奖项目类型分布

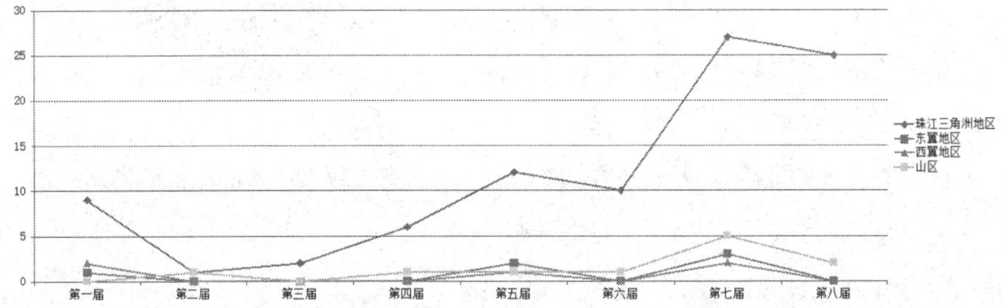

图20　广东省四大区域申报历届中国地方政府创新奖项目数量变化

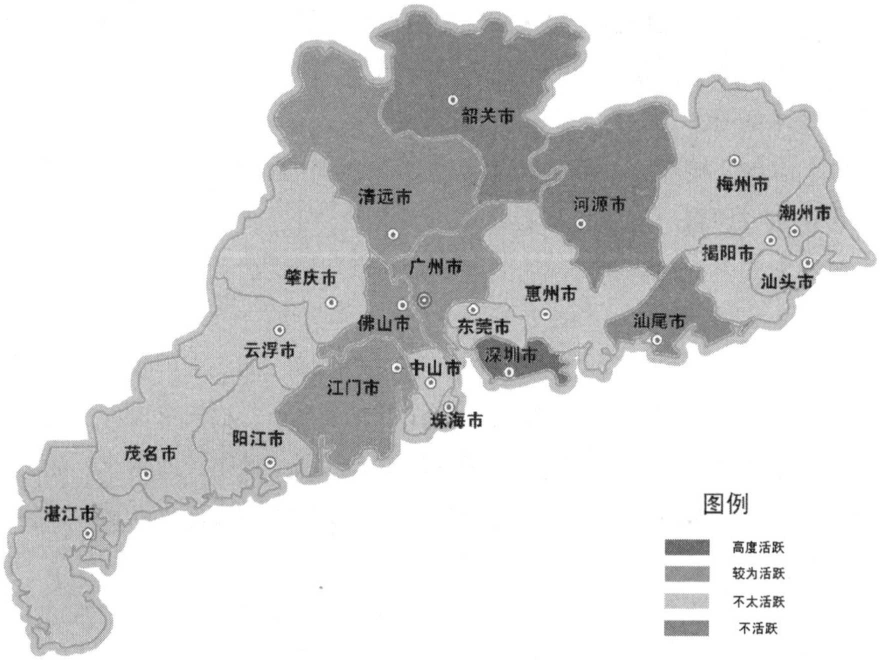

图21　广东省地方治理创新活跃程度地域分布

经形成了一种互为因果相互促进的良性循环。

地方治理创新活跃程度不仅在区域之间、城市之间不平衡，而且在城乡之间也很不平衡。申报项目总数中城市地区有94项，农村地区只有20项，城市地区地方治理创新比农村地区明显要活跃得多。具体见图22。城市地区地方治理创新主要集中在行政改革、公共服务和社会治理三大类上，政治改革类地方治理创新很少，反映出城市地区地方治理创新类别分布上的不平衡。农村地区地方治理创新以政治改革类和社会治理类居多，行政改革类和公共服务类次之，但类别比例相对平衡。具体见图23。

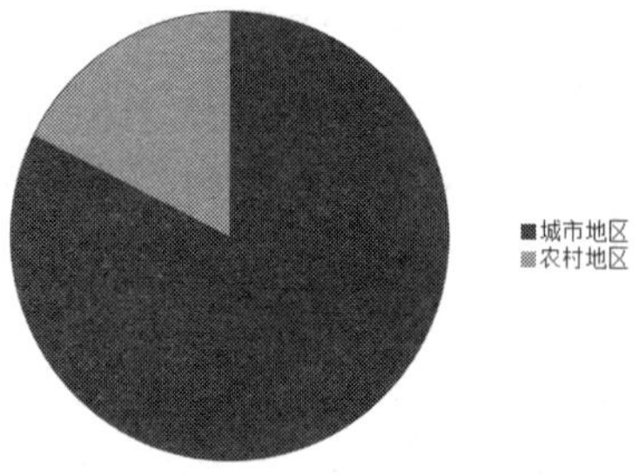

图22　广东省申报历届中国地方政府创新奖项目的城乡分布图

二、广东省地方治理现代化的基本特点

前面我们根据广东省申报历届中国地方政府创新奖的项目分析了2000—2016年该省地方治理创新的类型分布与演变趋势，接下来我们根据南方报业集团下属的南方舆情研究院（现更名为南方舆情数据研究院）2013年以来举办的三届“粤治-治理现代化”优秀案例归纳总结2013年以来广东省在地方治理现代化方面所呈现出来的基本特点。南方报业集团主办的“粤治-治理现代化”优秀案例评选活动，2013年以来共举办了三届，共评选出优秀案例80个（其中第一届23个，第二届31个，第三届26个，具体项目名录见附录三），评选专家主要由专家学者和媒体工作者组成。这个优秀案例的评选标准参照了中国地方政府创新奖的评选标准，它也是一项民间奖，具有价值倡导和方向引领功能。

“粤治”优秀案例对案例分类有自己独特的标准。第一届“粤治”优秀案例的获奖案例分为三个类别，即政府治理创新、舆情引导、网络问政。第二届则分为四个类别，即政府治理创新、网络问政、舆情引导、品牌管理。第三届获奖案例的类别又调整为政府治理创新、舆情引导、大数据+公共服务。政府治理创新和舆情引导两个类别保持了基本稳定，网络问政类别存在了两届，仅保持了相对稳定，品牌管理类仅存在了一届，缺乏稳定性，大数据+公共服务类属于新增类别，稳定性有待观察。

对这80个案例的具体内容的分析，有助于我们总结出2013年以来广东省在地方治理现代化方面所表现出来的一些新动向和基本特点。

（一）积极推动治理技术现代化，实现电子政务升级换代，迈向智慧治理

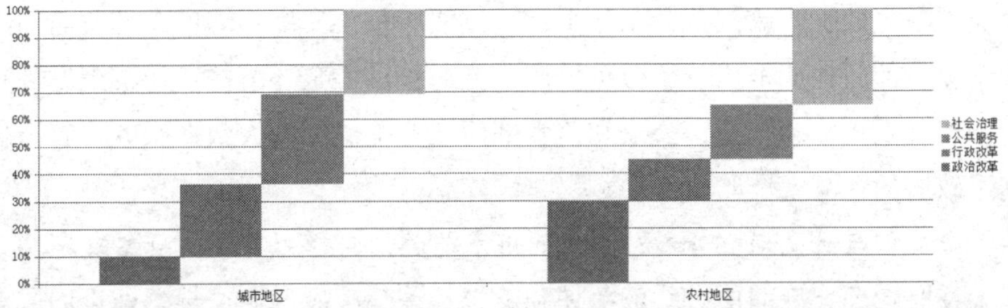

图23 广东省城市和乡村地区申报历届中国地方政府创新奖项目的类别比例分布图

依靠信息技术和大数据的挖掘运用推动治理智能化，是治理现代化和治理创新的一种重要的国际潮流。广东省在地方治理创新和地方治理现代化方面顺应了这一潮流，努力实现治理的信息化网络化，不断提高大数据的共享和应用水平，积极迈向智慧治理的新时代。广东省及其下属各级地方政府这些年来在电子政务建设方面已经走过了搭网络、建网站、做系统的初始阶段，开始进入以大数据技术推动业务流程再造、建立网上政府、辅助公共决策的电子政务升级版的新时代。广东省率先在省一级建立了网上办事大厅，提供“一站式服务”，一些地方政府还开通了微博微信，建立了微信办事大厅，将政务服务搬上互联网和移动互联网，打造24小时全天候永不下班的“网上政府”，极大地便利了居民和企业网上办事。一些地方还在城市和农村社区建立了电子社区综合信息服务管理平台，在基层社区层面实现了电子化办公和网上办事平台，努力建立智慧社区。群团组织也借鉴了互联网+政务的模式，广东省总工会率先建立了“工人在线”，将工会组织搬到网上，建立“网上工会”，积极服务工人，努力维护职工权益。广东省人大和人大代表也积极利用互联网和大数据服务于代表履行职责，省人大专门为人大代表开通了大数据履职服务平台，一些人大代表也主动开通了微信公众号以征求选民的意见和建议，如全国人大代表黄细花开通了“花姐”微信公众号等。广东省不少地方政府及职能部门通过对大数据的整合统筹，深度开发，积极运用，增强了政府的监管能力和服务能力，提升了地方治理水平。如佛山市南海区在全国率先建立数据统筹局，设立首席数据官和数据管理专员，搭建政务数据统筹机制框架，在数据的统筹应用方面取得了阶段性成果。广东省交通运输部门在推进全省公交一卡通（名称为岭南一卡通）工作过程中，积极研究与应用岭南一卡通的大数据优化交通资源配置，同时构建公共交通服务大数据开放式公共服务平台，方便居民公交出行。广东省食品药品安全监管部门建成全国首个覆盖生产、流通和销售全环节的婴幼儿配方乳粉电子追溯系统，为企业、公众和监管部门三方提供相关大数据服务，有力提高了政府的食品安全监管水平。

（二）及时主动公开回应公众的诉求与关切，努力建设回应型政府

及时主动公开回应公众的关切和诉求，增强政府的回应性，建设回应型政府乃是治理现代化的题中应有之义。政府对民众的诉求和关切及时回应是

自古以来好政府的一个重要标志。而互联网时代的政府治理，要求政府公开回应公众的诉求和关切，并接受网民对政府回应质量的评价。唯有及时主动公开高质量地回应公众关切，才能赢得公众的信任和赞许，而只有这样的政府才有资格称得上是回应型政府。广东省一些地方政府建立网上信访平台，鼓励网民通过政府设立的官方微信、微博、网上座谈对话、网络热线、网上领导信箱等平台反映自身的诉求，并积极给予回复，甚至答复情况纳入干部政绩考核体系中，从而增强了政府的回应性。前两届“粤治”优秀案例的网络问政类优秀案例中有不少就属于这类地方治理创新案例。如阳江市政府2013年起将“网上访民情，网下解民忧”的受理办理网民来信情况纳入各部门日常工作绩效考核，使许多网民的诉求及时得到解决。广东省总工会的“工人在线”为工人提供了一个充分表达意见呼声和诉求的平台，各级工会通过线上接受诉求，线下办理诉求解决困难，积极为工人服务。深圳龙岗则设立了“外网回音壁”在网上公开回应民众诉求，解决民生问题，外网回音回应，直达民众内心。东莞则在阳光网设立“阳光热线”，有180多个政府职能部门和机构上线，各部门负责人定期上线与网友交流互动现场答政。2005年9月以来，该平台共处理群众投诉15.8万条，为网民解决问题14.8万个。政府的回应性不仅体现在平时，还应体现在危机处理和应急管理等非常态时期。危机时期的舆情应对不当又可能引发舆情危机，并放大危机事件引发更大的危机。在突发重大公共事件时期不回避不躲闪不隐瞒，直面公众的关切和质疑，及时主动公开发布权威信息，乃是平息公众恐慌或愤怒情绪、平息事态的唯一正确途径，同时也是对回应型政府的一项基本要求。三届“粤治”优秀案例中“舆情引导”类案例多是这种应对网上突发重大舆情事件表现得当的案例。无论是在广东省卫计委应对“现埃博拉病例”谣言事件中，还是在汕头公安处置“虐童事件”舆情引导案例中，无论是在深圳市应对光明新区重大滑坡事故舆情引导案例中，还是在广州地铁集团有效应对“超级细菌”事件案例中，当地党委政府及相关职能部门都能在第一时间权威发声，提供真实公开的信息，及时公开回应公众的关切和疑惑，从而有效地平息了事态，赢得了公众的信任。

（三）积极推进生态治理创新，促进生态现代化

生态现代化是现代化中的一项重要内容，它直接关系到人们的生活质量

和幸福感。2000—2010年期间，生态治理创新和生态文明建设尚未引起人们的足够重视，这期间五届中国地方政府创新奖获奖项目中竟没有一个生态治理创新项目。而在2013年后举办的“粤治”优秀案例评选中，已经能够发现多起生态治理创新的优秀案例。第一届“粤治”优秀案例中“广东启动碳排放权交易”案例，第二届“粤治”优秀案例中“深圳大鹏新区生态文明体制改革”案例，第三届“粤治”优秀案例中“珠三角大气污染联防联控技术应用示范”案例、“中德金属生态城探索新型办园模式”案例以及“以气象大数据信息化建设助推气象防灾能力提升”案例，都属于生态领域治理创新的优秀案例，对于促进当地的生态现代化，提升生态环境质量发挥了积极作用。其中深圳市盐田区首创的城市GEP（生态生产总值）核算体系及运用项目还获得了第八届中国地方政府创新奖优胜奖。这表明，积极推进生态治理创新，促进生态现代化已经成为广东省治理现代化的一个新的重要动向。

（四）以权力运行透明化规范化标准化促进治理方式现代化

治理方式现代化是治理现代化的一项重要内容。治理方式的现代化要求权力运行过程公开透明规范标准，以增强人们对治理行为的确定性预期。从三届“粤治”优秀案例中可以看出，广东省各级地方政府在推动权力运行过程透明化规范化标准化方面做了大量积极的探索。佛山市顺德区从2011年开始在全国县区级政府中率先公布“权力清单”，共清理和公示出1500多项审批事项，取消了300多项审批权限，编制了科学合理的审批事项目录，大幅度优化整合审批流程，压缩审批法定时限50%，推进了行政审批权相对集中，向镇（街）下放审批事项600余项，实现了“一站式审批”全覆盖，提高了审批效率，让审批权在阳光下运行。佛山市南海区则实行行政审批的“三单”（即负面清单、准许清单、监管清单）管理，划定了权力的边界。他们将三份清单一起纳入网络审批和监督系统，权力标准化与网络行政相结合，并将审批过程通过互联网向全社会开放。他们的做法释放了市场空间，压缩了政府部门与官员的寻租空间，规范了行政审批行为。深圳则从2013年起率先实施商事登记制度改革，将企业登记前置审批事项由原149项减为12项，降低或取消了公司注册资本、注册场所、经营范围等门槛，政府监管从事前审批转向事中和事后监管，提高了审批效率，激发了民间投资创业的热情。2014年3月，广州市各委办局等财政拨款单位在公布“三公”预算的时候还首次单列了会议费预算，所有一级单位全部公布“三公”信息并将会议费预算和用途单列公布，广州的做法在全国都是第一次。广东省食品药品监督管理局在化妆品安全监管中引入风险管理国际标准，构建了以风险评估、风险防控、风险交流和绩效管理为主线的化妆品安全风险监管新模式，取得了良好的效果。广东省上述推动权力运行过程透明化规范化标准化的做法，促进了自身治理方式的现代化，代表了治理现代化的一种方向，值得肯定和鼓励。

（五）推动基层社会治理法治化，提升基层治理现代化水平

治理法治化是治理现代化的一项重要内容。基层社会治理法治化构成治理法治化的重要一环。在2013年以来的三届“粤治”优秀案例中，出现了不少推动基层治理法治化的优秀案例。惠州市从2009年试行，到2012年起全面推行村（居）聘任“法制副主任”制度，由政府出资购买法律服务，聘请法律专业人士担任村（居）委会“法制副主任”，后者帮助村（居）审查经济合同，制定、修改完善村规民约，依法化解矛盾纠纷，“法治惠民”，促进了基层社会的和谐。广州市萝岗区从2011年起在全区推广“一村（社区）一法律顾问”制度，他们采用“公益+补贴”的方式推动法律服务入社区，同时鼓励律师事务所在履行公益服务合同之外开拓农村基层法律服务市场。2009年以来全区各村（社区）调处的3000多起矛盾纠纷里有90%以上由律师参与调解或提供法律帮助，从而促进了基层社会的依法治理。广东省总工会2010年7月在全国率先组建广东工会法律服务律师团，成员多达1402人。他们充分发挥律师作用，帮助工人依法维权，5年多来为职工挽回经济损失8亿元。广东省总工会还与省司法厅合作聘请工会律师团律师担任企业工会的法律顾问，预防排查企业劳资纠纷，维护职工合法权益。基层社会治理的法治化助推了广东省的治理现代化。

（六）创新服务方式，以治理专业化助推治理现代化

治理专业化是治理现代化的重要内容和基本要求。只有尊重社会分工规律，创新服务方式，培育和发展专业服务机构和专业人士，让专业机构和专业人士供给社会公共服务，才能提高公共服务质量。治理的专业化会推动治理的现代化。在2013年以来举办的“粤治”优秀案例中我们会发现不少这方面的案例。前述政府为村（社区）购买律师的专业法律服务的案例就属于

这方面的典型案例。还有一些地方政府通过政府资助或出资购买公益服务的方式，鼓励专业化的社会组织提供相关公益服务。如广东省中山市从2013年起由政府出资筹建公益创投平台，社会组织策划、竞投和实施公益项目，热心市民和企业参与资助和监督公益项目。社会组织自主策划多方资助的公益服务项目切实回应了公众的需求，有效弥补了政府提供的公共服务的不足，推动了志愿服务的专业化。广东省妇女儿童工作委员会于2012年10月启动了“集思公益　幸福广东”——支持妇女计划，他们筹集资金，鼓励社会组织提出服务妇女的公益项目并给以资助，以培育社会组织，开拓社会服务空间。该计划共资助项目206个，引入专业社工或聘请社工督导200多名，发展义工2900多人，直接服务妇女儿童68万人次，有效满足了妇女儿童多样化的社会服务需求。惠州市从2014年12月起依托网上办事大厅建立起中介超市，面向全国引入21类资质服务的专业中介机构入驻中介超市，为企业提供优质中介服务。广东省不少地方近年来还设立专门的大数据研究与应用机构，依靠精准的大数据服务提高服务和监管水平。第三届“粤治”优秀案例评选设立“大数据+公共服务”这个新的类别就是顺应了大数据专业服务机构和专业人士助推治理专业化的大趋势。如广东省人大常委会依托专业公司建立大数据服务平台支撑保障代表履职，佛山市南海区建立专门的数据统筹局统筹应用政府大数据提升政府治理能力，广东省岭南通公司利用公交一卡通大数据优化交通资源配置，广东省气象探测数据中心利用气象大数据提升气象防灾能力等。

（七）以参与式治理和协同治理来助推治理现代化

公共参与和社会协同是现代治理不同于传统的政府管理的重要标志，参与式治理和协同治理的兴起是治理现代化的重要标志。近年来广东省不少地方在促进利益相关方参与决策，推动社会各方参与社会治理发挥协同作用方面进行了许多有益的探索。2013年起举办的“粤治”优秀案例评选中就有不少参与式治理和协同治理的案例。2013年广东省中山市南头镇穗西社区率先建立广东首个“电子社区”，居民足不出户就可以通过网络平台对村务发表意见、讨论事务和投票决策。增城市下围村近年来推行村务“民主商议，一事一议”，通过“村事共商”破解了“问题村”的治理难题，增城市正将这个村协商参议的经验在全市范围内推广。中山市引入现代公益理念，创新提出了“全民公益1+1+1”模式，即政府出种子资金搭建公益创投平台，热心市民和企业参与资助和监督公益项目，社会组织策划、竞投和实施公益项目，在公益服务方面实现了三方协同联动和力量倍增。汕头市潮阳区成立公益基金会推动项目合作，动员和吸纳潮阳区在外的乡贤回乡投资兴业，参与当地民生事业建设，“反哺”潮阳助力发展，发挥好乡贤在助推当地发展方面的协同作用。潮州市则建立了乡贤咨询委员会，引入在外工作的潮州乡贤参与乡村治理，借助乡贤的人脉、资金和智力资源优势推动乡村建设。广州市城管委2014年在官方微博上发起“垃圾分类万人行”活动，让市民群众自觉参与到垃圾分类行动中。珠海市于2012年在广东省率先成立社会创新专家咨询委员会、民情观察员队伍和研究基地，发挥好专家学者和热心市民在社会治理中的参与和协同作用。2014年茂名市在官渡三路建设中拦路的黄花梨树林种植户提出11亿元赔偿款要求，工程被迫停工，权威媒体对此事做了深度报道后，引发网民热议和高度关注，大家对业主只顾赚钱不顾公益的行为进行谴责，有人建议请第三方机构来评估并公开整个赔偿过程。通过巧设议题，引入社会舆论关注，业主最终答应先迁移保证道路施工再谈赔偿，并自行聘请第三方机构进行评估，事件最终得到圆满解决。

三、广东省治理创新和治理现代化：优势、短板与努力方向

从广东省申报历届中国地方政府创新奖项目的定量分析和三届“粤治”优秀案例的定性分析可以看出，广东省在地方治理创新和地方治理现代化方面既取得了很大的成就形成了自身的优势，同时又存在着严重的不足乃至于短板。保持优势克服短板，成为未来重要的努力方向。

（一）广东省治理创新和治理现代化的优势

广东省既是全国治理创新大省，同时又是全国治理创新强省，地方治理创新高度活跃，同时高质量的地方治理创新又层出不穷。这是2000年以来广东省在地方治理创新方面的一个重要成就，同时也是广东省在全国范围内继续保持地方治理创新领跑者地位的一个重要优势。广东省一些区域和城市如珠江三角洲地区和深圳市在治理创新活跃和经济社会发展之间互为因果，相互促进，已经形成了一种良性的循环。行政改革类、社会治理类和公共服务类地方治理创新项目改善了政府的监管能力和公共服务供给能力，增强了政

府化解社会矛盾、处理重大突发公共事件的能力，提高了效率，从而为当地经济社会发展创造了一种良好的环境，而地方经济社会发展的内在需求和强大实力又孕育和催生了更多的地方治理创新。“创新驱动发展”和“发展催生创新”的良好生态成为未来进一步发展和创新的宝贵资产。地方治理创新既是问题乃至危机驱动型创新，同时更是精英驱动型创新，开明的地方领导干部在地方治理创新中发挥着关键性的作用。广东省活跃的地方治理创新背后是拥有一支富有创新意识、创新魄力、创新智慧和创新才能的领导干部队伍，这些创新型领导干部在本地区本部门打造了鼓励创新争创一流的组织结构和组织文化，创新型组织及其文化基因的传承保证了地方治理创新的连续性。创新型领导干部和创新型组织的产生和发展是广东省地方治理创新的又一笔宝贵财富。外部竞争的强大压力，经济社会发展先行一步所遇到的问题和挑战，过往应对外部竞争和内生问题的经验和教训，使广东省社会各界形成了一种“不改革死路一条”，唯有创新才能杀出一条血路的支持改革创新的高度共识。这种改革创新高度共识无疑是广东省继续保持地方治理创新全国领先地位的一个重要优势。

如前所述，近年来广东省在治理现代化方面表现出一些新的动向，在治理现代化方面正在形成自己的独特优势。优势之一是，高度重视信息技术和大数据技术在地方治理中的运用，广东省在促进地方治理信息化、智能化水平方面高度重视，投入力度大，电子政务和智慧治理建设水平在全国处于领先地位。优势之二是，高度重视生态治理创新，努力通过生态文明体制机制改革，引入市场机制实行碳排放权交易，将城市生态生产总值核算引入领导干部政绩考核，实行区域性联防联控改善区域生态环境，持续不断的生态治理创新使广东省在生态现代化方面处于全国领先地位。优势之三是，广东省不少地方和部门顺应互联网时代的政府治理和社会舆论赛跑的新要求，及时主动公开回应网上社会舆论的关切和网民的诉求，响应型和回应型政府的雏形正在形成。优势之四是，积极推进行政审批制度改革，简政放权，实现审批权力网络空间运行的透明化规范化标准化，释放市场潜能，激发民间活力，地方治理又增添了新的协同力量。优势之五是，将律师和法律顾问制度引入社区治理和矛盾纠纷处理中，提高了基层社会治理法治化水平。优势之六是，通过服务方式创新，在公共服务供给中引入专业服务机构和专业人士，提高了公共服务质量，适应了多样性的需求。最后一个优势是，在基层公共事务决策中引入公民参与，保障公民知情权和参与权，实行参与式治理，在公共服务供给中鼓励经济社会组织参与，其中发挥协同作用，实现协同治理。从路径依赖的角度而言，广东省各地在治理现代化方面这些新的探索为下一步的治理现代化指明了路标。

（二）广东省治理创新和治理现代化的短板

在充分肯定广东省治理创新和治理现代化成绩的同时，也要看到广东省治理创新也存在着明显的短板。最明显的短板就是，在不同区域之间、不同城市之间以及城乡之间地方治理创新活跃程度差距极大，表现出严重不平衡的特点。从广东省申报历届中国地方政府创新奖项目数量来看，总数为114项，珠三角地区申报项目高达92项之多，深圳市一个市申报项目数量高达50项之多，这反衬出其他三个区域、其他地级以上市在地方治理创新活跃程度方面的差距。同样，在城乡之间地方治理创新活跃程度也存在着严重的差距，城市地区有94项，农村地区只有20项。不同的治理主体、不同行政层级之间在发起实施地方治理创新的频率方面也存在着显著的差距。行政机关、党的机关和群团组织在发起实施地方治理创新方面更为积极主动，频率也更高，而人大、政协、司法机关在发起实施地方治理创新方面积极性不足。区县和地市这两个行政层级发起实施地方治理创新方面更为频繁活跃，其他行政层级特别是省级和乡镇级明显不太活跃。地方治理创新的类别分布和各个大类中的子类分布也很不平衡。从地方治理创新类型分布来看，社会治理、公共服务和行政改革三大类地方治理创新较为活跃，而政治改革类地方治理创新明显不太活跃。而在政治改革类地方治理创新项目中，民主选举、民主决策、民主监督、政务公开四个子类项目较多更为活跃，而提高立法质量、民主管理、司法改革三个子类则不太活跃。在行政改革类地方治理创新项目中，提高效率和改善监管这两个子类的地方治理创新项目总数处于领先地位，绩效管理、依法行政和节约成本三个子类次之，而专业行政和行政问责项目数量明显偏少，属于薄弱环节。而在公共服务类地方治理创新项目中，服务特殊人群和服务方式创新两类项目数量遥遥领先，社区服务、扶贫济困、社会保障与社会救助、基本公共服务均等化四个子类较为活跃，而保护弱势群体类项目明显偏少。从社会治理类项目中7个子类型的具体分布来看，社区治理和社会组织治理类项目数量最多，其次为信访体制改革和流动人口管理体制改革项目，再其次为社会治安类和利益协调与纠纷调处类，社会应急类项目属于短板。可喜的是，在三届“粤治”的舆情引导类优秀案例中这方面的项目数量增多，这是对这块短板的一种补足。而从地方治理创新的演变趋势来看，近年来无论是从申报地方政府创新奖项目数量来看还是从“粤治”优秀案例来看，都会发现地方治理创新项目的数量和质量有明显的下降，这种趋势值得高度关注。

近年来广东省在治理现代化的进展方面也表现出明显的短板。短板之一是，治理技术现代化和治理制度现代化不协调，治理制度创新不足、惰性严重部分地抵消了治理技术现代化的成效。治理制度有着自己的惰性和惯性，它通过自身的激励机制、机会结构和约束机制塑造着人们特别是官员的行为，制度创新不足，单靠治理技术现代化孤军深入效果往往令人失望。短板之二是，增强治理的回应性与缺乏治理的问责性不相匹配，如前所述，问责类地方治理创新项目的缺失使得官员对民众诉求的回应更多地靠的是自身的觉悟而缺乏制度的保障和约束，如果回应性不足得不到问责，民众缺乏监督问责的手段，回应的程度仍有可能出现回落。短板之三是，在地方官员面临经济发展目标和生态治理目标的冲突时，生态治理创新实践在保经济增长压力下往往被迫让位于发展经济优先的目标选择，经济下行时期地方官员在目标冲突时面临的压力尤为巨大，生态治理在政绩考核中比重仍然低于经济发展目标。短板之四是，权力运行过程透明化规范化标准化仍然停留在行政审批、行政执法等治理过程的下游，而在利益表达、利益整合、政策制定、干部选任等治理过程的上游和中游制度化程序化规范化程度仍有不足，治理方式现代化呈现出上中游狭窄下流开阔的“堰塞湖”现象。短板之五是，社会治理法治化仍然停留在基层社区和企业层面，地方层面社会治理法治化水平有限。短板之六是，在推进服务方式创新，引入政府购买服务时，对利益输送的防范严重不足。短板之七是，参与式治理仍然停留在较低层次和较小范围内，其作用仍然十分有限。总之，广东省在治理现代化方面虽然处于全国领先地位，但仍然属于早期阶段，需要补齐的短板仍然很多。

（三）广东省治理创新和治理现代化的努力方向

改革开放以来广东省能在经济社会发展和现代化建设方面“先行一步”

（傅高义语），是同广东省在改革创新方面“先行一步”密不可分的。广东省若想继续在全面建成小康社会和现代化建设方面保持全国领先地位，就需要在治理创新和治理现代化方面继续“先行一步”，这是因为治理创新是经济社会活力的解放者，治理现代化是政府主导官民合作的现代化模式中牵引其他方面现代化的“火车头”，广东省自身的经验已经反复证明了这一点。如果治理创新动力衰减，治理现代化停滞，现代化事业就会严重受挫。

展望广东省治理创新的努力方向，主要有如下几个方面。首先是在凝聚“改革创新驱动广东发展”共识的基础上，面对地方治理创新活跃程度下滑的趋势，抓紧构建鼓励地方治理创新的友善的法律政策环境，营造支持地方治理创新的友好的社会舆论环境，为地方治理创新提供更大的制度空间和舆论空间，在总结地方自主创新成功经验基础上不断完善顶层设计。其次是畅通创新型干部的晋升通道，提拔重用那些在地方治理创新方面敢作敢为、成效卓著的创新型干部，将创新创优的表现作为政绩考核的重要内容并同干部的升降奖惩挂钩。再次是通过干部交流、任职培训等多种途径，将创新型干部交流到那些地方治理创新不太活跃或不活跃的地方任职，围绕创新型干部的培养和创新型组织的培育主题开展参观考察交流和培训，激发干部的创新意识，提高干部的创新本领。最后则是针对地方治理创新类别分布中那些失衡薄弱的环节，有针对性地鼓励相应类别的地方治理创新，补齐短板，通过不同类别地方治理创新的均衡发展促进地方治理能力的全面发展。

展望广东省治理现代化的努力方向，主要有如下几个方面。一是在继续推进治理技术现代化的同时，大力推进治理体制创新，促进治理制度现代化，形成治理现代化的“双轮驱动”模式。二是在继续增强政府治理回应性的同时，提高民众在选举问责、监督问责、干部选任、民主管理和绩效考核等方面的发言权和影响力，依靠刚性的制度约束保障地方治理对地方民众的回应性和责任感。三是在全省范围内实现国民生产总值和生态生产总值的双核算双考核双提升（目前这种做法仅限于深圳市的个别区），使各级地方领导能够生态治理与经济发展并重、生态现代化与经济社会现代化并重，唯有如此才能保证生态治理创新的可持续性和可推广性，才能将生态现代化成果巩固下来。四是权力运行过程的透明化规范化标准化向利益表达、利益整合、地方立法、政策制定等治理过程的上游延伸，提高利益表达制度化水平和利益整合协调性程度，改进地方立法和公共政策质量。五是社会治理法治化从基层社区企业向更高层级的地方治理延伸，法治化从社会治理领域向经济治理、文化治理和生态治理等更多领域延伸。六是在创新服务方式推动公共服务供给的市场化社会化的同时，履行好政府保障基本公共服务均等化的职责，增强廉政风险的防范，堵塞可能的利益输送的漏洞。七是将参与式治理向更高层级延伸和在更大范围内实施，使公民在了解和参与治理决策中增进对公共权威的信任，在参与式治理实践中建立官民合作协同治理的新格局。

调研

治理技术创新与制度绩效

——以广东省大数据+人大代表履职创新为个案的研究

陈雪莲

人类历史上的历次技术革命推动了人类社会的跳跃式发展。人类发现和改造自然的语境下，对技术革命和技术革新的界定大多局限在“生产技术上重大或渐进性的改进”①，因此，早期对蒸汽、电力、核能、计算机等重大技术创新影响的讨论多数聚焦在技术革命带来的产业革命、工业革命。但是，除了生产性技术外，技术也指代技术方式、方法。人类自我治理语境下的“技术”则是指在治理结构和治理过程中借助某些物质工具进行程序性设计或对某些程序问题进行技术性处理，在维持现有程序的基础上改变程序的效果（杨雪冬，2004年）。近年来，中国学界不乏关于治理技术对制度演进、政治发展影响的讨论。有学者研究治理技术对制度绩效的影响，如提出治理技术意义上的参与式治理、协商民主可以改善民主实践（谈火生，霍伟岸，何包钢，2014年；黄俊尧，2015年）。也有学者研究制度环境对治理技术采用的影响，如杨雪冬（2004年）通过对“秘密划票间”“廉政账户”“政府上网工程”三个案例分析检验了地方治理改革中技术创新的基本框架。广义上的“技术”不仅改变人类生存的物质环境，也可以改变人类活动的社会环境。

“技术必须与政治结合才能发挥它提高生产和造福人群的应有效能，必

① 技术革命和技术革新的定义，参见《新编汉语辞海》，光明日报出版社，2012年，第608页。

中央编译局政治发展研究所所长、副研究员　陈雪莲

须与群众结合才能实现它提高生产和造福人群的伟大效能”①，这是新中国成立以来中文学术文献中可以查询到的最早的一篇关于“技术和政治”的论述。近二十年来，计算机、互联网等新信息技术给人类交往和沟通媒介带来了革命性的变化，改变了社会互动模式和社会运行方式，也必然带来国家治理方式的转变，赋予了“技术和政治”命题以新的内涵。技术创新对治理主体、治理方式、治理渠道和治理能力这些制度性层面的设置能否产生影响？产生了什么样的影响？对这一问题的研究，中英文文献都相对较为丰富。以“新信息技术，治理”和“互联网，治理”为关键词检索中国知网（CNKI），截至2016年8月，可得论文约285篇，其中仅5篇文献发表于2011年以前，其余均为近五年的研究成果。从此可见，技术创新对国家治理、社会治理的影响已成为近年学术热点。

已有的研究主要集中在两个方面：一是研究新信息技术和互联网本身的治理，即如何治理互联网；二是研究技术创新对治理绩效的正面效应。以往的研究表明技术创新并不会直接带来制度的改变，而是会通过对制度中程序和规则的技术性处理改变制度绩效，但是，治理技术创新并不必然提升制度绩效，存在着成功和失败的双重可能（杨雪冬，2004年；陈星平，2014年）。为什么有的技术创新可以更为明显地提升制度绩效，而有的技术创新并没有对制度产生积极影响？什么因素影响治理技术创新对制度绩效的影响？本文跟踪中国南部广东省人大为了提升人大代表履职效果而引入互联网+和大数据技术的技术创新过程，发现技术创新在正式制度领域和非正式制度领域发挥的功能不同，因而产生的制度绩效也有所不同。已有研

① 张含英：《技术必须与政治结合与群众结合》，《新黄河》1952年第1期，第53—54页。

究认为技术创新可以提高制度弹性（institutional resilience）和制度适应性（institutional adaptation），本文的发现表明，在中国现有的制度环境下，正式制度的模糊性导致正式制度弹性空间较大，这为制度创新提供了空间，但是技术创新的作用不是导致正式制度变迁，而是有效约束非正式制度的作用空间，进而维护正式制度的权威并提高其绩效。不过，东亚社会的传统导致非正式制度的黏性（informal stickiness）和惰性（informal institutional inertia）较高，这大大降低了技术创新可以提升制度绩效的空间。

一、制度绩效困境：正式制度模糊性vs.非正式制度惰性

行为规范意义上的制度是人们普遍认可的行为规则系统，在国家治理的话语体系内，正式的制度以文本的形式确立下来成为法律法规政策文件等，非正式的制度则是一些没有成文却对相关角色者具有明显约束力的“潜规则”[①]。正式制度的模糊性留下了制度执行的弹性空间，进而导致非正式制度（潜规则）在制度执行中发挥更直接的作用（见图1）。

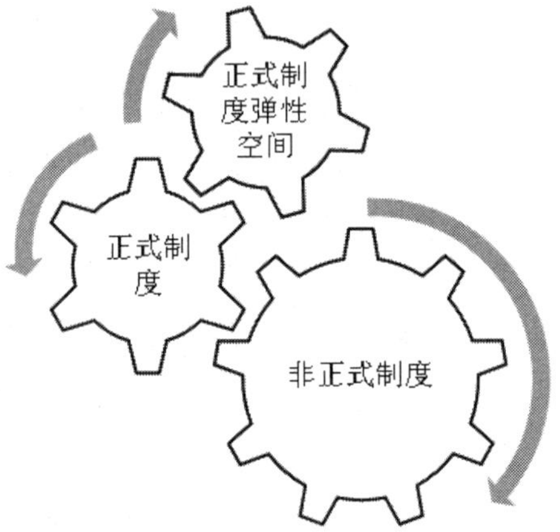

图1　正式制度与非正式制度互动图

在正式制度中，我国的人民代表大会是国家和地方的最高权力机关，各级人大代表代表人民的利益和意志，履行法定职能，参加行使国家权利。《人民代表大会代表法》关于人大代表具体履职路径的规定主要有以下三个方面：“一是与会履职，包括提出议案和建议，审议各项工作报告，选举、监督和罢免国家工作人员等。二是从事调查和视察活动。三是接待人民群众来信来访。”[②]可是在实际运行中，人大代表履职过程中出现了“三多三

① 吴思：《潜规则：中国历史的真实游戏》，复旦大学出版社，2011年。

② 桑玉成、邱家军：《从代表议案和建议看代表属性及其履职之效率——以十一届全国人大二次会议为例》，《江苏行政学院学报》2010年第1期，第50页。

少”的现象：领导代表参加活动多，基层代表参加活动少；被动参加活动多，主动参加活动少；提出建议的多，跟踪落实的少。反映局部问题的较多，涉及全局且充分切实可行的少。[①]这些现象呈现出代表履职意识不强、履职能力不足、履职效果不佳的绩效困境。

从制度和非正式制度的角度进一步分析人大代表履职困境的制度层面和操作层面的原因，可以发现，人大代表履行自己的权利和义务（简称人大代表履职）时，所遵循的正式制度规则和非正式制度准则是存在落差的。根据《人大代表法》，梳理人大代表履职的主要内容（见表1），从履职意识与态度、履职能力、履职渠道、履职保障来看，正式制度的模糊性为非正式制度破坏正式制度的运行绩效留下了空间。广东省人大的调研也印证了表1中非正式制度的存在[②]。人大常设机构即常委会和各专业委员会为代表履职提供的日常性专业服务较为缺乏、人大代表和群众联系渠道不畅、人大代表履职监督机制不完善，是影响人大代表履职效果的主要因素。在现有的人大代表制度和运行机制下，如何提高代表履职绩效是个亟须解决的问题。新信息技术的运用为提高人大代表的履职绩效提供了新的发展空间。广东省人大常委会自2015年6月开始的“人大代表履职大数据服务平台”创新即是这一方向上的改革尝试。

二、互联网时代的治理技术创新：广东省人大大数据+人大代表履职系统

截至2016年6月底，中国网民规模达到7.1亿，手机网民达到6.56亿。[③]21世纪以来，移动互联网、智能终端和新型传感器等信息技术的快速发展和广泛普及，产生了大量规模大、速度快、多样性强、复杂性高的海量数据，数据的产生、采集、传输和分析出现了革命性的创新，为公共决策和政策执行变革提供了工具性的支撑。在技术创新驱动下，广东省人大自2015年6月开始“代表履职支撑保障体系建设——大数据服务建设”项目，2016年1月

① 何俊志、王维国：《代表结构与履职绩效——对北京市13个区县的乡镇人大之模糊分析》，《南京社会科学》2012年第1期，第78页。

② 笔者调研团队于2016年3月期间完成此次实地调研。

③ 中国互联网络信息中心：《第38次中国互联网络发展状况统计报告》，2016年6月30日。

表1　人大代表履职的正式制度vs.非正式制度

	正式制度	正式制度模糊性	非正式制度（潜规则）
履职意识与态度	出席各级人代会，审议议案、报告和其他一体，发表意见	出席率有要求，提议案、发表意见少	不得罪人，不得罪组织
	参加本级选举	×	组织意图优先
	参加本级表决	×	组织意图优先
	积极参加统一组织的视察、专题调研、执法检查等	规则不明确	可以不参加
	与选民保持联系，听取和反映他们的意见和要求	规则不明确	与选民联系多
履职能力	依法联名提出议案、质询案、罢免案	规则不明确	不得罪人，不得罪其他部门
	提出对各方面工作的建议、批评和意见	规则不明确	不得罪人，不得罪其他部门
	加强履职学习和调查研究	不做硬性规定	缺席不影响当选代表
	质询、视察本级政府，特定问题调查委员会	规则不明确	不得罪人，不得罪其他部门
	闭会期间向本级人大常委会提出建议、批评和意见	程序不明确	不得罪人，不得罪其他部门
履职渠道	代表受选民监督	监督渠道不清晰	代表与选民无直接关联
	罢免本级权力机关的组成人员	启动程序操作性不高	程序启动难
	乡、民族乡、镇的人民代表大会代表有权依照法律规定的程序提出对本级人民政府的质询案	启动程序操作性不高	程序启动难
履职保障	获得依法执行代表职务所需的信息和各项保障	规则不明确	代表获取及时、准确信息难
	代表履职经费和时间受保障	规则不明确	操作难
	有义务协助代表执行代表职务而拒绝履行义务的，有关单位应当予以批评教育，直至给予行政处分	规则不明确	操作难
	有关机关、组织应当认真研究办理代表建议、批评和意见，并自交办之日起三个月内答复。涉及面广、处理难度大的建议、批评和意见，应当自交办之日起六个月内答复	规则不明确	答复质量不高

注：“正式制度”部分由作者据《中华人民共和国全国人民代表大会和地方各级人民代表大会代表法》（2010年10月28日修订版）整理；“正式制度模糊性”和“非正式制度（潜规则）”部分由访谈记录整理而来。

投入使用。该项目以移动互联网、云计算和大数据技术为基础，以“易操作、能交流、可共享、好推广”为目标，搭建资讯丰富、智能分析、个性服务、可持续生长的大数据平台，力求为代表依法履职提供更好的支撑保障。

该大数据平台以回应代表依法履职的需要而设计相关功能设置，秉持方便实用、集成整合、整体设计、分步建设的原则开展。早期的第一期工程建设了代表履职在线交流平台，包括机关会议文件电子化系统、代表工作管理系统、代表专网、省人大官网、省人大决策支持系统沟通。以传统网站平台模式为依托的电子政务仅能起到告知、咨询的作用，而新的移动互联应用技术为人大常委会和人大代表之间、人大代表和公众之间实时互动沟通提供了技术支撑。因此第二期建设的大数据平台所具备的功能和设计提高制度绩效目标主要有四项：

1．查阅信息资料功能——提高代表参政议政能力。代表可通过平台查阅履职所需的各方面综合信息资料。平台可追踪信息来源，可智能化分析查询需求，并通过大数据挖掘，为代表提取深层次、高品质的履职参考信息。同时，代表还可自行定制所关注的信息，平台收集到相关资讯和数据时，可第一时间提醒代表查阅。

2．起草、提交、跟踪议案建议功能——提高代表参政议政质量。代表可通过平台提交议案、建议、来信（包括闭会期间），并随时跟踪处理情况，联系附议代表及有关经办人员。代表起草议案、建议、来信时，平台可智能提示已经有哪些代表提出过类似问题，或者人大机关、一府两院发布的哪些文件与所提内容密切相关，供代表参阅；还可自动对代表所提议题进行纵向分析和跟踪，提供分析报告供代表参阅及回查回看。

3．会议和活动等服务保障功能——人大代表和人大常设机构工作留痕，绩效评估和绩效督查有据可查，减少人大代表履职绩效评估和督查的模糊性。

代表参加会议、调研、视察、执法检查等活动时，可通过平台，在可信、可控、安全的环境下接收通知、日程安排、文件等信息；也可通过平台报名、签到、提交调查问卷；可根据分组开展组内交流、讨论；还可联系其他代表、人大机关、一府两院；相关信息可存储在代表共享的云空间，供随时回查回看；代表履职情况可自动记录、整理、汇总，供人大机关参考。

4. 代表发布信息与联系群众辅助功能——畅通代表履职渠道，密切代表与选民的互动。

代表可依托省人大机关开设的微信公众号和移动网站，经省人大机关审核后，通过平台向群众发布信息、征集意见。群众通过关注该微信公众号或访问移动网站，接收信息，反映民意，平台集中收集、分析、汇总民意，提交分析报告供省人大机关和代表参考，还可按选举区域汇总民意，提交分析报告供相关代笔参考。

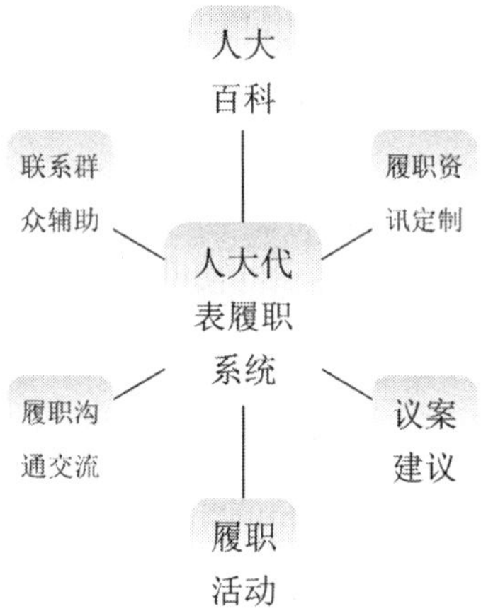

图2　广东省大数据+人大代表履职系统图

考虑用户的使用习惯，上述功能均可通过智能手机、平板电脑使用。大数据平台供代表使用的主要有人大百科、履职资讯定制、议案建议、履职活动、履职沟通交流、联系群众辅助等6个前台服务子系统（见图2），实现议案建议的查询及相关文件推荐、议案建议提交和全过程跟踪、信息资料查阅、信息个性定制和推送、沟通交流、履职活动保障、云空间服务、向群众发布信息和收集意见等八大功能，还可根据代表们的不同需求提供个性化的服务。在大数据服务平台上，代表们可通过“搜索”和“下单”，获取丰富的信息服务和大数据支撑。为代表提供更丰富实用的数据集纳、数据处理方面的支持和保障，为实现“用数据说话、用数据决策、用数据管理、用数据创新”提供了资讯基础。

影响人大代表履职效果的关键角色包括群众、人大代表（人大机关工作人员）、政府职能部门。目前广东省使用该大数据平台的用户包括792位省人大代表、165位广东省片区的全国人大代表、300位广东省人大常委会工作人员、200个地市人大常委会工作人员。该平台同时对接130多个负责建议议案办理的职能部门。

2015年10月30日广东省人大常委会会议开始试用，2016年1月人代会正式使用，2016年3月十二届全国人大四次会议上广东省代表团首次使用。此次全国人民代表大会上广东省全国人大代表提了485条建议，大数据平台提供了887份参考材料。为代表提供信息服务方面，2016年1月到3月期间，大数据平台一共接到人大代表约50—60件信息服务需求。在建议议案办理方面，人大代表可以和办理单位直接沟通，平台里有办理部门的联系方式，代表会直接反馈是否满意。这在提高人大代表建议议案质量的同时，大大提高了建议议案的办理效率。

互联网+基础上的大数据系统代表一种新的科学研究方法，强调充分收集、整理和分析经验数据以进行判断和预测。依托基于移动互联网的大数据技术，为人大代表履职提供资讯搜索、信息分析整理和政策顾问的服务，可以提高人大代表工作效率、完善建议议案的科学性和准确性。这一技术创新提高了人大代表制度绩效，因此迅速被其他地区接受和学习。2015年12月30日，山东省人大代表履职网络平台在借鉴广东省经验的基础上开通运行，采用省、市、县、乡四级体系架构，涵盖了代表履职服务、议案建议处理、双联系服务、履职参阅、代表履职通（移动客户端）、代表数据库等六个功能。

三、技术创新的制度环境：正式制度的模糊性与非正式制度的惰性

广东省大数据+人大代表履职系统的用户包括人大代表（792位省人大代表、165位广东省片区的全国人大代表）、人大常委会工作人员（300个省级工作人员，200个地市人大工作人员）、负责建议议案办理的职能部门（130多个承办单位）和选民（广东人大微信公众号关注者1170人，在微信平台参与人大代表的问卷调查）。从实际运行效果来看，广东省的大数据+人大代表履职系统在三个方面有比较好的表现。

1．因为代表结构的问题，一部分代表的建议议案质量不高且代表性不足。该数据平台为代表提供政策信息咨询服务，进而提高了代表建议、议案的质量，尤其是对于本职工作不在党政机关体制内的代表来说，该平台扩大了代表获取信息的渠道、提高了信息的准确性。

2．提高建议议案办理部门的回应性。人大代表的建议和议案全部无纸化，可以通过手机便捷上传。负责办理部门的具体负责人办理进度实时更新，办理部门的工作人员根据大数据系统提供的历史信息可以快速确定相关办理职责和处理意见。人大代表和办理人员通过微信直接沟通，办理完结后，人大代表可以提交满意度评价。

3．畅通人大常设机构、人大代表和职能部门之间的联系，三者之间有了更加便捷的直接沟通平台。从这些方面来看，广东省人大的技术创新一定程度上压缩了表1所列的履职能力、履职渠道和履职保障方面的部分制度模糊性空间。

理论上来说，大数据信息采集和传输技术应该可以实现人大代表履职动态留痕，促使代表、常设机构工作人员、职能部门和群众之间的信息流动、有效互动，解决表1中所列的大部分相关制度模糊而导致的非正式制度的副作用空间，进而实现提高代表履职能力、畅通履职渠道、完善履职保障等制度绩效提升的创新目标。但在实际运行中发现，该系统的运行面临着技术创新解决不了的问题：

1．受制于现有代表的职业、受教育程度的结构性问题，30%的代表不愿意或没有能力使用这个系统，而是由选举单位派人帮代表注册进入该系统。

2．履职保障方面，大数据平台对相关行为主体缺乏约束能力。2015年，全国人大代表平均提建议议案3件，广东省人大代表平均提建议议案1件。广东省2015年一年有800个人大代表提出建议，平均每个代表不到1件。[①]这个数据已经比历史数据高。人大代表参政议政的核心职责不仅仅是选举、表决，提出对政府各方面工作的建议、批评和意见也是核心职责。因为系统运行时间较短，这方面的绩效尚没有突出表现。人大代表建议议案提出率较低有两个方面的原因，一是代表能力不足，无法提出建议议案，二是职能部门反馈质量较低，降低了代表的积极性。广东省人大议案建议办理处仅4人，而且是2014年才成立。全国人大议案建议处只有8人。因为制度对职能部门办理人大代表建议议案的办理质量和办理满意度没有明确规定，也没有要求办理部门必须公开办理情况，因此职能部门的办理绩效并不受人大代表和人大常设机构监督。而且很多议案常常涉及党委、司法部门，党委、司法部门的不配合是人大常设结构和人大代表经常碰到的问题。表1中所列的代表履职所需要信息、经费和政策支持在大数据平台上无法实现。

因为组织历史和组织文化等因素导致的路径依赖，即使制度设置环境发

① 调研中广东省人大常委会工作人员提供的数据。

生了变化，非正式制度依然按照原有的规则和轨迹运行，即为非正式制度的惰性（institutional stickiness）（Boettke，Coyne and Leeson，2008）。广东省人大大数据+项目运行团队负责人对该省大数据+人大代表履职系统已经实现的功能定位和功能评价是“通过会议信息的即时通信和文件传输便捷解决会议怎么更有效率的问题，通过庞大的信息系统为有需求的代表提供更好的民意和政策信息咨询，通过移动办公扩展人大常设机关为人大代表服务的平台和渠道”[①]。表1中所列的 “程序启动难、操作难、不得罪人”等代表履职碰到的非正式制度（潜规则）具有极强的惰性，这些是技术创新无法解决的问题。

四、讨论：技术创新可以消除制度惰性吗？

利用互联网先进技术将各种治理主体连接成为一个信息充分流动的有机整体，这是网络时代为公共治理和公共决策提供的新平台。这一平台具有双向赋权的特征。一方面，互联网作为新兴的互动型媒体，打破了时间和空间的界限，为各治理主体提供了表达意见的平台，也为他们赢得了政治生活中的话语权，增强了对权力机关的压力输入。另一方面，网络也可以形成更高效、直接和低成本的多主体参与渠道，公共权力机关可以将公众纳入行政监督、公共决策过程中来，使权力机关在决策执行过程中，赢得更高的支持和信任度。

从广东省大数据+人大代表履职系统的技术创新过程和效果来看，技术创新可以实现压缩非正式制度空间以提升正式制度的权威的目标，但是，实践中，这一目标并没有实现。非正式制度的惰性制约了技术创新主体即制度运行相关主体的创新能力，创新者缺乏对正式制度权威的信任度，也没有获得必需的正式制度的庇护。通常来说，影响制度变迁的因素主要有三个：制度模糊性（institutional ambiguity）、制度中的行动主体（agent）和权力分配规则（power distribution）（Mahoney & Thelen，2009）。在人大代表履职制度中，现有的制度模糊性给该制度中的相关行动主体（人大代表、职能部门、党委、司法机关、人大常设机构）执行非正式制度提供了较大空间，而

① 访谈笔记整理。

权力分配话语权较弱的人大代表和人大常设机构、无渠道参与权力分配的选民在议程设定上的权力不足，因此这里得以运行的非正式制度蚕食了正式制度中对选民和人大代表的权力保障。大数据平台这一平台技术创新为压缩和降低这类非正式制度的运行空间提供了可能，但是由于正式制度权威不足、相关行动主体的权利不平衡，非正式制度具有较大的惰性。设计者在装备大数据平台时，在数据应具备的公开性和互动性上表现出相对保守的态度，使得技术创新无法突破非正式惰性，实现应有制度绩效提升目标。

从另一方面来说，中国基层治理中不断涌现的技术创新，是个“稳妥”的创新路径。技术创新设计者知道技术平台不能解决制度性问题，但技术性的调整可以提高行政效率缓解制度压力，向上级呈现自己的能力提高晋升的机会，却不会因为挑战了非正式制度空间、“得罪人、得罪组织”而面临创新风险。非正式制度的惰性局限了技术创新应有的功能空间，导致部分技术创新仅仅是高成本低产出的低层次创新。

参考文献：

[1] 陈星平. 新媒体时代地方治理创新中的技术化倾向[J]. 行政论坛，2014（2）：56–59.

[2] 黄俊尧.作为政府治理技术的“吸纳型参与”——“五水共治”中的民意表达机制分析[J].甘肃行政学院学报，2015（5）：29–38.

[3] 谈火生，霍伟岸，何包钢.协商民主的技术［M］.北京：社会科学文献出版社，2014：26–29.

[4] 杨雪冬.技术创新与地方治理改革：对三个案例的分析[J].公共管理评论，2004（1）：63–81.

[5] Amyx，Jennifer A. 2001. Informality and Institutional Inertia：the Case of Japanese Financial Regulation，Japanese Journal of Political Science. Vol. 2，Issue 01，pp. 47–66.

[6] Cheng，Ling. 2008. Institutional Inertia，Adjustment，and Change：Japan as a Case of a Coordinated Market Economy，Review of International Political Economy. Vol. 15，No. 3，pp. 460–479.

[7] Mahoney，James' Thelen，Kathleen. Explaining Institutional Change：

Ambiguity, Agency, and Power, Cambridge University Press, 2009.

[8] Peter J. Boettke, Christopher J. Coyne and Peter T. Leeson. 2008. Institutional Stickiness and the New Development Economics. The American Journal of Economics and Sociology, Vol. 67, No. 2. pp. 331–358.

生态核算与城市发展

——深圳市盐田区城市GEP核算体系及运用项目调研报告

谷志军

改革开放以来，我国经济社会发展取得了巨大成就，以至于被形象地称为“中国模式”。对于如何评价经济社会发展，国际上通行以“国内生产总值”（Gross Domestic Product，GDP）为主要核算指标，GDP被公认为衡量人类经济活动成果的核心指标，在我国一度被作为最有力的“指挥棒”。然而，随着对经济社会发展认识的不断深入，唯GDP政绩观的缺陷逐渐暴露，仅用GDP衡量地区发展可能会导致政府过分干预生产、破坏环境、加速资源能源消耗等不良后果。近年来，发展中的环境问题屡屡被提及，河流污染、空气雾霾、热岛效应、城市噪声等成为热议话题。谈及此类问题，人们在感叹的同时，不免为将来的生活环境感到担忧。经济发展了、科技进步了、收入提高了，然而，“生活质量”却下降了。这里所说的生活质量，不是指物质、文化生活的满足，而是指我们平常生活的环境、

深圳大学当代中国政治研究所
谷志军

呼吸的空气、饮用的水质以及能够享有的生态空间。

为此，党的十八大明确提出，“把生态文明建设放在突出地位，融入经济建设、政治建设、文化建设、社会建设各方面和全过程”，同时要求把资源消耗、环境损害、生态效益纳入经济社会发展评价体系，建立体现生态文明要求的目标体系、考核办法、奖惩机制。党的十八届三中全会公布的《中共中央关于全面深化改革若干重大问题的决定》也明确指出，“完善发展成果考核评价体系，纠正单纯以经济增长速度评定政绩的偏向”，对限制开发区域和生态脆弱区取消地区生产总值考核。2015年4月，中共中央、国务院审议通过了《关于加快推进生态文明建设的意见》，9月11日召开的中共中央政治局会议又审议通过了《生态文明体制改革总体方案》，对生态文明领域改革做了顶层设计和重要部署。在此基础上，如何把生态文明融入经济、政治、文化、社会形成五位一体？如何打破地方政府唯GDP的政绩观？如何衡量地区生态文明建设成果？如何核算生态系统的产出和效益？如何将美丽中国建设在盐田生动实践？深圳市盐田区委、区政府进行了不懈的努力和探索。

一、城市GEP的概念及核算指标体系

（一）城市GEP的概念

所谓GEP，即“生态系统生产总值”（Gross Ecosystem Production，GEP），是指生态系统的生产和服务总和，是生态系统为人类福祉提供的产品和服务的经济价值总量。这个概念是在2012年由世界自然保护联盟①（International Union for Conservation of Nature，IUCN）驻华代表朱春全首次提出，旨在建立一套与国内生产总值（GDP）相对应的、能够衡量生态良好的统计与核算体系。GEP以生态供给价值、生态调节价值、生态文化价值和

① 世界自然保护联盟，英文简称为IUCN，于1948年在瑞士格兰特成立，是目前世界上最久也是最大的全球性环保组织。IUCN是由200多个国家和政府机构会员、1000多个非政府组织会员和来自181个国家超过11,000名科学委员会会员和分布在50多个国家的1000多名秘书处员工组成的独特的世界性联盟。IUCN在自然保护的传统领域处于领先地位，协助起草了许多国际公约以及国内环境立法框架，包括世界自然保护联盟濒危物种红色名录在内的很多成果拥有重要影响力。1999年被联合国大会全体会议授予联合国永久观察员地位。

生态支持价值为主要指标，通过计算森林、荒漠、湿地等生态系统以及农田、牧场、水产养殖场等人工生态系统的生产总值，来衡量和展示生态系统的状况。

2013年2月25日，由世界自然保护联盟（IUCN）、亚太森林组织（APFNet）、北京师范大学（BNU）、亿利公益基金会（EF）共同主办的“生态文明建设指标框架体系国际研讨会暨中国首个生态系统生产总值（GEP）项目启动会”在北京科技会堂举行，中国第一个生态系统生产总值核算项目在内蒙古库布其沙漠落地。[①]据介绍，对生态系统的生产总值进行核算，其主要目的是以货币价值的形式将无价的生态系统各类功能“有价化”，能让人们更直观地清楚地认识到生态系统每年为我们提供产品和服务的总价值，提高人们对生态环境保护的关注度，也从市场角度说明生态环境保护的必要性和利益，有利于政府可持续发展决策。GEP概念的提出，填补了目前国内外对自然生态资产核算指标的空白，并为下一步与国民经济统计和核算体系接轨以及获得国际社会接受做准备。

然而，目前已经开展的GEP核算主要都是针对自然生态系统的，缺乏对受人类活动影响较大的城市生态系统生产总值的核算研究。城市是一个“社会—经济—自然”高度复合的生态系统[②]，与自然生态系统存在明显区别。作为消费者的人类在城市生态系统结构中占据着绝对的数量优势，城市生态系统被深深刻上了人工改造的烙印，人工作用与人类认知对城市生态系统的生存和发展起着决定性作用。自然生态系统是一个高度自我调节的系统，而城市生态系统中人对环境的管理维持非常重要。城市与自然生态系统在物种结构、数量上的差异，以及由此引起的功能上物质循环、能量流动的差异，还有空间格局的差异等，都决定了这两种生态系统的功能价值的差异。另外，由于人类在城市生态系统中占有支配地位，城市生态系统生产总值应更多考虑其对满足人类需求的支持力。尽管绝大多数生态系统服务功能是客

① 《中国首个生态系统生产总值（GEP）机制在库布其沙漠实施》，新华网，2013年2月25日。

② 王如松、欧阳志云：《社会-经济-自然复合生态系统与可持续发展》，可持续发展20年学术研讨会，2012年。

观存在的，但最终都统一归到对维持人类生存和发展所做出的贡献。因此，对一个发达的城市来说，自然生态只是城市生态系统的一部分，不能只关注自然界的作用，仅仅以自然生态功能和状态来评价城市生态系统所具有的价值，会忽视人创造生态价值的积极性。

为此，深圳市盐田区委、区政府在充分研究分析当地经济、社会、自然环境状况的基础上，借鉴国内外生态系统服务功能价值、环境质量价值量化研究成果和现有的GEP核算案例，探索建立盐田区城市GEP核算指标体系。不同于之前的GEP核算项目，盐田区将目标定位于城市生态系统，除了考虑城市中自然生态为人类福祉做出贡献的部分，还加入了人为参与改造的人居环境生态系统的效益部分。所谓“城市GEP”，是指城市生态系统的生产状况与价值，包括自然生态系统为人类福祉所提供的产品和服务价值以及通过城市规划、城市建设、城市管理等方式对人类生态环境进行维护和提升所创造的生态价值。

（二）城市GEP核算指标体系

2013年，深圳市盐田区委、区政府率先探索生态文明评价制度，在《盐田区生态文明建设中长期规划》中明确提出建立城市GEP核算机制，并将其作为特色指标纳入生态文明建设指标体系和生态文明建设考核内容，以提高管理者和全社会对GEP的认识，重视GEP核算与管理运用，纠正单纯以经济增长速度评定政绩的偏向。2014年初，由区环境保护和水务局负责，委托深圳市环境科学研究院开展了盐田区城市GEP核算体系研究项目，旨在构建一套符合盐田城市特色，能科学衡量生态建设成果、体现生态文明要求的核算体系。

根据盐田区城市生态系统的现状特征，深圳市环境科学研究院将盐田区城市生态系统生产总值分为两个部分来进行核算，分别是自然生态系统价值和人居环境生态系统价值。自然生态系统价值主要以自然生态系统为人类福祉所提供的产品和服务来表现，是对生态系统的服务和自然资本用经济法则所做的估算；人居环境生态系统价值是指通过城市管理、城市建设等方式对人居生态环境进行维护和提升所创造的生态经济价值，包括空气环境质量、水环境质量、声环境质量等的经济价值以及环境改善作为社会福利的经济价值。[①]课题组充分吸收国内外生态系统服务功能研究成果，以城市可持续发展指标、生态城市指标、生态系统生产总值指标等为经验参考，结合专家咨询意见，在城市生态系统的功能和特征基础上，构建出盐田区城市GEP核算指标体系和核算方法。[②]

盐田区城市GEP核算指标体系总共包含三级指标（参见图1）：其中一级指标2个，包括“自然生态系统价值”和“人居环境生态系统价值”；二级指标11个，包括生态产品、生态调节、生态文化、大气环境维持与改善、水环境维持与改善、土壤环境维持与保护、生态环境维持与改善、声环境价值、合理处理固废、节能减排、环境健康等；三级指标28个，包括直接可为人类利用的食物、木材、水资源等价值，间接提供的水土保持、固碳产氧、净化大气等生态调节功能，以及源于生态景观美学的文化服务功能，水、气、声、渣、碳减排、污染物减排等指标。

盐田区城市GEP核算方法主要有两类（参见图2）：一类是“自然生态系统”核算方法，包括直接市场法、替代市场法、条件价值法、成果参照法；另一类是“人居环境生态系统”核算方法，包括替代工程法、防护费用法。其中，5种是客观方法，1种是主观方法（即条件价值法）。条件价值法以调查统计市民支付意愿的价格来核算该项价值，如休闲游憩文化价值核算，即以市民支付意愿计算。主观核算方法，恰恰反映了群众对当地生态环境价值的认可和评价，提高了群众参与的积极性和话语权，同样具有科学性。

据了解，盐田区通过制定城市GEP核算指标体系和核算方法，从2013年起每年核算辖区城市生态系统生产总值。通过监控经济社会发展过程中“城市GEP”的变化，随时了解和评估生态系统的发展状况；通过动态考评“城市GEP”年变化量和年变化率，分析“城市GEP”变化原因，为制定下一步社会经济发展计划和城市生态建设规划提供决策参考，并以此来评价区域经济社会建设与生态环境的可持续性发展状况。同时，还着手将GEP纳入政绩考核体系和生态文明考核体系，尝试推进干部离任GEP审计，彻底改变唯

① 《深圳盐田首发“城市GEP”》，《中国环境报》，2015年3月2日。
② 参见深圳市环境科学研究院课题组：《盐田区城市GEP核算体系研究》，2014年12月。

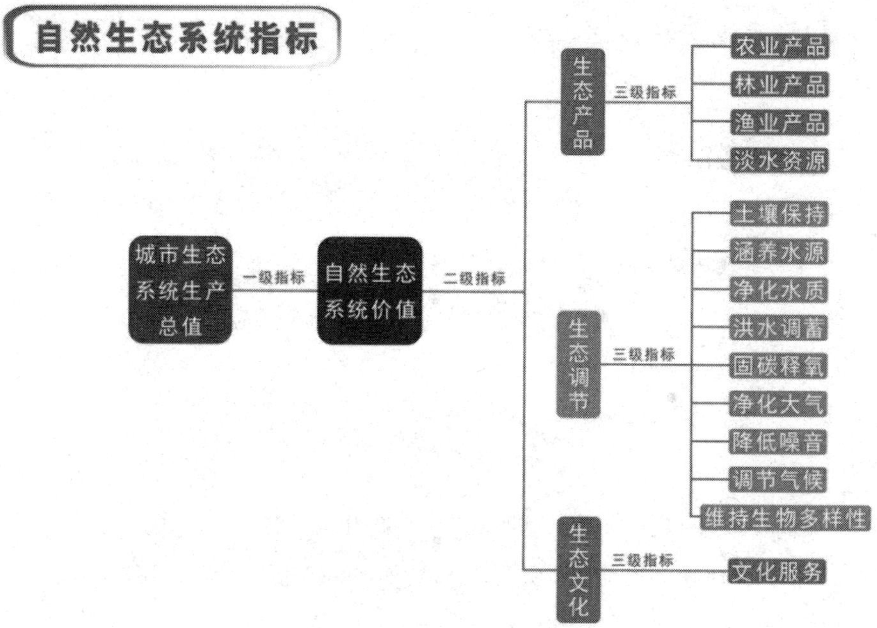

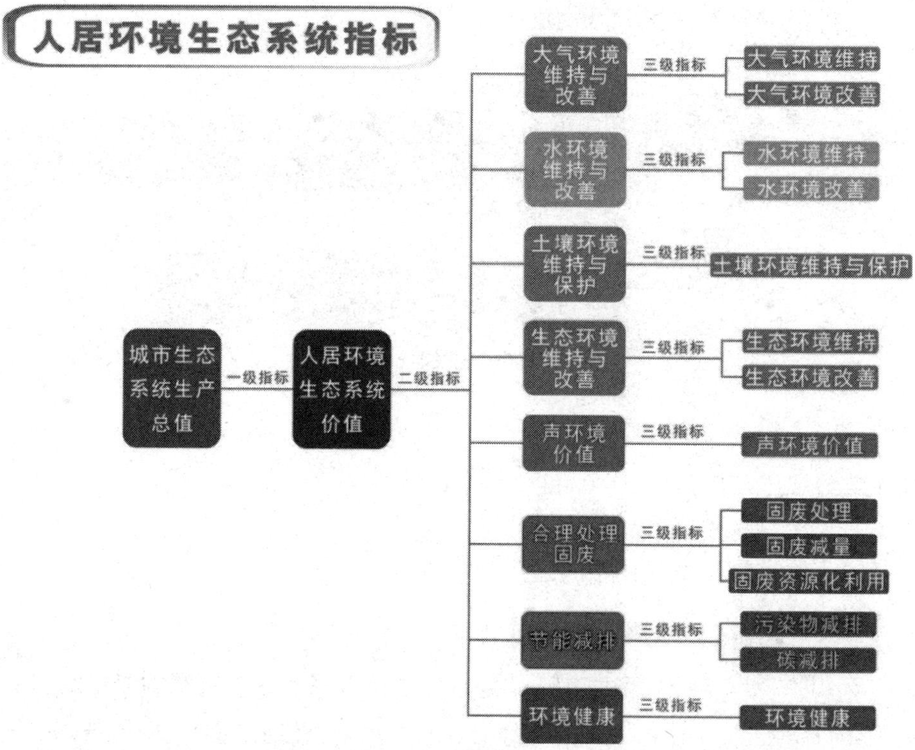

图1 城市GEP的核算指标体系

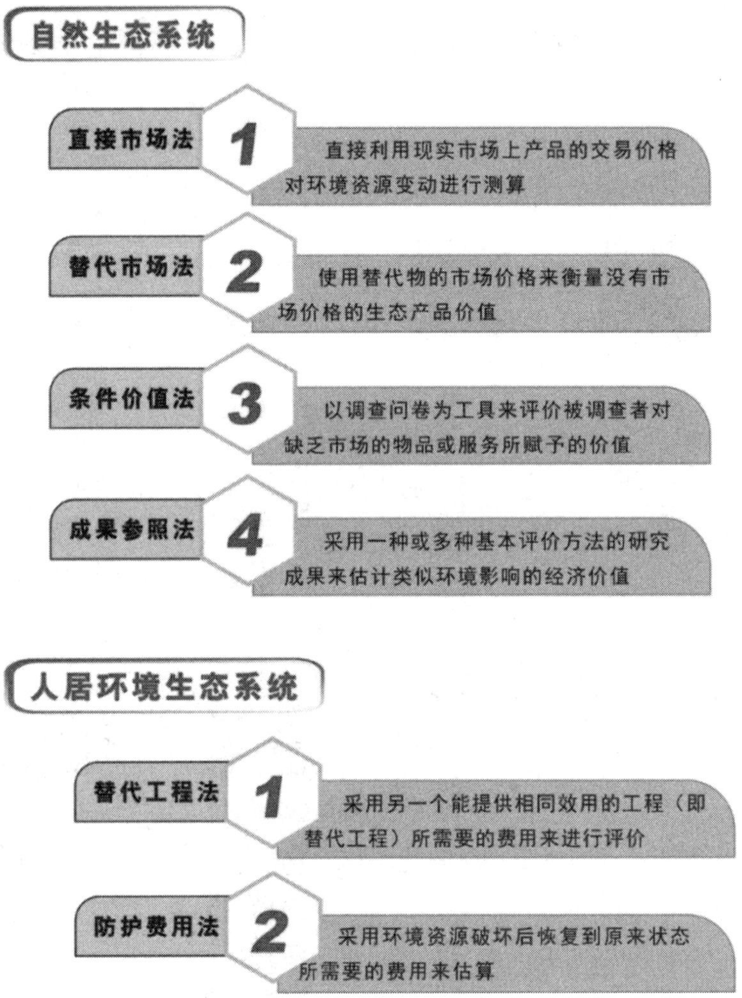

图2　城市GEP的核算方法

GDP政绩观。

二、城市GEP核算体系的运用与成效

（一）城市GEP核算体系的运用

2013年1月，盐田区委、区政府以1号文件形式出台《创建国家生态文明示范区的决定》，把生态文明建设作为未来几年工作的主轴，将城市GEP研究纳入盐田区生态文明建设中长期规划重点项目。通过与深圳市环境科学研

究院合作，制定了系统的城市GEP核算指标体系和核算方法，并基于盐田区2013年高分辨率遥感影像，结合所收集数据资料，分别测算出自然生态系统价值和人居环境生态系统价值，得到盐田区2013年的生态系统生产总值。这为科学衡量区域生态文明建设成果，推动政府转变“唯GDP”的政绩观，创新区域可持续发展评价体系提供了全新的理论依据和实践证据。

经过核算，盐田区2013年“城市GEP”为1015.4亿元，其中，“自然生态系统价值”为660.88亿元，占65%；“人居环境生态系统价值”为354.52亿元，占35%。[①]具体来讲，自然生态系统价值包括生态产品价值、生态调节价值、生态文化价值。一是生态产品价值为4.62亿元。其中，农业产品价值约160万元，林业产品价值为3.45亿元，渔业产品价值约145万元，年用水总量价值约1.13亿元。二是生态调节价值为378.84亿元。其中，涵养水源价值64.87亿元，调节气候价值167.35亿元，维持生物多样性价值137.68亿元。三是生态文化价值为277.42亿元。其中，生态景观的休闲游憩价值为82.24亿元，景观贡献价值195.18亿元。

人居环境生态系统价值包括大气环境维持与改善价值、水环境维持与改善价值、土壤环境维持与保护价值、生态环境维持与改善价值、声环境价值、合理处置固废价值、节能减排价值和环境健康价值。一是大气环境维持与改善价值为46.03亿元。其中，大气环境质量维持价值为44.78亿元，大气质量改善价值为1.25亿元。二是水环境维持与改善价值为115.06亿元。其中，水环境维持价值为106.05亿元，水环境改善价值为9.01亿元。三是土壤环境维持与保护价值为176.01亿元。四是生态环境维持与改善价值为7.62亿元。其中，生态环境维持价值为4.20亿元，生态环境建设总投入为3.42亿元。五是声环境价值为3.53亿元。六是合理处置固废价值为2.70亿元。七是节能减排价值为1.53亿元。其中污染物减排价值为283.34万元，碳减排价值为1.50亿元。八是环境健康价值为2.04亿元。

据了解，2013年盐田区城市GEP（1015.4亿元）是当年GDP（408.51亿元）的2.49倍。以盐田2013年常住人口21.39万人计，人均GEP为47.47

① 数据来源于深圳市环境科学研究院课题组：《盐田区城市GEP核算体系研究》，2014年12月。

万元；以盐田辖区面积74.63平方公里计，单位面积GEP为13.6亿元/平方公里。而且，2014年初步核算约1070亿元，同比增长55亿元。从中不难看出，盐田区城市GEP价值较高，自然生态服务价值占了GEP很重要的一部分，说明盐田区相当重视自然环境保护，自然生态功能维持在相当好的状态。除此之外，盐田区通过建造环境污染物净化设施、实施生态修复工程等人为措施努力改善了城市环境，也正因为有人为的参与，使城市中的生态景观变得更有吸引力更具价值，提高了其在城市中的贡献。

（二）城市GEP核算体系的成效

为了评估城市GEP核算指标体系的科学性、有效性、可行性，盐田区环境保护和水务局于2014年12月在深圳组织召开了“盐田区城市GEP核算体系研究”专家评审会。会议邀请了中国科学院、北京大学、中山大学、环境保护部环境规划院的6位专家为这次城市GEP的研究成果提供专业的意见。专家一致认为，该项目在盐田区自然生态系统生产总值核算的基础上，立足区域特色，探索创新了城市GEP核算理论和方法，首次建立了城市GEP核算体系，定量评估了盐田区自然生态系统和人居环境生态系统价值。研究成果具有较强的创新性、实用性和示范意义，达到国内同类工作的领先水平。

结合专业核算和专家评审结果，2015年4月，盐田区委、区政府联合深圳市委改革办、深圳市发展和改革委、深圳市人居环境委、深圳市统计局举办了以“城市GEP 创新、融合、发展——美丽中国的盐田探索”为主题的高峰论坛，中国生态文明研究促进会祝光耀、中国环境科学研究院孟伟等专家领导参加了会议，深入探讨GEP与GDP的辩证关系和城市GEP核算的科学性、应用性及规范化，研讨盐田可持续发展、科学发展的路径与方略，为建设美丽中国探索量化新路，为盐田区进一步开展GDP和GEP双核算、双运行、双提升工作提供思路借鉴和智库保障。①

总结专家们的意见并结合盐田区生态系统的实际情况，盐田区城市GEP核算体系及运用项目取得了如下成效：

---

①《深圳盐田GDP和GEP双核算 为建设美丽中国贡献方法论》，人民网深圳频道，2015年4月28日。

一是解决了如何提升经济社会可持续发展水平的问题。城市GEP提升成为与GDP同等重要的考核指挥棒，促使经济向“绿色化”方向转型升级。2014年，盐田区第三产业增加值占GDP比重超过八成，质量效率型发展特征凸显。辖区空气优良天数358天，优良率达98.1%；PM2.5年均浓度为28μg/m3，接近欧盟标准，生活污水收集处理率稳定在97%以上；在GDP增长10%的情况下，城市GEP增长5.4%，实现了城市GEP与GDP双提升。

二是解决了如何推进生态文明体制改革的问题。通过将城市GEP与勤政考核挂钩，充分调动各单位、各级领导干部参与提升城市GEP的积极性，为生态文明建设提供制度保障。通过GEP与GDP双核算、双运行、双提升，盐田区关于生态文明建设的“城市GEP与GDP双核算体系”改革项目入选2015年度深圳改革榜单十大改革项目。

三是解决了如何提高公众生态文明意识的问题。通过将城市生态系统的各类功能“价值化”，为“蓝天、绿地、青山、秀水”打上“价格标签”，使生态环境质量的优劣有了可衡量的标准，极大地唤醒了全社会对城市生态系统价值的认识和重视。全区四分之三的街道办荣获“全国文明单位”称号；公众生态文明意识水平连续两年位列深圳市第一名。

四是解决了如何提升公众城市环境满意率的问题。城市GEP考核促使当地党委和政府不断满足群众对生态环境福利日益增长的需求，进一步提升民生幸福感。盐田区“运行完善区生态文明建设考核办法”改革项目在市委改革办民意调查中满意率全市第一，同时公众城市环境满意率连续两年位列深圳市第一。

对于一个发达城市的GEP核算，如果仅仅计算自然生态系统的部分，则很可能会使城市中人为努力对生态环境的贡献价值被低估或忽视。将单纯自然生态系统生产总值的测算推广到自然生态系统服务功能与城市环境建设和管理相结合的城市生态系统生产总值综合测算，不仅对城市中自然生态为人类福祉做出贡献的部分进行了核算，还在自然生态系统的基础上，加入了人为参与改造的人居环境生态系统的效益部分。盐田区通过对城市GEP的研究，认识和了解自然生态系统为人类社会经济提供服务的价值量，以及人类为维持良好生态环境，通过污染治理和生态建设等各种形式带来的生态经济效益，有助于加深生态保护也是生产力的认识。

三、城市GEP核算体系的创新与问题

（一）城市GEP核算体系的创新

正如盐田区副区长所言：“通过核算城市GEP，可以将城市生态系统无偿提供的各类功能价值化，能让人们更直观、清楚地认识到生态系统每年为我们提供产品和服务的价值，以及通过城市生态环境建设所创造的生态效益。正是通过这种‘无价’到‘有价’的转换，使生态环境质量的优劣有了可衡量的标准，青山绿水也可打上价格标签。”[①]另外，通过城市GEP定量核算生态系统的产出和效益、衡量地区生态文明建设成果，以及对生态系统的变化进行常态化跟踪评估，并纳入政绩考核，也有利于调动我们的领导干部对生态环境保护和投入的积极性与紧迫感，加快转变“唯GDP”的政绩观。具体来讲，其创新之处体现在：

一是创新构建城市GEP核算体系框架。不同于内蒙古库布齐沙漠GEP核算和贵州省GEP核算，盐田区城市GEP核算体系将自然生态系统和人居环境生态系统有机统一，创新重构原有GEP核算体系，既考虑了自然生态的价值，也核算了人为努力改善环境质量的价值。这是对生态价值评估理论和方法的创新，丰富了GEP核算和生态效益价值核算成果。

二是创新区域协调发展成果评价体系。长期以来，GDP成为评价国家和地区发展状况的唯一“标尺”，这容易导致一些地区以牺牲环境为代价来发展经济。城市GEP的定量核算，就是通过建立一个不同时期的地区生态系统产出和效益，以此衡量一个地区经济发展水平与生态文明建设成果，从而丰富和完善城市成果评价体系。

三是创新推动政府转变唯GDP政绩观。盐田区通过对生态系统的变化进行常态化跟踪评估，将城市GEP具体指标分解至生态文明建设年度任务中，并纳入领导干部勤政考核，能够调动领导干部对生态环境保护和投入的积极性，变被动考核为积极主动参与，促使当地党委和政府转变“唯GDP”的执政理念。

① 《深圳盐田区创新推出“城市GEP”核算体系》，《中国青年报》，2015年1月22日。

四是创新提升政府综合决策的科学性。通过监控经济社会发展过程中城市GEP的变化，利用直观的经济数据说服决策者不以破坏环境为代价发展经济，使政府决策不偏离可持续发展道路。通过定量分析城市生态系统的产出对城市的贡献，全面把握城市生态系统功能价值变化，从价值角度更加切合实际地探寻生态环境与经济社会系统的相互作用关系，为经济社会发展的综合决策提供科学的理论依据。

五是创新探索美丽中国的现实路径。城市GEP核心价值是通过监控城市GEP年变化量和年变化率，将GEP不降低作为经济发展的约束条件，保证GEP和GDP双运行、双提升。这既可以直观反映生态文明建设成绩，又可以督促实现不以破坏生态环境为代价的经济增长，为建立自然资源市场机制、价值量化美丽中国，最终实现人与自然、经济与生态之间的和谐共荣共生提供技术支撑。

（二）城市GEP核算体系的问题

城市GEP核算体系及双核算、双运行、双提升运用取得了显著的成效，并且在理念、理论、方法、管理等方面具有重要的创新价值。但是，我们调研了解到，由于经济社会发展大环境以及核算指标体系本身的专业性等因素影响，城市GEP在运用和推广过程中，也遇到了一定的挑战和问题。

一是城市系统边界的界定问题。城市本身就是一个不断扩展的领域，在快速城市化过程中，测算城市的GEP产值，首先就要明确城市系统的边界在哪里。实际上，这是一个比较复杂的、现实的问题，城市边界是在建成区、市辖区还是受城市影响的区域？这个问题决定了城市GEP核算的范围和结果。目前盐田区的做法是在全辖区范围进行核算，这在区级层面容易实现，但是若将此扩展到市甚至省一级，就会面临城市系统边界划定的挑战。

二是城市生态系统中的人工干预问题。城市生态系统是一个人工生态系统，消费者主要是人类而不是野生动物，人类起着重要的支配作用，是影响该生态系统的主要因素。然而，城市生态系统对其他生态系统又具有很大的依赖性，也是最脆弱的生态系统。由于人口密集，排放的污水、废气和固体废弃物多，容易产生环境污染问题。这样一个以人类为主体、受人工干预严重的生态系统，其GEP核算结果必然也会受到相应的挑战。

三是城市功能多样性的问题。城市是一个复杂性的系统组合，其功能是多种多样的，除了生态功能之外，还有人口和产业聚集功能、文化功能、社会功能、政治功能等，而生态功能又是其他功能存在和发展的前提，没有了生态其他系统就无法顺畅运转。为此中央提出，要政治、经济、社会、文化、生态五位一体协调发展。虽然GEP侧重于生态功能的核算与评估，也能在一定程度上兼顾其他功能，但是在目前经济下行压力增大的大环境下，如何将GEP核算与城市其他功能发挥相融合也面临一定的挑战。

四是核算指标体系本身的问题。从现有的核算指标体系可以看出，核算指标的选取存在一定的局限性，有些指标分类过于细致，但有些重要的指标由于无法获得统计数据只能忽略，统计体系还有待进一步完善。而且，指标的定价方法选择相对单一，一项指标只选取了一种方法，没有进行多种方法的比较，因此核算的方法选择上不一定是最优的。除此之外，在对盐田区环境健康价值核算中，由于缺乏环境污染与人体健康的“剂量—反应函数”的研究，只是借鉴了别人几种大气污染物的剂量—反应关系，其他环境污染物未能进行计算，这些都对指标体系的科学性来带了挑战。

五是核算数据支撑的问题。因为城市GEP核算需要大量的数据支撑，首先涉及到所需的数据有与没有的问题。从科学性的角度讲，目前核算需要的数据有些是支撑不了的。还有就是数据真与假的问题。采用既有技术手段收集到的数据的真实性如何保证，民众若对此有异议如何处理，这也是需要考虑的问题。再有就是数据的共享性与可得性的问题。这点目前来讲比较突出，生态系统核算所需要的数据涉及到城市各个职能部门，单靠环保部门的努力是很难做到的，因此如何建立起相应的数据获得机制和共享平台也是一大挑战。

六是核算结果的运用问题。城市GEP的提出对地方党委和政府政绩考核的冲击应该是比较大的，GEP核算结果的运用尤其是纳入政绩考核，需要所在地党委和政府比较大的勇气和胆识。目前的城市GEP核算，主要还是通过测算了解城市生态系统生产总值，若是将核算结果与部门考核挂钩，其冲击力还是挺大的。排在后面的部门自然会对核算结果产生异议，有些甚至会通过各种手段影响排名，如何对核算结果加以运用也是目前面临的挑战。

四、城市GEP核算体系的发展完善

随着城市GEP核算体系及运用研究的不断深入，人们逐渐意识到维持与保育生态系统功能是实现可持续发展的基础。城市生态系统可持续性已成为城市管理和可持续发展的新目标，每个城市不得不考虑它的可持续发展前景，选择其最佳发展路径。从经济社会与生态环境的可持续发展目的出发，对生态系统效益的价值的研究与评价变得日益重要，利用经济杠杆来协调人类与生态环境的关系已成为实现可持续发展的重要手段。如果不利用价格手段全面体现生态系统的价值，将不得不面对为追求经济持续增长而带来的更大的生态危机。因此，效率配置、污染控制、生态建设、可持续发展等都须对生态系统的功能价值进行全面的计量研究，定量分析城市生态系统的产出对城市的贡献，从价值角度更加切合实际地探寻生态环境与经济社会系统的相互作用关系，为经济社会发展的综合决策提供科学的理论依据。

而当前，环境与发展综合决策机制不完善，在实践中存在重经济轻环保的现象，许多地方以牺牲资源环境为代价来发展经济，经济发展方式粗放，环境与发展是“两张皮”。环保部门与经济部门合作与制约机制不强，环境政策的设计、执行和实施不能有效纳入到社会经济发展的决策过程中。除了机制体制的欠缺外，政绩考核体系中的经济发展指标所占比重过大也是导致经济和环境发展不协调的重要原因。不少地方为抓“政绩”，片面追求GDP增长率，导致经济发展方式粗放，资源消耗高、利用率低，造成严重的环境污染问题。这种重经济发展轻环境保护的发展观已经严重阻碍了生态建设工作的开展。

通过生态系统价值核算，可以为区域生态恢复工程效益成本核算和开发建设工程的经济损益分析提供必要的技术支撑，为区域环境管理和决策提供依据。城市GEP的核算可以丰富和完善发展成果考评体系，引导政府在政绩考核中加大对于生态环保的考核，颠覆了唯GDP政绩观；也可以从根本上扭转群众长期以来“商品高价、资源低价、环境无价”的观念，使人们更加直观地全面地认识生态环境资源的价值，也更能够体会到生态环境为自身带来的利益，从而提高人们的生态环保意识。城市GEP核算可以用来评估城市可持续发展水平与状况，考核地区生态保护的成效，还可以作为评估生态文明建设进展的指标之一。通过监控经济社会发展过程中城市GEP的变化，使GDP稳步增加的同时，GEP保持稳定或者有所提升，是保证政府不以破坏环境为代价发展经济、使政府决策不偏离可持续发展道路的重要手段。

基于这些考虑，目前盐田区已将实行“GDP”和“GEP”双核算、双运行、双提升工作机制纳入年度重点改革计划，每年核算盐田区国内生产总值和城市生态系统生产总值，通过监控“城市GEP”的变化来评价区域经济社会建设与生态环境的可持续性发展状况。同时，该区还将GEP纳入政绩考核体系和生态文明考核体系，尝试推进干部离任GEP审计，改变唯GDP政绩观，让生态资源指数成为政府决策的行为指引和硬约束。据了解，为了进一步完善城市GEP核算指标体系并将GEP核算结果运用于政府实际部门工作中去，盐田区委、区政府接下来着力从以下几个方面加以推进和完善：

一是将城市GEP核算结果“四进”。所谓“四进”，就是进决策、进考核、进项目、进规划。具体来讲，盐田区积极推行将GEP核算结果纳入区委、区政府决策层面，在政府决策过程中，充分考虑到城市GEP的相关情况；将生态文明建设纳入政府日常考查和年度绩效考评，涵盖区所辖所有部门；将城市GEP纳入区财政支持的各类项目，在项目论证、评估、实施等过程中，充分考虑到GEP相关因素；将城市GEP核算结果指导地方政府发展规划，要求在各类规划中对生态环境产生的影响以及收益进行客观的评估。

二是建立地方层面的标准化模型。目前关于城市GEP的相关研究还处于初创阶段，盐田区虽然率先开启了对城市GEP的探索，但是在指标体系设计、核算成果应用等方面还有很多不足之处。核算指标体系的设置主要考虑到盐田的实际情况，并没有建立标准化的核算模型，这显然不利于项目成果的运用、推广和扩展。为此，盐田区计划探索建立GEP核算的标准化模型，希望能够将生态系统产值核算模式化、标准化，以增强该核算指标体系的可复制性。

三是建立生态产品交易平台。所谓生态产品，是指维系生态安全、保障生态调节功能、提供良好人居环境的自然要素，包括清新的空气、清洁的水源和宜人的气候等。盐田区在探索城市GEP核算的基础上，积极挖掘盐田区丰富的生态资源，建立生态产品交易网络，制作APP平台，探索将GEP核算成果向社会公开的机制，引导市民参与生态保护和参加生态交易，使生态环境保护与个人日常生活紧密相连。

四是整合公众平台使GEP落地。现有关于城市GEP的核算还停留在区级政府层面，目的是便于政府了解和掌握城市生态系统的相关情况，还没有将GEP核算结果落实到让每位城市居民认可和参与的程度。为此，盐田区政府计划将已有的关于生态文明建设相关的公众平台进行整合，并进行分类和优化，让市民可以通过统一的公众平台了解城市GEP相关情况，随时发布环境保护、生态建设等相关的信息，切实将GEP的理念内化为居民的实际行动。

社会信用与地方治理的良性互动

——惠州市社会信用体系建设创新项目

刘兆鑫

社会诚信是事关社会进步与发展的基础性规则，社会信用体系建设是推进国家治理体系和治理能力现代化的重要组成部分。惠州市于2012年9月获批为广东省社会信用体系建设试点市，以此为契机，惠州市政府大力推进社会信用体系建设，在制度建设、数据库建设和社会信用培育等方面做了大量先行先试的创新工作，积累了一定的建设经验。

郑州大学公共管理学院副教授 刘兆鑫

一、项目概况

社会信用体系建设在惠州市全面推进源于2012年惠州被批准为广东省社会信用体系建设试点市。在试点建设中，惠州市政府高度重视并系统设计工作方案。在创新动力方面，惠州社会信用体系建设项目表现出明显的上层部署与下层推动相结合的特征。经过四年建设，惠州市初步形成了以“三建两促”为核心的建设路径，具体做法包括：

（一）建立社会信用体系建设的组织机构

2012年底，惠州市成立了由50多个市直有关单位组成的社会信用体系建设统筹协调小组，制定出台《惠州市社会信用体系建设工作方案》、试点工作方案和公共信用信息管理系统建设方案，明确了建设任务和步骤。在此基础上，成立了市级信用中心，落实专职人员，专职负责公共信用信息管理系统的建设、完善、运行和维护工作，具体负责推广信用信息的应用。又在市行政服务中心设立了信用中心对外服务窗口，专门提供信用报告查询和信用异议申请业务。

（二）建设公共信用信息管理系统

惠州市政府出台了《惠州市公共信用信息系统建设工作方案》，明确了构建社会信用信息管理系统的基本原则、主要任务、责任分工和实施步骤。在广东省率先建立了“一库一网两平台”（公共信用信息库、信用惠州网、数据归集平台和信息应用平台）的市公共信用信息管理系统。

（三）建设社会信用管理制度

惠州市形成“1+4+N”的系列制度，其中“1”即《惠州市公共信用信息管理办法》，“4”包括政府使用信用信息管理规范、企业信用联动奖惩机制、信用信息报送和应用考核办法、政务信息数据安全保障管理办法，“N”是各专责小组制定的具体实施办法。

（四）促进社会信用信息广泛应用

惠州以社会信用信息系统为根基，不断扩大信用信息的使用范围。先后建立粮油产品安全可追溯体系、财政性资金扶助不良信用记录“一票否决”制度、以信用记录为依据的中小微企业融资服务平台，制定进出口企业信用“绿、黄灯”管理政策、惠州市反走私诚信体系建设工作方案，在农村信用建设中向农户推行“诚信通”卡。信用信息、信用记录已在公共资源交易、财政性资金分配、评选评优等公共管理活动中得到应用。

（五）促进区域信用合作

惠州市先后与广东省内多个城市进行了信用建设经验交流，与梅州、河源等地市签订信用建设合作协议。牵头组织召开了深莞惠与河源、汕尾的“3+2”区域信用合作联席会议，签署了《“3+2”区域信用合作备忘录》，发布《“3+2”区域信用合作宣言》。2016年初，惠州与深圳、东莞实现信用信息互查。此外，还与深圳海关共享数据，依托信用惠州网建成反走私诚信建设网。

二、项目成效

目前，惠州已初步形成了政府主导、社会共建、市县（区）联动的社会信用体系建设工作格局，建成了信用信息采集、管理、安全、应用“四位一体”的制度体系。在强有力的组织和制度保障下，惠州社会信用体系建设取得长足进步。

（一）高度整合的公共信用信息管理系统初步建成

从全国情况来看，建设共享共用的社会信用信息管理系统都面临整合难题。惠州通过部门协调、制定统一数据规范标准等措施，在短时间内建成了以“一库一网两平台”为核心的市级公共信用信息管理系统。目前，信用信息采集目录包含33家单位的147个数据主题1400个数据项，信息涵盖了企业、事业单位、社会组织和个人（重点人群）四类主体，入库数据量超过5.4 亿条，已免费出具信用信息报告 2000 多份。

（二）部门和行业信用体系建设稳步推进

农业、税务、旅游、社会组织、卫生、环保等部门开展信用等级评定工作；工商、国税、地税、检验检疫局、海关、农业等部门对企业实行等级分类管理，对等级高的企业实行优待，对等级低的企业实行强化管理和重点监控等管理措施；建立红黑榜名单制度，及时公示守信企业，曝光失信企业和违规从业人员信息，交通、食品药品监管、工商等部门相继披露“黑名单”信息；工程建设领域搭建了信用信息公开平台，建设了公务员录用诚信档案库，完善行贿犯罪档案查询系统；试点农户信用评级；土地和矿业权交易领域试水“黑名单”管理制度。

（三）社会信用信息开始广泛影响社会资源分配

目前惠州纳入二维码溯源的粮油产品供应规模占全市粮油消费总量的64.3%，企业一旦有信用污点记录，将自动被粮油采购单位屏蔽；信用报告在各类政府管理中应用，共梳理出涉及10个部门的21项适合使用信用报告的专项扶持资金，资金总额达1.24亿元；通过综合评价企业及企业主信用，惠州银行已成功发放21笔共3460万元纯信用贷款，参与贷前调查、贷中作业和贷后管理的贷款共有1471笔约63亿元；49家“黑名单”企业被系统屏蔽参与土地竞买，6家建筑企业因违法转包、投标业绩造假，被罚两年内禁止承接惠州建筑工程；公务员财产申报、个人重大事项申报、廉政记录、年度考核结果违法违纪违约行为等信用信息纳入档案，作为干部考核、任用、奖惩的重要依据。

三、可推广性

惠州市在社会信用体系建设方面已经形成较为系统的工作方案和行动计划，对全国其他地区有借鉴之处，具有一定的推广价值，具体表现为：

（一）建设工程具有规范性

社会诚信建设、社会信用体系建设自党的十七届六中全会以来就备受重视。2014年6月，国务院又专门印发《社会信用体系建设规划纲要（2014—2020年）》，要求扎实推进社会信用体系建设各项重点工作。但总体来看，社会信用体系建设在我国尚处起步和地方探索阶段。一些地方政府的个别探索虽有创新但系统性不足，难免陷入“木桶效应困境”，降低了政府和社会对社会信用体系建设的心理预期，从而表现出动力不足的问题。惠州通过学习国内外先进经验和自身实践摸索，较为准确地把握了社会信用体系建设的核心任务和关联因素，其建设工程具有系统性、全面性，其社会信息数据标准与规范甚至可以为制定统一的社会信用信息标准提供参考和依据。

（二）创新举措具有可复制性

惠州社会信用体系建设中的创新举措可以概括为三个方面：一是突出协同性，强调社会信用体系建设的部门和区域协同；二是为社会信用信息应用的“增量”发展预留空间，初步形成以公共信用信息管理系统为中心，以市场化信用信息系统为辅助，为信用信息全面应用于经济社会管理提供融合渠道；三是体现正面引导和负面惩罚相关的原则，突出正向激励对塑造社会诚信理念的积极作用，对预防“信用滥用”有帮助。这些创新之处一方面主要是针对当前我国社会信用体系建设的普遍问题和真空地带而制定的，因而对其他地区有较高的适用性；另一方面，许多创新举措经受了实践检验，较好地平衡了渐进改革与重点突破之间的关系，为全国范围内社会信用体系建设提供了样本。

（三）建设成效具有可持续性

社会信用体系建设重在基础制度的建立。当基础性制度有效建立起来后，社会信用体系就会成为影响经济社会运行的基础性规则，从而一定程度上减少领导者变更等不确定因素对项目推进的影响。惠州市从社会信用体系建设之初就着眼于社会信用体系框架与运行机制的建构，社会信用环境初步优化，全社会诚信意识普遍增强，有利于形成持续推进的改革氛围。

四、完善之处

（一）困境有待突破

惠州社会信用体系建设当前面临的最大挑战就是惠州的超前探索与外部区域的衔接难题。在全国社会信用体系建设整体滞后和缺乏顶层设计的情形下，惠州社会信用体系建设尚存几个可能：其一，社会信用信息市级统筹无法满足现实需求，特别是人口和企业流动性不断加大的当下，缺少外部区域信息整合制约了惠州社会信用信息的完备性和有效性；其二，社会信用体系建设对维护本地市场公平等方面有积极意义，但在地方竞争格局下，社会信用审查反而形成对资本的“挤出效应”，使社会信用体系建设较好的地区在招商引资等方面处于不利地位。这一困境的消解可能还需要在区域和全国层面进行整体性改革。

（二）社会信用组织培育有待加强

在当前中国，政府在社会信用体系建设之初承担组织、协调和制度设计的职能是不可避免的，但从长远来看，社会信用体系的有效运行离不开发达的社会信用组织的广泛参与。惠州市政府认识到培育信用中介组织和信用公益组织的重要性，也着力推进信用市场的建设与发展，但从整体情况来看，惠州目前仅有一家信用中介机构和一家社会诚信促进会，信用市场建设也远未形成规模，无法满足社会信用增长的现实需要，有必要在社会信用组织培育方面加大力度。

政府、企业、社会的协同开发与创新

——揭阳中德金属生态城初步调研报告

殷　俊

受北京大学中国政治学研究中心、南方舆情数据研究院委托，深圳大学当代中国政治研究所所长黄卫平教授和研究员殷俊、谷志军于2016年3月30至31日对广东省揭阳市中德金属生态城项目进行调研考察。考察期间，调研人员对中德金属生态城园区进行全面考察，重点参观综合服务中心、零排放表面处理中心、贝多芬森林公园，并和中德金属集团及揭阳市金属企业联合会负责人、当地政府官员、企业家代表进行座谈，全面了解中德金属生态城的发展情况、长远规划和运作模式。

一、项目概况

中德金属生态城（以下亦简称“园区”）位于广东省揭阳市，原名“中国南方（揭阳）金属生态城”，由揭阳金属企业联合会注资成立的中德金属集团有限公司投资开发和建设运营。工程于2013年3月动工，预计2020年建成，规划总用地面积约25平方公里，是国家工信部批准设立的华南首个中德中小企业合作区。

深圳大学城市治理研究院博士　殷俊

截至目前，园区已经建设完成的包括园区主干道（首期）、“零排放”表面处理中心、中德合作创新基地、贝多芬森林公园以及“四大中心”：园区综合服务中心、科技研发中心、工业设计中心和金融服务中心。后续还将建设中德科技文化交流中心、中德跨境电商产业园和生活配套区，此外还将由德国埃斯林根应用科技大学和广东工业大学合作设立中德双元应用科技大学。园区主推节能环保、先进装备制造、金属制品三大产业，联合德国有关方面规划打造金属原材料交易与制品销售、研发设计、金属制品生产与机械制造、人力资源、废旧金属产品回收再利用、金融服务六大平台，现在已有20多家中德合资或德国独资企业进驻。

图1 中德金属生态城远景图

二、主要发现

通过考察发现，中德金属生态城是一个典型的政府、企业、社会协同创新的案例，在很多方面具有创新性和独特性，主要包括以下几点：

（一）通过产业升级解决污染问题

建设中德金属生态城的初衷，是解决揭阳金属行业高污染的问题。揭阳市金属企业联合会负责人介绍，不锈钢、冷轧等金属制品行业，曾是揭阳市的核心产业，有相关企业7000多家，相关就业人口40万人，产值占揭阳市经济总产值的20%以上，在揭阳经济发展中有重要地位。但是这些行业属于高污染行业，由于行业内企业多属中小企业，污染处理能力较弱，因此生产过程中产生巨大污染，主要包括空气污染和对榕江水域的污染。以水污染为例，揭阳境内多条主要河道一度达到严重污染程度，市政府不得不启动专门治理工程。

由于金属行业在揭阳经济中的重要地位，一味关停相关企业也非最佳选择。揭阳的金属企业95%为中小企业，其中80%为民营企业，很难靠自身力量实现产业升级。同时受到金融海啸和经济下行影响，这些企业近年来经营环境变差，在经济绩效和社会效益之间存在一定矛盾。例如，一名企业家（受访者C）表示："说实话，全市这些（金属行业）企业，没有一家达标。我们看到母亲河（榕江）被污染，心里也不好受。但是有什么办法？坦白说，要达到国家标准，除非把这些冷轧企业都关了。"

在此情形下，揭阳金属行业的一些企业家萌生想法，通过联合整个行业的企业成立金属企业联合会，共同解决金属行业污染严重的问题。这一想法得到时任市长的赞同，并提出索性做成产业聚集区。在此背景下，由710家企业发起成立揭阳市金属企业联合会，又由联合会募集10亿元人民币成立揭阳金属产业投资管理有限公司，进行金属生态城园区的开发。

所以，中德金属生态城的一个基本理念是：整合同一行业的企业，借助政府政策扶持，以行业协会为主导，通过建设工业园区集中生产和治理，达到产业升级，实现经济效益和环境效益双赢。这种方式在经济学上属于"外部性的内部化"，即通过企业的自愿合作，完成单个企业无法承担的任务——消除外部成本（污染）。对于揭阳大多数金属企业而言，其生产存在很大的外部性，如果放任不理会对环境和社会造成很大破坏，但是仅仅通过法律门槛的方式要求每个企业都达到排放标准，多数中小企业均没有能力承担相关投资。而通过行业协会建设园区，让同行业企业集中到园区内，通过行业协会共同负担的方式建立污染治理设施，入会（入园）企业均可使用相关服务，通过园区的规模效应在降低外部性的同时大幅降低单个企业的成本。

园区的核心项目之一——"零排放"表面处理中心，便是这一模式的一个典型（参见图2）。据介绍，这一中心是国内"首家实现电镀污水零排放园区……第一家全部企业实现清洁生产……的数字化管理园区"。中心的运作模式是，园区通过子公司形式建设表面处理中心，入园企业交纳一定费用后便可使用中心的服务，其生产产生的污水和其他污染经由多步骤处理后达

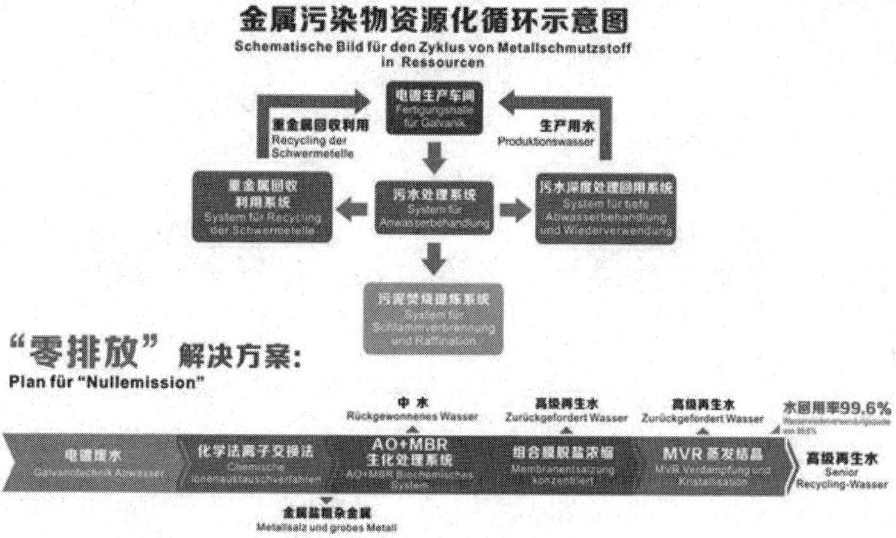

图2 “零排放”表面处理中心示意图

到基本零排放、可循环利用（见图2）。这样大规模、高技术含量的设施，单一企业是无法负担的，而如果以独立公司形式存在，则存在市场风险的问题。由行业协会合资开发，既有足够启动资金，又保证长远需求，而会员企业也获得相对低廉的服务。

同时，行业协会建设开发区也降低了招商引资的成本，使得德国的高端技术和先进管理得以引入，和本地民间资本合作，最终帮助整个行业实现产业升级。例如，中德金属生态城的示范项目之一——中德资源再生基地项目，便是由中德金属集团与广晟资产经营有限公司、德国欧绿保集团共同合作，引进德国第三代生活垃圾处理技术建立示范工厂。这一项目不仅能处理当地城市生活垃圾，还可以在此基础上进一步建设环保产业园，形成以机械设备制造为主体的整套环保设备生产基地，并且建立第三代生活垃圾技术管理人才培训基地和生活垃圾处理研发中心。通过这一模式，既确保中小企业的自主性，又解决其面临的外部性问题，既遏制环境污染，又实现产业升级（见图3）。

（二）行业协会与政府合作开发园区

中德金属生态城的另一创新之处是，与全国绝大多数园区由政府主导、

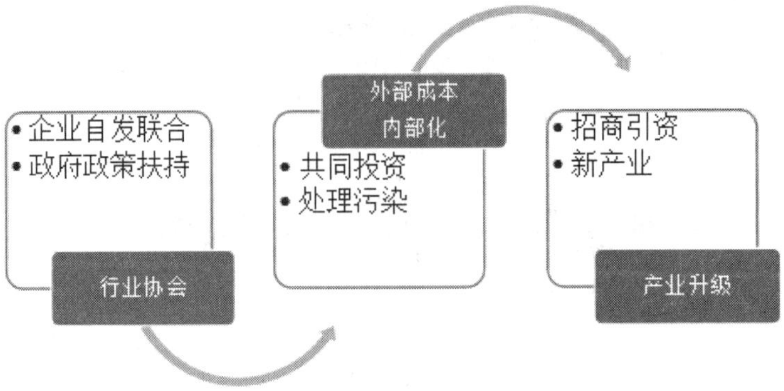

图3　通过行业协会实现外部成本内部化和产业升级

管委会运作的模式不同，采取“党委领导、政府指导、协会主导、市场化运作”的模式。在园区开发中，由揭阳市联合金属企业联合会通过揭阳金属产业投资管理有限公司注资2亿元，成立中国南方（揭阳）金属生态城有限公司（即中德金属集团的前身），主导园区的规划、建设和运营，完全市场化运作，地方党委、政府主要起到政策领导和指导的作用。

这种市场化运作模式使得中德金属生态城的建设具备一定的优势：首先，因为中德金属集图是由行业协会成立的企业，行业企业的利益诉求能够得到重视。中德金属集团副总裁（受访者A）便坦言：“我们和政府办园最大的不同，就是亲资本的运作模式。”对于涉及园区发展的重大决策问题，都会召集会员企业听取意见。参加座谈的一位企业家代表（受访者D）便表示：“一方面我们是入园企业，另一方面又是股东，所以就不仅仅是被管委会管着，感觉有更多的发言权。”

其次，中德金属集团又并不完全等同于行业协会，而是一个相对独立运行的企业，由职业经理人团队按照市场规律运作。参加座谈的两名集团副总裁，一名（受访者A）是之前长期在北京工作的高级职业经理人，有经营特大型企业的经验，另一名（受访者B）曾在广东大型媒体担任重要职务，有丰富的媒体经验。

最后，因为园区采用市场化运作模式，在日常运营中具有更大的灵活性。例如，中德金属集团由中德双方合作，德方占有51%的股权，而中方获得69%的利润，实现管理和资本的有效结合。中德金属集团在德国设立一家分公司，并在柏林、慕尼黑、法兰克福等中心城市设立办事处以开拓德国市场，吸引德国企业前来投资。集团副总裁（受访者A）表示："如果我们不是企业，而是一个管委会，那是根本不可能在德国设办事处的。现在办事处不仅为园区招商引资，也帮助揭阳招商引资，市领导都感慨说揭阳在这方面走在全国前列。"

同时，各级政府在园区建设中也起到重要作用。首先，地方政府为园区开发提供政策支持和鼓励。对于行业协会主导开发区这一创新模式，广东省人民政府专门召开常务会议讨论支持中德金属生态城政策建设，出台《广东省人民政府关于支持揭阳金属生态城建设的批复》。朱小丹、马兴瑞等省领导多次到园区进行视察，揭阳市领导则多次带队赴德国招商引资。

其次，地方政府为园区开发提供具体的扶持。其中重要的一点是规划上的扶持：园区主体原来为省属揭阳监狱的农场用地，在监狱搬迁后，当地政府将该片土地设为园区用地，因为土地归属相对简单，也避免了拆迁、征地可能带来的行政程序和维稳成本。在考察过程中，调研人员也发现，原属于揭阳监狱的地块保持着相对好的生态环境，以林地为主，没有成片居住区域，适合进行大规模开发建设。

最后，在园区开发建设过程中，地方政府起到协调作用。例如，园区开发涉及一些土地征收、房屋拆迁，园区配套规划也涉及当地村民、居民的利益，当地政府为此设立指挥部，由镇级官员担任常务副总指挥，负责协调相关问题。

由于园区开发的主体是行业协会和中德金属集团，地方政府在具体问题上主要起到协调不同利益主体的作用，并不介入具体决策。参加座谈的镇领导（受访者E）举例说，附近村民对园区是否会造成污染有一定疑虑，地方政府并非进行简单的宣传或维稳，而是组织村民代表和园区代表座谈，并到外地参观类似的污水处理设施。又例如，在园区附近连通道路开始施工时，出现传言称要在道路附近开发商铺，引发部分村民疑虑。地方政府掌握这一动态后，及时组织村民代表了解园区规划，明确相关规划属于绿地建设。

（三）将园区开发与城市改造结合

中德金属生态城的另一创新之处，是将园区开发与城市改造结合起来。园区规划并不仅仅包括产业、金融服务、研发、设计等区块，还包括生活配套区“莱茵小镇”、中德合作的应用科技大学以及贝多芬森林公园，共同构成一个集生产、服务、生活、教育、休闲功能于一体的新型城镇。若按规划建成，整个园区生活人口最多可达到二十多万。

据中德金属集团主管（A）和揭阳市金属行业协会负责人（C）介绍，在园区筹划阶段，便考虑到：一方面，如果园区仅仅建设产业设施，就是一个和周边脱节的大工厂而已，不能起到辐射周边的作用。另一方面，园区完全建成后将会有十多万工作人口，包括部分德方派出人员，需要一个舒适方便的居住环境，如果让他们居住在现有城区也会带来巨大的通勤成本。因此他们提出设想，园区配套建设生活区域，按照绿色宜居城镇的标准进行建设，不仅可以解决园区工作人口的居住问题，也带动周边区域环境的提升。

在考察过程中调研人员发现，揭阳市区也在进行大规模的城市改造，带来交通、环境等负面影响，而旧城区和新城区之间存在较大反差，未构成一个有机整体。对这一观察，受访者A、B和C都表示一定认同，并补充说：揭阳城市规模已经不适应发展要求，但是旧城改造又面临诸多困难，而以园区为中心建设一个具备完整功能的新城镇，便是一个新的探索方向。

目前，莱茵小镇建设已经初具规模，包括住宅、文化广场等已经建成，但是尚未有人入住。贝多芬森林公园包括绿道、餐饮区等已经建成，调研人员也看到附近居民前来休憩，但是周边道路尚未完全建好。除生活、休憩区域外，园区还规划建立一所应用科技大学，由德国埃斯林根应用科技大学和广东工业大学合作设立。但是据中德金属集团负责人介绍，这一方面的合作受到较多政策限制，而中德双方高校在理念和管理体制上也有许多需要协调的地方。

（四）将地方发展与国家战略接轨

中德金属生态城的另一特别之处，是将一个地级市的开发区成功与国家战略连接，成为中德经济合作的重点项目之一。园区最初名称是“中国南方（揭阳）金属生态城”，在与德国企业RSBK战略咨询交流有限责任公司签订战略合作协议后，改名“中德金属生态城”，而中国南方（揭阳）金属生态城有限公司也更名为中德金属集团有限公司，园区成为国家工信部批准设立的华南首个中德中小企业合作区。

据中德金属生态城负责人介绍，中共中央对外联络部（中联部）在这个过程中起到关键作用。中联部将中德金属生态城作为党际务实外交的试点，通过政党交流促进经济交流，积极介绍德国人士来揭阳考察。2014年3月，德国基民盟议员代表团来广东访问，推动德国家族企业基金会与揭阳市金属企业联合会、揭阳市政府签订合作意向书，开工建设中德金属产业创新基地。

此后，2014年3月德国总理默克尔访华期间，在国家主席习近平与默克尔的共同见证下，揭阳市人民政府、德国欧绿保集团、广晟资产经营有限公司三方签署中德资源再生基地项目合作协议。2014年10月，在第七届中德经济技术合作论坛上，中德金属集团与德国企业签署两项合作协议。2015年10月，中德金属生态城的“德国先进技术推广中心项目”和“电镀零排放合作项目”在国务院总理李克强与德国总理默克尔的见证下签约。甚至中国共产党与德国社会民主党第二次可持续发展对话会也选择在揭阳召开。可见，中德金属生态城已经成为中德经济合作的重要体现。

（五）进一步研究建议

通过本次调研发现，揭阳中德金属生态城是行业协会与地方政府合作、以创新模式建设开发区的典型案例，具有重要的典型意义和研究价值。其主要创新之处是：在政府指导下由行业协会主导进行园区开发，通过党际外交促进经济交流，最终成功实现产业升级，兼顾新型城镇开发。对上述创新之处，本次考察都进行初步考察，获得了一些一手资料。但是由于时间限制，中德金属生态城还有许多值得深入研究之处，其中具体包括：

首先，由于中德金属生态城由行业协会主导开发，以市场化模式运行，使得地方政府在园区开发中的作用显得相对边缘，主要体现在政策扶持方面。但是，在中国的政治经济体制下，政府在经济发展中往往扮演比表面所显示的更重要的角色，通过各种直接间接的途径发挥影响。在中德金属生态城开发过程中，政府除了指导、扶持、提供资源外，是否还发挥其他间接的影响？由于时间和条件限制，本次考察未能深入了解相关问题，有待于以后进一步调研。

其次，中德金属生态城从地方行业协会的行为上升到跨国的战略合作，其中必然涉及不同层级政府的互动。作为前一个问题的细化，地方政府（即揭阳市党政部门）、省级政府和中央部门在这一过程中如何进行互动，特别是地方政府如何利用党政关系网络推动这一项目的升级？而企业又如何利用自身资源在党政关系网络中最大化自身利益？对这一点，调研团队已经进行一定了解，但主要是从企业（行业协会、中德金属集团）角度的论述，如果要深入了解这些过程，则需要获得政府角度的论述。这些也有待于进一步调研，特别是对相关党政官员的访谈。

再次，作为一种高度创新的开发模式，中德金属生态城会对当地经济社会带来新的影响，甚至影响到政府、企业、社会之间的关系。目前调研主要了解到企业和基层政府对这一模式的认识，尚未深入了解当地各级党政官员对这一模式的认识。例如，在主流的开发区模式中，政府相关部门起到主导作用，也因此有助于这些部门职权的扩张和利益的实现。而在行业协会主导的开发区模式中，这些部门的职权和部门利益会如何体现？哪些党政部门在其中起到更大的作用？例如，中联部在中德金属生态城设立过程中的作用，便是一个创新之举。这些问题，都有待于深入调研。

最后，中德金属生态城项目现在仍处在建设阶段，特别是其配套的金融、电商、生活等区块尚未投入使用。在以后的建设过程中，随着经济社会环境的变化可能出现各种新的问题与挑战，也会有更多的利益关系牵涉进来。例如，随着园区工作人口增加会带来劳动、社保、治安等治理需求，以企业为主导的开发区如何面对这些问题？中德金属生态城这一创新模式如何面对不同的挑战，是否能持续创新，这也是有待持续观察和研究的问题。

下篇

"粤治"路径

探索

打造精准治理、多方协作的治理新模式

——关于"粤治-治理现代化"优秀案例推介活动的五个关键词

蓝　云

为什么要以"治理能力现代化"为主题，从2014年起每年举办广东探索经验交流会，并出版相关研究书籍？谁来推进"现代化"，只靠政府吗？"中国特色新型智库"到底有什么内涵？为什么要确立政府治理现代化、舆情引导、大数据与公共服务、网络问政、品牌管理等分主题？如何看待舆情在现代治理进程中的难度及重要性，为何说现在的领导最怕"半夜机叫"？大数据时代离我们到底有多远？人工智能能完全代替人脑吗？……

南方舆情数据研究院秘书长　蓝云

南方报业传媒集团发起主办的"粤治-治理现代化"优秀案例评选推介活动，2014年以来共举办了三届，共评选出优秀案例80个（其中第一届23个，第二届31个，第三届26个），评选专家主要由专家学者和媒体工作者组成。这个奖项的评选标准参照了中国地方政府创新奖的评选标准，它也是一项有传媒、高校背景的第三方评奖，具有价值倡导和方向引领功能。这80个案例，从一个侧面鲜活体现了近几年广东在推进“治理体系和治理能力现代化”进程中的探索路径，其中的学术、案例价值，北京大学俞可平教授、何增科教授和广东本地的中大、暨大、华师等高校研究人员已有深入分析，本文将从另外一个角度，从主办方、从传媒的角度对这些案例做一些阐释。

让我们带着这些问号，以“政府治理能力现代化”广东探索经验交流会为切入口，结合南方舆情数据研究院三年来的实践，一起来探讨五个关键词：治理、智库、舆情、问政、数据。

关键词一：治理

十八届三中全会公报指出：“全面深化改革的总目标是完善和发展中国特色社会主义制度，推进国家治理体系和治理能力现代化。”习近平总书记在2014年2月17日省部级主要领导干部全面深化改革专题研讨班的重要讲话中进一步强调，要正确理解和把握好两组关系：一是完整理解和把握总目标前一句和后一句的关系。前一句规定了我们的根本方向，就是走中国特色社会主义道路；后一句规定了在根本方向指引下完善和发展中国特色社会主义制度的鲜明指向。二是正确理解和把握好国家治理体系和治理能力现代化的关系。

这也是“治理能力现代化”词组首次出现在全会公报中。中央编译局原副局长、北京大学政务管理学院院长、南方舆情数据研究院专家委员会主任俞可平将之称为“第五个现代化”。“现代化”这一关键词公众比较熟悉，现代化建设在我国已经搞了几十年了，并且有新老“四化”之分。另一个关键词“治理”，以往更多地属于学术研究体系，十八届三中全会之后迅速成为社会热门词语。据统计，十八届三中全会公报9 次提到“治理”，全会通过的《决定》则有24 次出现“治理”一词。过去谈到国家和民众的关系，叫国家统治，后来叫国家管理，如今改称“国家治理”。一般认为，治理指的是公共机构为实现公共利益而进行的管理活动和管理过程。治理理论在20世纪90年代兴起于一些国家，初期由20世纪80年代初的“地方治理”和80年代后期的“公司治理”发展为“公共治理”，现已成为全球政府治国转型的普遍趋势。

中共中央政治局委员、广东省委书记胡春华就如何推进国家治理体系和治理能力现代化指出，要把“破”与“立”结合起来，更加重视体制机制制度建设。立足现实，着眼未来，尊重规律，努力建设适应新形势的体制机制制度，把广东作为深化改革先行地的作用充分发挥出来。

俞可平在《中国治理评论》发刊词里指出，治理与统治既有相通之处，也有实质性的区别，统治的主体只能是政府权力机关，着眼点是政府自身，而治理的主体可以是政府组织，也可以是非政府的其他组织，或政府与民间的联合组织，着眼点是整个社会。中央吹响全面深化改革号角，既重视“顶层设计”，也强调尊重人民的首创精神、鼓励地方大胆探索。广东是我国改革开放的排头兵。改革开放三十多年来，广东率先探索建立社会主义市场经济制度，着力深化行政管理体制改革，大力培育和促进社会组织发展，努力扩大公民参与社会管理的渠道，在治理创新方面积累了许多弥足珍贵的经验。广东各级党政部门及公共机构落实中央和省委决策动作快、力度大，广东实践十八届三中全会“推进国家治理体系和治理能力现代化”的蓝图，及省委对贯彻十一届三次全会精神和全面深化改革的部署，得到充分反映。2014年初，时任广东省委宣传部副部长、南方报业传媒集团党委书记、管委会主任莫高义指出：深刻理解和准确把握全面深化改革总目标，由此深入探索政府治理能力现代化的有效路径，是南方报业举办“政府治理能力现代化”广东探索经验交流会的基本遵循。

近年来，南方报业一直高度关注治理创新领域的新变化、新举措、新成果，并给予充分报道。2012年、2013年连续举办了两届“广东治理创新奖”评选活动，并和广东省委党校、华南理工大学公共政策研究院等机构合作，发布《广东治理创新报告（2007—2012）》，社会反响积极。“中国网络问政研讨会”由南方报业首创，并和各界机构广泛合作，在2010年、2011年、2012年连续主办三届。

以广东为重点研究对象，从民间、传媒的角度，以“治理”为主线，串起一组案例，在此过程中交流、碰撞、提升，推进“现代化”进程，其实正是“粤治”活动筹办的基本工作思路。

关键词二：智库

上面提到，“统治”的主体是官方权力机构，而“治理”的主题是多元化的，可以是党政部门，也可以是人大、政协、工会、共青团、妇联等机构，还可以是社会组织、企业、民间机构，甚至是由有实力、有资源的个人来牵头。无形之中，“智库”这一熟悉又陌生的词语呼之欲出。

我们注意到，在2014年7月8日召开的经济形势专家座谈会上，习近平总书记听取了王战、刘世锦、李扬、林毅夫、胡鞍钢、樊纲等专家学者的意见和建议，并着重指出：党的十八大和十八届三中全会要求加强中国特色新型智库建设，建立健全决策咨询制度。

有中国特色的新型智库，在“治理能力现代化”征途中大有可为。至于什么是“新型智库”，各界看法暂未统一，但有几点已成各界共识：主体的多元化，“新型智库”不一定是党政部门，民间机构、主流媒体也可深度介入；充分的网络化，最大可能地借助互联网这一现代科技手段，研究包含但不局限于网络舆情、社会舆情等内容，充分借鉴互联网思维；成果的市场化，一家智库是否真正有公信力、影响力、实力，成果说了算，客户说了算。

智库，也称“思想库”，一般来说，是指由多学科专家组成的，为决策者出谋划策的智囊机构，他们在决策者处理经济、政治、社会等多个方面的问题时，提供相应的思路、方法及策略。在不同的话语形态或语境中，“智库”一词有不同的含义，可能是同一类人员的集群，也可能是一类机构或一种商业运作模式，还可能是一种文化或思维方式，但核心是智囊机构。

美国、欧洲的智库机构，多通过大学、研究机构、企业、基金会或自然人等民间力量发起成立，但以公共政策研究为业务核心，直接或间接服务于政府，同时以非营利、独立性为基本宗旨。正因为美国绝大部分智库有着浓厚的“民间血液”，所以美国的智库一般无官方、民间之分。在中国，真正意义上的“民间智库”近年才作为明确概念被提出来。2006年召开的“中国首届智库论坛”上，首次评出了国内十大著名智库。其结果显示，入选的智库没有一家是民间性质的，清一色是政府属下的智囊机构。由此，我们不难发现此前中国智库发展领域的突出现状：官方智库占有绝对优势地位。尽管智库在2009年之后被较多的人所认识并形成一定的体系，但上述情况依然显著。据统计，截至2010年初，中国研究机构有2500 多家，专职研究人员3.5 万人，工作人员27 万人。其中，为政府服务符合智库类型的达到了2000家。2013年2月1日出版的智库蓝皮书《中国智库发展报告2012年：智库产业的体系构建》，进一步佐证了官方智库与民间智库数量的巨大差距，二者之比为95：5。中国的社科院、大学、政研室、研究室等智库数量多，但按照国际标准来衡量，受国际承认的非常少，只有74 家，不到3%。上述数字，便构成了中国智库当下“一多两少”的现状。

在南方报业传媒集团副总编辑、南方舆情数据研究院执行副院长曹轲看来，广东探索经验优秀案例评审由南方舆情数据研究院发起，并由13 家高校、智库及专家、网友组成评审委员会，由媒体、专业机构、社会力量的联合体围绕“治理能力现代化”理念来评介政府工作，这在广东还是第一次，在全国也具有一定的开创性。

作为国内首家从专业媒体角度专注“治理现代化”研究领域的复合型智库，南方舆情数据研究院的目标正是打造“中国特色新型智库”。南方舆情数据研究院与“政府治理能力现代化”广东探索经验交流会是相生相长的关系，研究院牵头举办了交流会，在举办交流会的进程中，研究院的宗旨及主线亦进一步明确并固化。南方舆情数据研究院专门成立专家委员会，聘请俞可平教授、郑永年教授等著名学者担任首批成员，为治理创新的研究和宣传提供更高层次的智力支持。

关键词三：舆情

除了“治理”“智库”，还有一个词语在新时期被赋予了新内涵，并承担了新压力，那就是“舆情”。有位地市领导曾向笔者笑言，现在最怕“半夜机叫”——半夜手机响起，往往就是出大事了，有舆情了。

信息、舆情、舆论、舆论场，是一组关联词语，有一定的递进关系。信息，指音讯、消息，通信系统传输和处理的对象，泛指人类社会传播的一切内容。舆情是一种适度集约化的信息，是较多群众关于社会中各种现象、问题所表达的信念、态度、意见和情绪等表现的总和。舆论比舆情又进一步，是社会中相当数量的人对于一个特定话题所表达的个人观点、态度和信念的集合体。舆论场是舆论形成的机制、空间、规律等的综合体，一般认为当下的中国有两个舆论场。

为准确理解舆情的含义，可以对舆情与舆论做进一步区分。在向量上，舆论是多数人形成的一致意见，是单种意见的集合；而舆情不需要得到多数人认同，是多种不同意见的简单集合。在演化上，当舆情产生聚集时就可以向舆论转化，这种转化，除主体的自身因素外，在很大程度上还取决于外部的环境。一般情况下，舆论需要舆情的支撑，也总是由舆情发展而来，但舆情不一定上升到舆论，如可以通过工作疏导消除在萌芽状态，也可以通过强权管理暂时压制。对舆情的引导就是要使舆情不转化为舆论或转化为良性舆论，舆情的危害也就在于可能会形成不良舆论，从而影响人们的心理和社会稳定。

广东是改革开放前沿阵地，毗邻港澳，是经济大省、人口大省、外来务工人员大省，同时也是群体性事件发生数量大省、官民及劳资纠纷大省，各类舆情事件层出不穷，社会治理难度非常大。2014年2月24日，中国社科院法学研究所发布《2014年中国法治发展报告》，对近14年间的群体性事件的特点进行了梳理，发现过半数群体性事件是因平等主体间纠纷引发，官民矛盾引发的群体性事件位居其次。各个省份中，广东以占全国总数30.7%的比例居首。

做好舆情引导，是广东各级党政官员的基本功；能不能应对群体性事件，是“治理现代化”是否真正达到的验金石；有一个和谐、共治、和美的环境，是实现中国梦的标准件。

全国最富的地方在广东，最穷的地方也在广东。2014年7月26日，广东省进一步促进粤东西北地区振兴发展工作会议在广州召开，胡春华书记指出，现在全国区域经济格局正在发生变化，面对激烈的竞争压力，广东要实现更大的发展，不仅需要把珠三角地区这一个增长极继续做优做强，还需要把粤东西北地区培育成新的增长极。有效的舆情引导，和谐的舆论环境，必将能大大助力珠三角九年大跨越、粤东西北加快发展。

南方报业按照“深耕主业、多元开拓、加快转型、融合发展”的战略方针，深刻认识舆论生态和舆情态势的变化。深入开展舆情分析，正确引导社会舆论，是加强党的执政能力建设的重要抓手，是国家治理能力现代化的重要方面，也是新时期主流媒体围绕中心服务大局大有可为的新天地。基于这一认识，2014年1月，南方报业发起成立南方舆情数据研究院，核心目的是力争通过新闻宣传与舆情服务的有效结合，为各级党委政府健全治理体系、提高治理能力提供更强有力的支撑。以南方舆情数据研究院为载体，南方报业既坚持履行围绕中心工作提供舆论支持的社会使命，又创新工作方法，通过拓展民意调查、决策参谋的新兴服务功能，倡导舆情“疏导”思维，强调社会舆论引导与解决实际问题相结合，系统破解社会转型期如何更好地促进社会和谐稳定的难题。

2014年4月17日，马兴瑞省长（时任省委副书记、政法委书记）出席第一届“粤治”活动，他在讲话中强调：新闻媒体要进一步树立正确的舆论导向，客观真实地反映现实，加强正面宣传，凝聚推动改革发展、维护社会稳定的正能量，支持政府提升治理能力。

关键词四：问政

“过去的一年，广大网友一如既往，踊跃参政议政，积极建言献策”“网上辉映网下，虚拟观照现实”“2016年的成绩单上，有你们的功劳”“热忱欢迎广大网民朋友和我们一起‘撸起袖子加油干’，使出‘洪荒之力’”。如此情真意切、生动活泼的话语，出自2017年春节前夕广东省委书记胡春华、省长马兴瑞通过人民网、南方网、奥一网和“南方+”新闻客户端发出的《致广大网民朋友们的新春贺信》。这是广东省主要领导连续十年向广大网友发出新春祝福。这也是广东网络问政多年来制度化、常态化运作的一个缩影。

9年多前，网络问政在中国兴起，给广东带来了别样生机。到如今，一个充满活力、和谐有序、建设性和形式多样的网络问政平台在这里已经初步建成，形成了党政一把手率先垂范、各级官员积极响应介入、主流媒体搭建互动平台、各地网民踊跃参与、民间智库穿针引线的大格局，渐成上下呼应、左右竞合、线上线下浑然一体、长效机制有效运作的常态机制。奥一网是南方报业传媒集团旗下的新闻互动社区网站，是广东网络问政核心互动平台，在广东、全国的网络问政历程中发挥了重要的作用。

2012年9月23日，在网络问政先行先试之地——广东省惠州市，集结几十位专家、官员的共同智慧，浓缩成网络问政“惠州6+2 共识”。“共识”由历年来获得网络问政类中国新闻奖一等奖的大河网、红网、人民网、胶东在线、奥一网、中国宁波网6家网站和2家较有代表性的地市网站——金山网（中国·镇江）、今日惠州网共同发布，“共识”最重要的创新意义在于首度提出了网络问政的“四维主体”说：

1. 党委政府是网络问政的重要推动力。网络问政是新时期密切联系群众、了解民意、凝聚民智的创新手段，是具有国际视野和政治远见的中国官员基于对转型期中国国情的深刻洞察，主动顺应时代的变革之举。

奥一网有今天的发展，离不开多年来广东省委、省政府的开明之举和省网管办等主管部门的全力支持。同时，广东网络问政的风生水起，也佐证了广东政坛的新风尚、新气象。惠州、烟台等地的多年实践表明，网络问政办好了，信访就少了，社会综合治理成本显著降低。有网友总结为“多上网、少上访、不上街”。

2. 人民群众的智慧是网络问政的源泉。智慧与真知蕴于民间，通过网络平台，原生态草根智慧可以被集纳和传播。“围观改变中国”的实质是网民渴望参与公共社会建设的强大意愿，是网络问政参政的群众基础。

3. 新技术是网络问政的根基。140 字有大乾坤，微博异军突起，自媒体时代到来，网络问政进入了全新阶段。基于互联网技术的网络问政，一定要站在技术的潮头，方能引领时代，倒逼制度改革。

4. 网络问政的孕育离不开公共媒体的自觉、自律。互联网在中国，不应只有经济属性、娱乐属性，还要有公共价值、社会价值。

可以说，网络问政是广东及山东、河南等省份用互联网思维先行探索“治理现代化”的一个实践。从治理能力现代化优秀案例的征集情况看，告别前几年的“雷霆万钧”之势后，广东多地的网络问政进入了“润物细无声”的阶段，如深圳罗湖的社区家园网、佛山的市区镇三级领导微访谈、潮州的一站式问政机制、中山南头镇穗西社区用网络连接农村。现在，网络不但是一种交流工具，而且已经成为一种生活方式。网络问政对舆情应对的作用必将更加突出。

关键词五：数据

在全国实施“创新、协调、绿色、开放、共享”五大发展理念的大前提下，大数据战略是从IT时代走向DT时代，促进中国数字经济发展、社会建设的重要抉择。

数据是石油，“数据驱动”成为新的全球发展大趋势，是新的经济大动脉；数据是土壤，“数据资源”也是重要的生产力；数据还是催化剂，其对社会关系的介入及调试，越发显示独特作用，“数据治理”呼之欲出。数据与中国社会各个方面的结合越来越紧密，其作用更加突出，不但是推动经济转型发展的新动力、重塑国家竞争优势的新机遇，还是提升政府治理能力的新途径。2015年9月，国务院印发《促进大数据发展行动纲要》，提出“打造精准治理、多方协作的社会治理新模式”。建立“用数据说话、用数据决策、用数据管理、用数据创新”的新型管理机制，正成为各界广泛共识。

推进治理现代化，是一场波澜壮阔的伟大进程，大数据可以作为平台、背景，也可以作为手段、方法。在广东及全国的一些省市，“数据治理”已经不单仅是简单的概念认知，还是一种实实在在的探索及尝试。作为一种新型治理模式，需要各界全方面了解、把握。也许再经过一段时间，“数据治国”可以成为一个完整的体系。南方舆情数据研究院于2014年初成立，是国内首家有专业媒体背景的专注治理现代化的复合型智库。以“舆情”“数据”作为机构的明确名称，也昭示了南方舆情数据研究院的长远目标。南方舆情数据研究院三年的成功运作，也暗合了“数据治理”理念在广东生根发芽、茁壮成长的进程。

需要专门说明的是，对企业管理或技术人员而言，“数据治理”（Data Governance）不是一个新词。企业管理层面的“数据治理”，是指对数据资产管理行使权力和控制的活动集合（规划、监控和执行），企业高层制订一个基于价值的数据治理计划，确保董事会和股东可以方便、安全、快速、可靠地利用数据进行决策支持和业务运行。南方报业团队在国内率先将“数据治理”提升到了社会治理层面，将之与“国家治理现代化”紧密结合起来，在政治学、社会学层面重新书写了“数据治理”的完整概念。

用大数据进行社会治理有什么好处？我们认为，一是可以降低社会治理综合成本；二是通过更“软”的管理手段达到更好的社会效益；三是通过数据治理降低改革带来的社会震荡风险，让市民更易接受。

当然，目前数据治理正面临着“人才、安全、意识”三方面的发展瓶颈，其中人才最为稀缺。南方舆情数据研究院对省内98家政府机构的问卷调查显示，79.59%的政府机构人员认为缺乏大数据人才，而仅有25.51%的政府机构人员认为推进大数据开放的阻碍是财政困难。

因此，在此背景下，数据治理更需要多方合力共建。其中，直接主体是党政机构，此乃数据治理的主攻手。大众传媒及其新型智库以其资源、人力、品牌优势及聚集各方资源、宣传号召的能力，可以充当最佳二传手。而最需要抗压能力，最能随机应变，最有技术思维的事则可交由企业，让它们来做市场的一传手，调动更多人才参与到数据治理当中。

在继续推进过程中还需要注意三个风险点。第一个方面是数据利益，每一个政府职能部门都有自己的利益和诉求，捍卫自身数据是自我保护权力的必然冲动，出让数据背后等于把权力进行释放，相应来说该部门的职能权力也会被缩小，因此政府各部门要认识到这一点，由此来权衡各部门的利益，进行数据合作和数据开放，从而构建更完整的数据库。在微观层面稀释权力的过程中，单个部门可能有所损失，但在宏观层面，部门整体有了更好的、更美的治理机制及效益，所得远大于所失。

第二个需要注意的方面是数据安全。如现在备受关注的电信数据诈骗，其背后涉及的就是公民的数据安全。又如，对于某个滴滴出行用户、淘宝用户而言，他的每一次出行或购买，都会留下痕迹，都将形成数据。那么这组数据属于谁，谁又能使用？这就涉及到数据主权这一概念，任何数据都存着六个疑问，即“是谁的，谁来保存，谁来用，怎么使用，为谁用，使用过程谁来监督”。

第三个方面是需要打造一个数据生态，政府要聆听企业和个人诉求，打造好的数据道德、数据伦理和数据文化，调动更多市民积极参与“智慧城市”的建设，共同分享数据红利。数据新生态，实质就是一种“注意数据安全、数据伦理、数据文化，共建有益的、可持续的、造福广大人民群众的数据生态”。

需要注意的是，数据治理是四位一体的，涉及到物体、事件、人员和数据四个复杂的方面，因此要寻找社会治理领域的“欧拉恒等式”，从繁复和无规律中，寻找更简洁的联系。这也是我们近年一直探寻的“数据治理”路径。

广东省委、省政府高度重视互联网在创新驱动中的先导作用，根据网络强国战略、国家大数据战略和“互联网+”行动计划等决策部署，提出了建设网络强省战略，在省级层面率先建立大数据管理局，相继出台《广东省大数据发展规划（2015—2020年）》《“互联网+”行动计划（2015—2020年）》《广东省云计算发展规划（2014—2020年）》。

在2016年10月26日举行的“大数据应用及产业发展”大会上，珠三角国家大数据综合试验区建设正式启动，袁宝成副省长指出，广东大数据发展呈现出“广深引领、珠三角集聚、粤东西北紧随”的态势，珠三角地区已发展成国内大数据产业最具创新活力的区域之一；广东将抓住这一难得的战略机遇，加快建设珠三角国家大数据综合试验区，充分发挥大数据在政府治理、创新驱动发展、制造业转型升级、大众创业万众创新等方面的作用，培育发展数据经济新动能，建设数据强省，将广东打造成为全国数据应用先导区、大数据创业创新集聚区和数据产业发展高地。

结语

南方舆情数据研究院成立三年来，开展了一系列初有成效的活动，“政府治理能力现代化”广东探索经验交流会只是其中之一。在上级领导的指导关心下，在北京大学中国政治学研究中心等机构的大力支持下，我们把握治理、智库、舆情、问政、数据五个关键词，在理论和实践层面都有收获。新型智库事业是一项新兴事业，既需要深刻的理论指引，也需要踏实的实践创造。我们将继续贯彻中央和省委一系列重要精神，为推进国家治理体系和治理能力现代化做出更大的贡献。

（作者为南方舆情数据研究院秘书长、中国新闻奖一等奖得主，本文部分内容此前曾公开发表）

评选

“粤治-治理现代化”优秀案例评选标准

一、“政府治理创新”优秀案例评选标准

1．创新性强，创新的形式、手段、模式、制度等在广东乃至全国范围内有首创性，并非刻板地执行上级机关统一规定或安排的活动，也不是简单模仿社会上其他机关或组织已经或正在从事的公共服务活动或项目。

2．重要性高：对社会主义市场经济建设、民主政治、社会和谐稳定、文化建设、生态文明建设等方面有重要而显著的意义，影响面大而广。

3．参与互动性强：开放性面对公民的监督，公民在公共服务中居于主导地位，是公共服务的决策主体，公民对地方公共事务拥有更大的发言权。充分发挥非政府组织或民间组织参与公共服务的作用。信息透明度高，有健全的信息公开、民意调查、决策咨询、决策听证、问责监督等制度。有健全的回应机制，通过多种途径听取民众的意见和呼声，并给予及时的反馈。

4．创新成本小：具有强烈的创新成本节约意识，有效降低政府管理和服务成本，没有增加受益者的财政负担和时间成本，没有为了结果的实现而不计经济成本，即经济成本大于社会效益。

5．实效性强：公共服务对象的满意度高，得到社会各界的较高评价。简化行政审批项目或程序，具有明显的社会效益和行政效率，较好地推动了某个公共问题的解决。创新模式有可持续性，具有明显的示范效应和推广意义，值得其他地区党政机关、群团组织学习借鉴。

二、“舆情引导”优秀案例评选标准

1．重要性：影响广东乃至全国的重大舆情事件、现象或话题。

2．创新性：在引导内容、形式、方法、手段等方面采取了合理有效的

创新举措，如善于积极设置议程，主动把握话语权，加强与媒体的合作；加强舆论引导队伍（如评论员、意见领袖）建设。相关单位在舆情引导的机制和体制上有突出创新，如设立舆情管理部门，建设舆情监控预警系统，健全舆情预警、收集、研判、应急机制，第一时间回应、调查、处理；建立回应机制；完善新闻发言人和网评员制度；建立官员问责制度和引导能力评价机制。

3．互动性：互动平台或渠道创新。通过多种互动平台或渠道如政务微博、政务微信、官方信箱、官方网站、地方论坛等与社会民众进行互动沟通，及时回应社会关切或诉求。讲求舆论引导艺术，能针对不同媒体的特点采用不同的传播方式，形成功能互补、优势互补的舆论引导格局。以贴近实际、贴近生活、贴近群众的生动活泼的引导方式，增强舆论引导的亲和力、吸引力和感染力。

4．实效性：事件或问题得到较好的解决或处理，取得了较好的引导效果，得到了社会的普遍认可，促进了社会和谐稳定，传递正能量，唱响主旋律，传播了社会主义核心价值观，巩固壮大了积极健康向上的主流舆论，提升了政府舆论引导的公信力、权威性和影响力。

三、“网络问政”优秀案例评选标准

1．（传者）知名度：网络问政平台（如官方博客、官方QQ、官方微博、地方论坛等）有多样化的类型，较多的粉丝数量、关注数量和意见领袖数量；有健全的制度化流程运作机制和绩效考核制度；在广东乃至在全国具有一定的影响力。

2．（互动）活跃度：网络问政平台上官民互动频繁、平等对话沟通，既有网民问政于官，也有官员问政于民。网民的（日均）发帖量较高；官方信息的发布量、回复量和回复率较高；反馈时效性强；较好的协调配合能力（部门间配合、线上线下配合、新闻媒体配合）；多样化的传播载体（文字、图片、漫画、视频、超链接等）。

3．（内容）名誉度：网络问政平台上网民的留言类型多样（投诉举报、咨询求助、建言献策）；网络问政平台上官方信息发布、公开或回复的质量较高（透明度、深度、直接针对性）；网民对官方信息的评论量或转发量较高；传播形式亲切人性化、地方特色化，为群众所喜闻乐见。

4．（效果）反应度：网民的诉求得到了官方的回应、调查和解决；受到网民的普遍好评，有广泛的社会影响。

“品牌管理”及“大数据与公共服务”优秀案例评选标准与上述体系一致。

案例

第一届“粤治”（2013—2014年度）

2014年4月17日，第一届“粤治-治理现代化”广东探索经验交流会上，时任广东省委副书记马兴瑞与俞可平、郑永年在南方舆情专家委员会聘任仪式上合影

政府治理创新优秀案例

顺德深化行政审批制度改革

（主创单位：佛山市顺德区委、区政府）

推介词

改革明星如何克服“改革疲劳症”，继续上路？顺德继大部制改革后，推开行政审批制度改革，在全国县区级政府机构中公布首个权力清单，简政放权，使得审批效率提升50%，让权力在阳光下运行。

2011年开始，顺德区推动以“简政放权，转变职能”为原则的新一轮行政审批制度改革工作，打造高效阳光政府新形象。两年多来取得的改革成效，受到了社会和媒体的广泛好评。具体做法是：

一、梳理出县（区）级政府最完整的“权力清单”，让权力在阳光下运行。为摸清家底，打破各部门自我设立审批事项的可能性，顺德区对审批事项进行全面梳理，增加了便民服务事项，在事项的管理上按子项进行统计管理，最终形成依据充分、科学合理的行政审批事项目录，共清理和公示出审批事项1500多项，也是国内目前最完备的区（县）级政府审批权力清单，300多项审批权被取消，实现了审批权力的大瘦身，并统一纳入顺德区行政审批事项管理系统严格管理和对外公示，确保对外公示的行政事权“负面清单”外再无审批。同时按上级政府改革要求，我区于2013年公布实施了两批《顺德区深化行政审批制度改革事项目录》，涉及行政审批制度改革事项共323项。

二、大幅优化整合审批流程，实现审批效率大提速。在界定审批法定程序的基础上，对审批服务事项一一分析研究，取消不必要的层层把关和逐级审批。本轮改革实现了压缩审批法定时限50%的要求，审批要件和审批环节

顺德在全国县区级政府机构中公布首个权力清单

上也均实现了大幅度的压减，极大地提高了行政审批效率。建立审批标准体系，全面打造标准化无差别审批。

三、推进相对集中行政审批权改革，实现审批运作高度集约化。改革之前，区的审批权基本分散在各个科室，群众办事要往返多个部门和科室，改革后区有审批权的部门均已成立审批服务科（公安成立审批服务中队），并全部进驻顺德区行政服务中心对外开展业务。各部门事项的完全集中率达到80%以上，个别部门实现了100%集中。事权集中后，即实现了"一窗式"受理及"一站式"服务。

四、大力推进事权下放改革，实现审批服务下基层。为进一步简政放权，大力推进行政服务下基层，按区宏观决策、镇（街道）侧重服务管理的思路，目前，顺德共向镇（街道）下放审批事项600余项，村（社区）行政服务站对外开展行政便民服务80多项，极大方便了群众就近办事。

五、建立健全三级服务体系，实现"一站式"审批服务全覆盖。完善区、镇两级行政审批事权划分后，为实行"审批向中心集中、服务向基层延伸"，按"一（镇、村）一中心（站）"的模式，共建镇级行政服务中心10个、村（社区）行政服务站203个。同时，顺德区行政服务中心正进一步指导区属部门和镇（街道）将更多的公共服务向基层延伸，更好地发挥村（社区）行政服务站为基层公共服务主体的作用，实现审批服务体系和网络一体化全覆盖。

广州在全国率先公开“四公”预算

（主创单位：广州市政府）

推介词

在“三公”经费控制日益严格的当下，会议费往往变成一笔糊涂账，成为监管“盲点”。广州市在全国率先公开会议费预算，从晒“三公”到晒“四公”，堵住挥霍公款的“后门”，勇气值得赞赏，公开还须推进。

2014年3月，广州市委各部委办局、市人大、市政协、人民团体等财政拨款单位首次全部公布了本单位的“三公”预算，至此，广州市本级109个一级预算单位全部公布了“三公”预算。令人关注的是，各个部门和机构还首次单列了会议费预算，将这一被称为“第四公”费用的金额、用途等信息公之于众，公众可以直接看到各个政府部门到底计划开哪些会议，从而评价这些会议是否有必要召开。据了解，所有一级预算单位全部公布“三公”信息，将会议费预算和用途单列公布，这在全国都是第一次。

据了解，去年广州市审计局就20个部门的“会议费”进行专项审计后发现，不少项目的会议费缺乏预算有效约束，部分会议存在支出超过定额标准、未实行政府采购等违反会议费管理制度规定的问题，还有单位在会议费中列支了接待费、培训费等非会议费用。在“三公”经费控制日益严格的情况下，不少市民担心“会议费”成为挥霍公款的“后门”，公布会议费预算非常有必要。广州市财政局要求各部门公布会议费安排预算，还提出今年大幅压减会议费。2014年广州部门预算公共财政预算资金安排会议费合计2.263亿元，比2013年预算压减6486万元，同比大幅下降22.3%。

广州从晒“三公”到晒“四公”

在广州市委所属各部委办机构中，广州市委组织部等单位已经在网站上晒出了“三公”经费。与去年不同的是，凡是向市财政部门编报了部门预算，不论是市政府部门、直属机构，还是市委各部委办局、市人大、市政协、法院、检察院、民主党派、工商联、人民团体，今年全部要求“三公”经费预算。这也意味着，广州“三公”信息公开的范围将覆盖到全市所有109个一级预算单位（不含市国安局）。

为了贯彻落实《党政机关厉行节约反对浪费条例》，广州2014年部门预算“三公”经费预算按照“只减不增”的原则安排。公共财政预算资金安排“三公”经费合计4.7861亿元，比2013年预算压减5912万元，下降11%。

本次财政预算公开除了范围更广之外，公开的内容也更细了。按照要求，除了市本级109个一级预算单位之外，546个基层预算单位也要全面编制部门预算并上报市人大审议。

有专家表示，今年3月李克强总理在做政府工作报告时表示，要抓好财税体制改革这个重头戏，实施全面规范、公开透明的预算制度。财政拨款的所有“三公”经费都要公开，打造阳光财政，让群众看明白、能监督。广州率先在全国范围内公开所有一级预算单位的“三公”预算，实际上已经提前实现了“所有财政拨款的‘三公’经费都要公开”的目标。

广东启动碳排放权交易

（主创单位：广东省发展和改革委员会）

推介词

如何运用市场机制，以较低成本推动节能减排？广东作为国家试点省，启动碳排放权交易，创造了多个国内第一，为争取国际碳排放交易市场的话语权做好准备，为全国生态文明建设探索了有益经验。

党的十八大、十八届三中全会明确要求大力推进生态文明建设，积极开展碳排放权交易试点。碳排放权交易是国家赋予广东的重大改革事项，也是我省建立资源有偿使用制度的有益尝试和创新体制机制的重要抓手。广东碳排放权交易试点得到国内外广泛关注。路透社报道表示，根据碳容量，广东的碳交易市场将成为仅次于欧盟的世界第二大市场，首笔交易的成交单价比欧洲碳交所的碳价还高。

2014年1月，省政府正式颁布实施《广东省碳排放管理试行办法》（粤府令第197号），这是广东省在规范企业碳排放管理和交易方面的首部省政府规章，为今后碳排放管理立法奠定了基础。建设广州碳排放权交易所，组织广州碳排放权交易所制订交易规则及会员管理、风险防控等制度建设，完善软硬件设施配备，组建专业人员队伍，为碳排放交易做好服务。

广东碳排放权交易试点创造了多个国内第一：

1．市场规模全国第一。广东2013年度碳排放配额总量达3.88亿吨，约为上海碳市场的2倍多、北京碳市场的6倍多、深圳碳市场的10倍多，在全球范围仅次于欧盟碳市场。

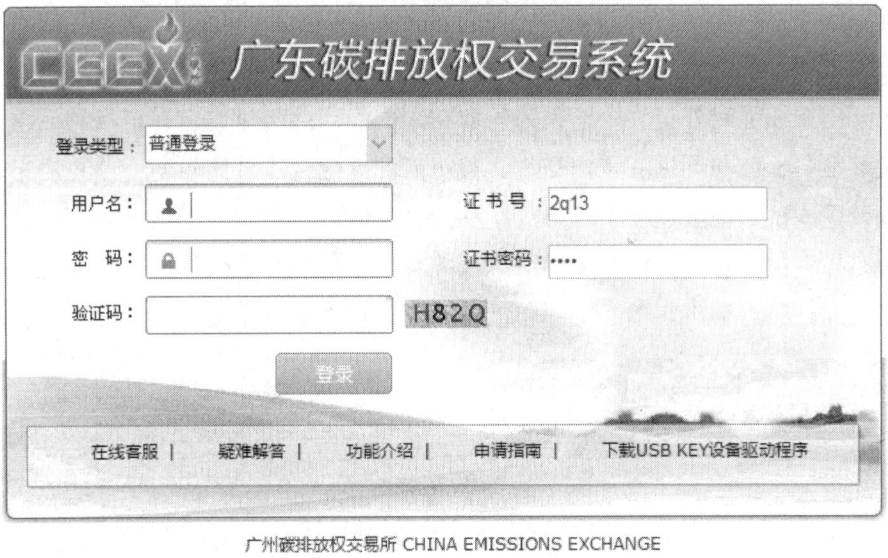

广东碳排放权交易，创下了多个“全国第一”

2. 第一个尝试配额有偿发放。已成功组织了3次配额有偿竞价发放，合计发放802万吨。

3. 第一个将新建项目企业纳入碳排放管理。将碳排放增量部分纳入管理，要求新建项目企业购买配额，接受碳排放监管。

4. 首日成交量与成交金额均创纪录。广东碳排放权交易启动当天，共完成7笔配额交易，成交12万多吨，成交金额722万多元，单日成交量与成交金额均为全国第一。

5. 广州碳排放权交易所是国内第一个以碳排放权冠名的交易所。广州碳排放权交易所由省政府批复同意设立，是我省碳排放交易平台和政府碳排放配额有偿发放平台。

广东通过政府制订碳排放管理和交易规则，尽量发挥市场的作用，避免传统行政审批管理模式的弊端，企业可以自主选择购买指标或技术改造完成节能减碳任务。根据掌握的情况，纳入政府碳排放管理的首批200多家企业，对碳排放交易的态度已从被动接受转为主动参与，碳排放市场交易日益活跃。对于拒绝履行控制碳排放责任、拒不接受政府监督管理的重点企业，广东确定了比较具体的处罚措施。同时，政府也为切实履行责任的重点企业确定了一系列激励政策，包括优先获得有关专项资金支持等，尤其是政府有偿发放碳排放配额的收入将全部用于支持企业节能减碳技术改造。

广东加强对外交流合作，为争取在国内、国际碳排放交易市场的话语权做好准备，已与英国、美国加州、美国能源基金会等外国政府、非政府组织以及国内试点地区建立了碳排放交易研究交流合作机制。将继续开拓创新，适时扩大覆盖范围，探索拓展金融服务功能，研究开发碳排放期货等衍生交易产品，努力为广东生态文明建设和全国碳排放交易市场建设发挥示范引领作用。

中山“博爱100·全民公益1+1+1”模式

（主创单位：中山市社会工作委员会）

推介词

如何推动传统公益转型升级？中山引入现代公益理念，创新提出“全民公益1+1+1”模式，政府出资建公益创投平台，市民与企业资助和监督，社会组织竞投实施，三方联动走出全民公益的新路。

2013年，中山市引入现代公益理念，创新提出“博爱100·全民公益1+1+1”模式，即政府出种子资金、搭建公益创投平台，热心市民与企业参与、资助和监督公益项目，社会组织策划、竞投和实施公益项目，通过三方联动，带动更多社会资源点对点地投向社会公益性的公共服务。由市社工委联合民政局、妇联、团市委开展第一届“博爱100”公益创投活动。

活动积极拓展公众参与途径。市民和企业分别可以100元、10,000元为起点定向资助公益项目，组委会分别给热心市民和企业颁授“博爱100爱心市民”纪念邮折、“博爱100爱心企业”纪念奖牌，资助金额达到项目经费50%以上的获得项目冠名权。以公益项目推动“社工+志愿者”联动。安排三分之一的入选项目名额，引导支持社工与志

中山创新公益事业模式，发动社会力量广泛参与

愿者联动项目，将全市近16万名志愿者的丰富资源与专业社工服务相结合，以社会公益服务项目化推动志愿服务专业化、岗位化。注重公众参与评选，专门向社会公开招募了20名来自各行各业的普通市民担任决赛大众评委，力求专家评审的“精英逻辑”和普通市民的“大众眼光”相结合。

公益创投包括逸仙杯中山亚洲青年公益创新大赛、创益菊城公益创新大赛、幸福东升、公益南朗、梦圆三角、五彩沙溪、情满阜沙、汇益石岐、首善东区、南头公益等十大板块。活动受到社会各界的广泛关注，共收到556个申报项目，项目覆盖新老中山人融合、社区公益服务、家庭公益服务、助老扶老服务、青少年公益服务、妇女儿童公益服务、助残公益服务、市社会管理创新特别观察项目等九大公共服务领域。经过初赛征集、项目优化、筹资推介、决赛评审，最终115个项目被评为市级优胜项目。

公益创投活动的市级优胜项目最后获得了由市社会管理与创新专项资金安排种子资金168万元支持，市直部门、镇区配套资金368万元，吸引了热心市民与企业资助资金627万元。活动由168万元种子资金共带动社会各界项目资金1100多万元。

“博爱100·全民公益1+1+1”模式产生了广泛的社会影响力和正面效果，不仅促进了社会组织的培育发展和公益能力建设，还以项目化的方式推动了社工与志愿者联动。更重要的是搭建了社会多方力量共同参与公益事业，推动了公共服务的社会化，实现了公共服务“群众点菜、政府支持、社会配餐”的新机制。

广东工业大学原社工系主任朱静君教授评价“博爱100”公益项目“接地气”，更关注升斗小民面临的困难或问题，如外来务工人员的小孩读书问题、大龄青年的婚恋问题、儿童的安全问题等。获选项目中，青少年性教育、异地务工人员子女的文化融入问题、建筑工地上务工人员的安全防范问题、家庭亲子教育、社区内的邻里互助等成为关注热点，真切回应了群众的需求。还有很多项目关注乳腺癌患者、自闭症儿童、失独老人等容易被社会忽视的群体，有效弥补了社会公共服务的短板和缺失。

广东“警民通”便民服务平台

（主创单位：广东省公安厅）

推介词

移动互联网时代，政府机关如何更好服务群众？广东省公安厅建设“警民通”便民服务平台，依托平安南粤网站、手机应用、微信、微博、便民自助办证终端等载体，让群众办事不再难，让“科技便民”成为现实。

广东省公安厅通过建设“警民通”便民服务平台，有效整合各类公安业务服务系统，实现信息查询、业务受理和结果反馈等功能在手机应用、平安南粤网站、QQ、微信、微博、便民自助办证终端的全覆盖办理。平安南粤网上平均办事率达81%，网站的国际和国内流量排名均稳居全国厅局级公安机关首位，“警民通”手机应用访问量达3980万次，网站、微博、微信三位一体政务网站群日均访问量逾400万人次，便民自助办证终端使办证效率提高了120倍。

一、建设平安南粤网站，打造为民办事“处理器”，实现“足不出户，鼠标办理”。目前，出入境、治安、交管、消防、科技和网监等6个部门已在网上建立起全省统一、由上至下的办事服务系统，面向公众提供专业化的网络警务服务。平安南粤网累计推出各类网上服务项目80项（含咨询、预约、投诉、培训等项目）。其中“往来港澳再次签注”等6项业务实现了网上受理、审批、查询和交费“全流程”服务，“二代居民身份证”等12项业务提供了预受理和办理结果查询。平安南粤网全年累计提供网上服务近6900万人次，网上平均办事率达到81%。按照出入境、治安、交管和消防4个警种抽样统计，7项重点业务全年累计办理量1179万宗，平均网办率为

93.36%，全省有17个地级以上市网办率超过90%，网上服务的数量、质量在全国公安机关中均处于领先水平。2012年，出入境部门利用网络平台办理港澳签注超过800万人次，超过总签发量的83%，并在全国率先实施出入境办证收费网上支付服务。据统计，全省各级公安机关在本地自行推出的网上服务项目总数已经超过350项。

广东“警民通”便民服务平台是公安公共服务工作的一大创新

二、开发手机应用软件，搭建警民互动“连接器”，实现市民“随时随地，掌上办事”。目前，各地公安机关积极响应省厅号召，推出“警民通”便民服务。广州市率先发布“警民通”手机应用，2013年共发布了3期“警民通”应用程序，开发了路况信息、办事指南、业务查询、网办服务、预约服务、个性定制等六大模块，实现了49项公安业务查询、21项业务办理、7项业务预约以及智能交通服务等一批方便市民的应用，业务涵盖了交管、出入境、户政等与市民日常生活息息相关的业务。截至2014年3月7日14时，“警民通”APP下载量84万次，注册用户102万个，访问累计3980万次，日均10.3万次，查询340万次，预约48,539宗，网办72,635宗。

三、研发便民自助办证设备，打造证件智能化“加速器”，解决“排长龙、办证难”的难题。以往办理一次赴港签注，人民群众先得到照相馆拍照，再到出入境大厅办证大厅拿号预约，没有4小时办不完签注。有了自助办证设备可实现拍照、办证一体化解决，完成一次赴港签注办理只需2分钟，效率提高了120倍，而且还节省警力。省公安厅和广州市公安局推出的24小时自助办证大厅，得到了社会各界的高度认可。

深圳商事登记制度改革

（主创单位：深圳市市场监督管理局）

推介词

如何给市场“松绑”，激发经济活力？深圳在全国率先进行商事登记制度改革，公司注册资本、注册场所、经营范围等门槛均取消或降低，政府监管从重事前审批转向事中、事后监管，引爆了民间投资创业热情。

《深圳经济特区商事登记若干规定》于2013年3月1日正式实施，大幅降低市场准入门槛，激发了民间投资创业创富热情，商事主体新登记量持续井喷。截至2013年12月31日，全市新登记商事主体36万户，同比增长152%，实有商事主体133.1万户，同比增长39.8%，深圳平均每千人拥有商事主体89户，居全国之冠。不仅带动就业，也推动纳税户不断增长。主要做法是：

一、突出简政放权

一是实现商事主体登记与经营项目审批相分离。改“先证后照”为“先照后证”，经营资格许可不再作为商事主体登记的前置条件，商事主体取得营业执照后即可从事一般性生产经营活动，切实解决市场主体准入门槛高、审批多、成本高、时间长等问题。企业登记前置审批事项由原149项削减为12项，其余的取消或改为后置审批。保留的12项前置审批主要为金融、外资企业的设立。二是明确审批与监管相统一。谁审批谁监管，倒逼后置审批部门深化改革，削减行政审批事项，简化行政审批手续，提高行政审批效率，将一些不该政府审批的领域还给市场。三是放宽商事主体登记条件。取消一

深圳商事登记制度改革，引爆民间投资创业热情

般经营项目的审批，将一般项目的经营自主权彻底下放给经营者；申请人自行申报住所（经营场所）信息，无须提交场地使用证明，允许“一址多照、一照多址”，释放场地资源；实行有限责任公司注册资本认缴制，取消验资环节，1元也能办公司。

二、突出转变职能

一是宽进严管。政府从过去依靠事前审批、重点管企业资质转向重点监管企业行为，着力打击不正当竞争、商业贿赂、侵权盗版、制假售假等违法行为，在食品安全、产品商品质量等重点领域已构建生产、流通、消费等多环节衔接的统一监管链条。二是公司自治。改注册资本实缴制为注册资本认缴制，政府不再承担对企业出资情况的审查责任。股东的出资方式、出资额、出资时间、知识产权等无形资产所占股权比例等内容，均由股东自行约定并记载于公司章程中。三是社会监督。配套出台了《深圳经济特区商事主体年度报告实施办法》，改企业年检制为年报制，商事主体定期向社会公开登记事项、备案事项、注册资本实际认缴情况等信息，接受公众的查询和监督。

三、突出服务企业

一是提高办照效率。深圳已在全国率先推出“即来即办”措施，即在企业登记申请受理后24小时内颁发营业执照。实行“大通关”服务，申请人可在深圳10个行政区（新区）的任何一个行政服务大厅办理任何一项企业登记业务，不受申请人所在区域限制，大大方便了企业和市民。二是全流程、无纸化网上登记发照。2013年8月1日推出商事主体全流程网上登记，申请人凭银行U盾等有效数字证书，即可通过互联网提交企业电子申请材料、实现股东电子签名，市场监管部门实行网上受理、审查、保存电子档案、颁发电子营业执照，全部登记业务均在网上完成。三是“三证合一”。深圳在坪山新区试点营业执照、组织机构代码证和（国税、地税）税务登记证“三证联办”，申请人一次性提交材料、一次性领取证照，为下一步全市实行“三证合一”进行探索。

惠州村（居）委聘任“法制副主任”

（主创单位：惠州市委、市政府）

推介词

如何运用法治手段，及时化解基层矛盾？惠州在全市村（居）委聘任“法制副主任”，政府购买法律服务，让法律工作者为基层群众提供家门口的高效服务，畅通基层矛盾纠纷化解渠道，实现了“法治惠民”。

近年来，惠州在全市推行村（居）委聘任“法制副主任”制度，充分发挥法律服务在推动法治惠民和基层法治建设中的积极作用，进一步提高了农村（居）依法治理水平，促进了基层社会和谐稳定和经济健康发展。目前，全市1249个村（居）全部聘任了“法制副主任”。这一创新举措，得到中共中央政治局委员、省委书记胡春华，司法部副部长张苏军、赵大程及省领导黄龙云等的肯定，引起了中央和省主要新闻媒体的广泛关注。

“法制副主任”制度的运作模式是，在市、县（区）招募并组建法制宣传志愿者队伍，由各村、居委会向志愿者机构提出意向，并与志愿者个人签订聘用合同。“法制副主任”通过帮助修订和完善村规民约、审查集体经济合同，开展法制宣传、法律援助、法律服务和矛盾纠纷调解等有效的法律服务，培育基层干部群众法治理念，以法治思维和法治方式推动基层社会治理，提升治理水平。

惠州从2009年起在村试行聘任“法制副主任”制度。经过两年多实践，2012年制定了推行村（居）委“法制副主任”工作制度方案。制定了志愿者章程、工作守则、12项量化考核指标和“十有标准”、补贴标准等配套制

村（居）"法制副主任"把矛盾化解在基层

度和文件。明确"法制副主任"工作职责，特别明确"法制副主任"不参与村（居）事务决策管理、不干涉村（居）日常事务；制定"法制副主任"工作守则，明确工作纪律、考核制度和奖惩办法；要求"法制副主任"一年内到村（居）履职时间不少于12个工作日，并实行交通、误餐、通信等费用补贴。过去两年市财政共拨出1180万元专项经费，各县（区）财政拨付配套经费，为制度推行提供了财力保障。

全市1249个村（居）要实现"法制副主任"全覆盖，需要一大批法律工作者的参与。惠州组建了一支由律师界、政法机关、行政机关、企业事业单位、教学机构、社会团体等具有法律知识人员参加的法制宣传志愿者队伍，从1500志愿者中严格挑选出919名符合条件的人担任"法制副主任"，其中339名为执业律师。为加强队伍建设管理，市组建了法制宣传志愿者总队和秘书处，各县（区）、市直单位和律师协会各成立支队和秘书处。各个机构定期举办基层社情民意、业务知识、服务技巧等专题培训，有效提高了"法制副主任"队伍的法律服务水平和工作积极性。

实施初期，不少村干部担心"法制副主任"会干涉村务，怕影响工作开展。"法制副主任"通过积极履行职责，用实实在在的工作成效使村（居）干部从消极对待到积极配合"法制副主任"的工作。截至2013年底，全市

“法制副主任”共审查各类经济合同639份，制定、修改、完善村规民约620条，列席村（居）委会议3816次。“法制副主任”从法律专业的角度对矛盾纠纷进行法理分析、判断，帮助矛盾各方认清问题症结，在法律框架内提出各方都能接受的解决方案，使矛盾纠纷处理在基层，化解在萌芽，有效维护了基层的和谐稳定。

佛山南海行政审批“三单”管理

（主创单位：佛山市南海区委、区政府）

推介词

南海实行负面清单、准许清单、监管清单“三单”管理，划定权力边界，透明化、规范化、标准化运作，收紧政府的“手”，放开市场的“腿”，压缩寻租空间，释放市场活力，是行政审批制度的创新性设计。

2013年12月，佛山市南海区发布广东省首份行政审批“负面清单”，向社会公开355项禁限项目。同时公布的还有“准许清单”和“监管清单”，三份清单一起纳入网络审批和监督系统。权力标准化与网络行政相结合，这一创新之举，使政府与市场的边界更加清晰，以构筑阳光透明的运行机制，收紧政府的“手”，放开市场的“腿”。

南海首批“负面清单”涉及外商投资、企业投资、区域发展、环境保护四大领域，包括355项禁止或限制项目；首批“准许清单”纳入710个大项的行政审批管理事项；首批“监管清单”则包括餐饮服务、网吧管理等12项分类分级管理项目，以及20项市场监管措施。对照清单，哪些市场行为是允许或禁止的，一目了然。

“三单”管理，收紧政府的“手”，放开市场的“腿”

“负面清单”在事前把可办、不可

办的事告诉民众，“准许清单”则把审批权力标准化，保证了公平高效，而“监管清单”则重在改变此前重审批轻监管的做法，如果经营者做得不好，有可能被打入“黑名单”。三份清单贯穿行政审批事前、事中、事后全过程，无论是官员、企业主还是普通老百姓，谁来办理都一样。把“权力清单”向社会公布，既倒逼政府运作更加公开透明，也推动企业在市场经济轨道上“大步快跑”，发挥市场经济的正能量。

南海还把审批过程通过互联网向全社会开放，让职能部门的“分内事”变成老百姓的“掌中事”。此前，南海已建起了覆盖区、镇、村的网上办事系统，并与微博、微信等网络问政系统，以及电子监察系统相连通，形成了网络问政、网络行政、网络监督互相打通的“三网融合”格局。据悉，此次出台的三份清单已全部录入这个“三网融合”系统，进一步把权力关进了全民监督的“大笼子”。当地企业评价，有了这三份清单，在做市场决策时就非常清楚了，投资上不会走弯路，而且办事流程一清二楚，不用担心走冤枉路了。

专家评价，“三单”管理较好地理顺了四大关系：首先是政府与市场的关系，负面清单倡导的“非禁止即允许”的思路大大压缩了过度审批的空间，统一了市场准入的标准，是一次政府（看得见的手）与市场（看不见的手）的“握手行动”；其次是审批与监管的关系，审批的流水线式运作及宽进严出的监管理念，改变了重审批轻监管的弊病；第三是政府部门间的关系，对利益关系的深层调整，有效解决了部门利益碎片化状态，为部门间协同办公创造条件；最后是技术与制度的关系，审批职能的梳理与审批流程的再造为网上办事提供了前提和基础，是网上高效办理的关键。

今年，南海将推进部门执法上网，届时所有部门的行政执法过程包括立案、调查、结论等都将上网公开，做到权力运行受监控，操作流程受约束。对“三单”实行动态管理，根据法律、法规、规章和政府有关文件的公布实施、修改和废止调整“三单”。

珠海社会治理创新“三大平台”

（主创单位：珠海市委社会管理工作部）

推介词

社会治理创新，需要借脑引智。珠海市建立专家咨询委员会、民情观察员队伍、研究基地“三大平台”，凸显“参谋部”“联络部”“丰产田”效能，推动社会建设。

珠海市于2012年在全省率先成立社会创新专家咨询委员会（20名专家组成）、民情观察员队伍（30名代表组成）、研究基地（3所高校组成）等“三大平台”。2013年以来，按照党的十八大、十八届三中全会关于推进国家治理体系和治理能力现代化等部署要求，强化“三大平台”建设，优化科学规划，推动全市社会建设再创佳绩，在2013年11月于珠海举行的全国社会体制改革研讨会暨“加强社会建设创新社会治理”（广东）年会上获好评。中共中央政治局委员、省委书记胡春华考察珠海并对社会建设给予肯定。

珠海城乡基本公共服务均等化水平居全省前列，在中国社科院发布的《公共服务蓝皮书》中，珠海的基本公共服务满意度在全国38个主要城市中位居第六；在2013中国十佳优质生活城市、中国十佳宜居城市榜单中，珠海市位居第二，并蝉联“中国最具幸福感城市”殊荣。主要做法如下：

一、充分发挥专家咨询委员会“参谋部”效能。深入开展保障和改善民生系列调研。2013年上半年，由市委社管部负责同志、社会创新咨询委委员组成专题调研小组，深入到市内27个单位（各区、镇街、市直有关单位），形成《珠海市政府公共服务现状调查研究》报告。开展社会改革课题研究。

按照市长办公会议要求，由社管部有关负责人及社会创新专家咨询委员会部分委员组成的课题组负责开展“农村建设与土地管理制度改革创新”中的“社会改革”课题研究。

珠海召开社会管理民情观察员座谈会，听取原汁原味的声音

借助专家咨询委员会的平台，加强与国外研究机构合作。珠海市与新加坡国立大学东亚研究所郑永年教授团队合作，围绕珠海市行政与基层体制改革、社会组织管理与公共服务改革、城乡统筹和幸福村居工程三个方面，合撰了22万字的研究报告——《珠海市城乡社会体制改革与创新》，为珠海市的社会建设提供重要的理论参考。

二、充分发挥民情观察员队伍“联络部”作用。编发《珠海民情信息》。充分利用民情观察员“接地气”的优势，广泛收集群众反映的热点难点问题、社会关注的焦点问题和重大网络媒体舆情，每月整理编发一期《珠海民情信息》，直接向市委、市政府主要领导和分管领导报告。2013年，共收到观察员提交的民情信息213条，其中市采用111条，省采用7条。

三、充分发挥社会创新研究基地“丰产田”效用。依托高校的师资队伍、学术信息等资源，2013年在推进基层社会治理、幸福村居创建等活动中，组织研究基地在全市范围内挂点20个村居，开展调研指导。2012年以来，研究基地参与了《珠海经济特区志愿服务条例》《珠海社会工作促进办法》《珠海经济特区社会建设条例》《珠海市创建全国社会建设示范市规划纲要》《珠海市社会建设行动纲要》《珠海市社会建设目标考核评价体系》《珠海市社区行政事务准入管理办法》等地方法规规章的起草工作，为社会建设法制化、制度化提供了支持。

舆情引导优秀案例

揭阳上浦村群体性事件舆情引导

（主创单位：揭阳市委宣传部）

推介词

不急于求成，不纵容迁就，依法依规引导舆论走向；有节奏，讲技巧，摒弃粗暴介入，与舆论主动对话；不封锁、不遮掩，发出权威声音，及时澄清谣言，向公众展现了政府应对负面舆情时少见的开放姿态。

2013年2月22日上午，揭阳市揭西县棉湖镇上浦村村委会原临时负责人李宝玉自称在村内被人打伤，后百余名村外社会人员乘车进村与村民发生激烈冲突，造成4名村民受伤、29辆汽车被砸（其中，两辆被烧毁）。京棉公路（S237）上浦段一度被堵塞。

事后，为了“保留外来人员进村滋事”的证据，上浦村民抗拒政府清理现场。为防止政府拖车，村民在各出入口放哨，在村内多处拉起写着各种诉求的标语，在公路沿线搭起6个帐篷，组织村内妇孺轮岗看守被砸车辆，并对全村大小村道出口进行了封锁，禁止外人进村。后期村民甚至把卡哨外扩到距村10多公里外的揭普高速公路赤岗出入口。

双方对峙十余日，境外媒体陆续介入炒作。部分外媒捏造事实，放大警民冲突、挑动干群对立。

面对突发群体性事件时，揭阳市委宣传部主动应对，高度重视网络舆情，阳光、及时回应社会关注的问题。从一开始就定下不封锁、不遮掩的原则，代表党政机关发出权威声音，及时澄清了一些谣言，与此同时，与群众积极对话，依法依规处理。

揭阳市揭西县棉湖镇上浦村群体事件

事发后，对事件的调查处理情况进行了每日一报，被众多网络媒体转载。即便是在外媒介入事件炒作后，为防止部分境外媒体对事件进行歪曲、延伸，揭阳市委宣传部主动与之接触，为外媒提供英文新闻通稿。这在历次群体性事件中是较少见的，展现了政府在应对负面事件时少见的开放姿态，并最终有效防止了舆论的一边倒。后经市、县工作组进一步沟通协商，上浦村民主动对原来堆放在京棉公路和村道路口的障碍物进行清理，村内秩序逐步恢复正常，事件宣告平息。

揭阳上浦村事件的舆情应对处置过程表明，在新媒体时代，现实社会中的矛盾和问题、各方面的利益诉求和主张，包括非理性的情绪、虚假的信息，都会被网络舆论聚焦、放大，甚至成为“大事件”。面对突发群体性事件时，地方党政必须主动应对，高度重视网络舆情，坚决摈弃封堵思想和侥幸心理，阳光、及时回应社会关注的问题。

清远“新闻施政”

（主创单位：清远市委宣传部）

推介词

借力传统媒体、新媒体，通过大数据平台、队伍建设，实现对数据的分析、应用，清远“新闻施政”打造了一个“不设围墙”的政府治理体系。

去年12月，一段据称是清远市清城区环保局局长陈柏和的谈话录音被多家媒体曝光，一时间舆论哗然。清远利用“新闻施政”的利器之一——舆情收集平台准确了解社情民意，本着快速反应、实事求是的原则，历时19天化解了一场潜在的舆情危机。

其实早在12月9日，便有人向清城区纪委实名举报此事，当时纪委立即启动程序介入调查。事件被披露后，12月13日下午，清城区举行新闻通气会，向中央、省、市各级媒体通报有关情况，明确表示区纪委已成立专案调查小组展开调查，同时将对举报人提供的录音真实性进行鉴定，若事件查证属实，将依法依规严肃处理。

12月16日，举报人将举报材料提交至上级纪委并被受理，电视台对事件追踪报道，这推动了事件调查进展。12月25日，清远市向媒体表示，举报录音来源于真实的通话记录，省公安厅司法鉴定中心正对举报人提供的疑似涉事局长录音资料进行鉴定，该案件交由市纪委督办。

12月30日下午，专家出具鉴定结果，确定了录音内容的真实性。12月31日上午，清城区人民政府官方网站、官方微博、微信“清城发布”同步发出通报，表示经调查取证，举报人提供的录音内容属实，陈柏和确有发表与其

清远“新闻施政”的利器之一——政务微博@清远发布

身份不相符的言论。同时，陈柏和还涉嫌其他违纪问题。经清城区委决定，免去陈柏和的清城区委委员和区环保局党组书记、局长职务，按程序办理，依法依规对其进行立案调查。

从12月13日舆情危机出现，到12月31日公布结果、舆论平息，一共19天。清远相关负责人分析，当时的处置原则是“快速反应，实事求是”。市、区两级主要领导多次做出明确指示，要求纪监部门要实事求是、快速处理，尽快向媒体和公众公布处理情况。当地成立专案调查小组、开新闻媒体通气会，主动对外发布消息，避免各种揣测和谣传，将事件的负面影响减至最低，外宣部门还主动了解舆情进展和舆论情况。

不仅于此，清远公安等多部门通力合作，加大调查力度。调查每有进展，都及时通过媒体、网络向公众发布权威准确的消息，防止次生舆情灾害的发生。“不能让他的个人行为影响整个地区的营商环境，我们实事求是、公开透明，净化提升营商环境，将‘坏事’变成好事。”清远市委常委、宣传部长崔建军分析，在这件事的处理上，线上做好舆情应对，线下做好事件调查，双管齐下。

这宗舆情应对案例是清远政府治理能力现代化的一方面，舆情收集平台也只是清远“新闻施政”的组成部分之一。清远注重了解社情民意，2013年清远市建设了集舆情收集平台，网站展示平台，微博、微信体验平台，微访谈平台于一体的新媒体中心。

崔建军说，借力传统媒体、新媒体，通过大数据平台、队伍的建设，实现对数据的分析、应用，目的是打造“不设围墙”的政府治理体系，“实现阵地现代化、队伍现代化、机制现代化，探求传播规律、市场规律、执政规律”。

惠州人感染H7N9禽流感病例舆情引导

（主创单位：惠州市委宣传部）

推介词

专门机构、专项预案、专人应对，公开、透明、权威，既满足了公众知情权，又避免了社会恐慌。以舆情长效机制和体系为支撑，成就了用“常规武器”化解突发事件应对难题的一大经典。

2013年8月8日晚，惠州市疾控中心工作人员监测发现，博罗县横河镇一名51岁的女性陈某某呼吸道样本检测呈H7N9阳性。后经国家、省两级疾病预防控制中心检测，最终确认患者为人感染H7N9禽流感疑似病例。

“这是广东发现的首个人感染H7N9病例，加上惠州毗邻香港，是重要的供港活鸡养殖基地，疫情引起了省委领导的高度重视。”惠州市副市长刘冠贤说。9日凌晨两点半，他和另一位副市长紧急联合召开会议布置应对措施。

很快，专门的疫情应对小组成立。与之同时，专门的宣传小组也随之成立，并很快启动了新闻宣传应急预案。“必须第一时间收集权威声音，先声夺人。”惠州市委宣传部副调研员邓真说，突发事件中权威发声是占领主流舆论阵地的基石，而权威不仅表现在内容上，还包括平台、渠道。

其实，9日确认疑似病例后，很快就有不少香港、中央和省级媒体赶到惠州采访。而惠州市正是通过专家发布会、新闻信息发布会与官方微博发布等渠道，第一时间公开、透明地发布疫情信息及防控情况，才避免了媒体、网络炒作，确保舆情始终处于可控状态，也为疫情的有效应对和维护社会稳定营造了有利的舆论环境。

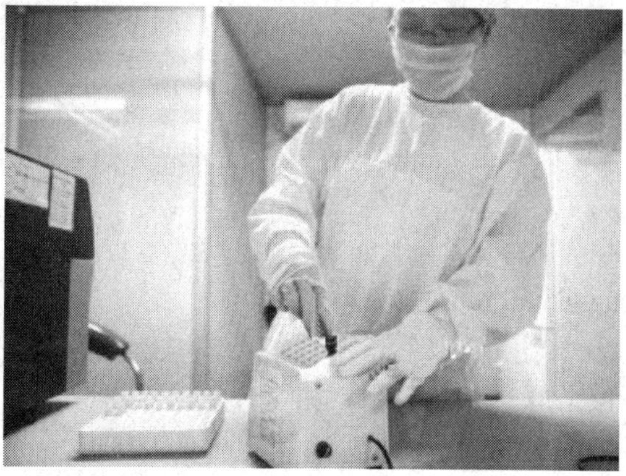

2013年8月，惠州发生我省首例人感染H7N9禽流感病例，工作人员处理病毒样本

据不完全统计，截至8月16日惠州终止Ⅲ级疫情响应，惠州市共发布关于H7N9禽流感病例的新闻通稿10篇，滚动发布微博信息21条。大量的官方权威信息占领了舆论的高点，权威发声也使政府牢牢掌握了主动权，让主流舆论跑在了谣言和小道消息前面。

因处置得力，在该季度人民网发布的地市舆情应对排行中，惠州位列全国第六，广东第一。

要在当下互联网语境下抢夺“发声”，并最终引导舆论，实属不易。政府同时面对着多个舆论场、多个发声主体的话语竞争，如何让政府声音被广泛传播并且被取信，需要整个发言体系、传播系统都调动起来，用足智慧。

惠州在突发H7N9禽流感病例的新闻处置上，其实用了“常规武器”，就突破了突发事件应对中的三大“难点”。一是通过有效的公众沟通，缓解“恐慌心理”；二是谣言的遏制与治理，惠州在议题设置上快走一步，第一时间抢占舆论场，传递了政府“解决问题”的行动成效，而不是过度解释；三是在媒体的沟通机制上创新，始终成为媒体的“第一信源”，特别是在境外媒体的信息供给上非常充分，负面信息“没有余地”。

事实上，惠州的“常规”背后其实有一整套长效机制及体系的支撑。其中核心要素包括：适用于同类事件的应急预案、“新媒体第一”的政府发布体系、多部门联动协同的工作平台、职能角色明晰的属地管理与分级管理制度等。通过舆情处置的实践，惠州初步搭建起了一套立体化的政府传播体系。

广州“平民英雄”传递社会正能量

（主创单位：广州市社会工作委员会）

推介词

借助社会资源，发挥民间力量，以协同参与形式选树“平民典型”，党委引导、媒体推动、社会协同、公众参与，为城市注入了一股向上的暖流。

2011年，我省佛山市发生了一起令人触目惊心的“小悦悦事件”，引发全社会对文明道德建设的深刻讨论和对“道德沦陷”“诚信危机”“社会冷漠”现象的全民反思。面对我国乡村“熟人社会”向都市“陌生人社会”转变的大环境，社会舆论对公共道德、社会责任充斥着悲观消极的负情绪，社会公众期待着激发人性温暖的正能量。

一年后的6月，一袭“黄衣”风靡广州，一名来自湖北、名字叫周冲的青年在陌生群众临危关头伸出援手，不顾个人安危托举救起受困遇险的女童，其救人义举感动羊城，一时间“托举哥”周冲的名字传遍广州，引发全城热议，“最美路人”“托举精神”一度成为公众舆论的焦点，社会舆情凝聚着传递正能量的文明广州新气象。

借此之机，广州党委政府相关职能部门及时介入，因势利导，联合发起“寻找广州人身边的平民英雄”系列活动，鼓励市民群众发现身边之美，施予举手之德，带动向善之风，引起社会强烈反响。在市民群众的积极参与下，一件件弘扬社会正气的善行义举被“报道”，一位位隐身于草根的“平民英雄”被“发现”，广州这座全国文明城市洋溢着爱己及人、守望相助的正气新风。

“平民英雄”在全社会弘扬了正能量

“寻找广州人身边的平民英雄”活动借助社会资源，注重发挥民间力量，以社会协同参与的形式选树“平民典型”，形成了党委引导、媒体推动、社会协同、公众参与的生动局面，对做好社会建设舆情引导有以下几点借鉴意义。

一、从“平民典型”的社会化、大众化、草根性特点出发，注意淡化官方色彩。对由社会热点问题引发的舆情，党委政府在主导把握基本方向的前提下，要充分发挥媒体引导舆论的优势，并与媒体互相响应形成合力，引导舆论向理想方向发展。

二、始终将市民广泛参与和群众热烈响应作为衡量活动成效的标准，确保评选出一批社会公众真正认可的“平民典型”。社会舆情与公众联系密不可分，舆情引导要注重与社会公众的互动，充分考虑公众的社会需求，引导公众参与推动社会响应。

三、“平民英雄”评选中，广州市社工委与人民团体、社会组织、企业单位携手联动，形成党委政府与社会力量协作共建社会工作的良好格局。社会工作是引发舆情的重要领域，舆情引导要借力社会资源，吸纳社会力量，党委政府协同社会力量共同应对舆情。

深圳龙岗保时捷车主撞死的哥被疑顶包案舆情引导

（主创单位：深圳市公安局交通警察局）

推介词

现今舆论生态环境下，“塔西佗陷阱”无处不在。直面质疑，频频发声，成就了两个舆论场理性互动的一段佳话。

2013年8月1日4时22分许，深圳龙岗区布沙路樟树布路口，一辆白色卡宴车与一辆的士相撞，事故发生后卡宴车驾驶员弃车逃逸，造成56岁的的士司机邓兆玉身亡，3名乘客受轻伤。

事发8小时后，肇事司机自首。但遇难的士司机家属质疑，自首者为他人顶包。自2012年“5·26”飙车案后，深圳交警以微博作为舆论和公权力互动，推动事件进展和信息公开的一个良好范本，入选2012深圳年度十大新闻人物。

8月1日的车祸事故发生后，从7时34分到13时59分，对于此次交通事故，深圳方面共更新14条微博，全程直播对于交通肇事逃逸者的调查进展。针对市民对于此次事故发布的微博，深圳方面表态：“卡宴撞出租车，逃跑？我们跟踪，无论是谁跑，都会得到法律的制裁。”“谁顶包，一并追究！”并且表示：“事故正在调查，相关信息将及时发布。”

对于家属和部分市民质疑可能存在的顶包，还通过微博回应：我们也在调查，一定会像“5·26”一样，给市民一个负责的答案。

一辆百万豪车，一起飙车悲剧，一次深陷被“质疑”漩涡的官方发布。对于深圳来说，这场疾风骤雨般的舆论漩涡，因一单车祸而起，却在几乎超

办案民警向记者介绍案件进展

出所有人预料之外的“顶包”质疑中迅速发酵与演变，点燃一场有关政府公信力的严重信任危机。

当下舆论生态环境下，“塔西佗陷阱”无处不在。但深圳龙岗区政府敢于直面质疑，及时频频发声，信息高度透明，舆论引导效果十分明显。政府舆情应对的进步是民众喜闻乐见的，相较于其他屡教不改的部门，深圳龙岗区的舆情应对技巧、专业素养和重视程度值得学习和嘉许。

广东高院首推网络舆情白皮书

（主创单位：广东省高级人民法院）

推介词

理性剖析和主动公开舆情产生后被动回应的得与失、利与弊，填补了法院系统网络舆情专著的空白。

近年，法院网络舆情事件频发，如何正确地应对网民言论及情绪已成为法院必须面对的重大课题。2013年2月，广东省高级人民法院率先在全国法院中推出网络舆情白皮书——《司法公正与网络舆情——广东法院网络舆情白皮书》（简称“白皮书”）。白皮书提出，网络立法是当务之急，要制定一部独立的“网络法”，全面规定有关网络的法律问题。

这本白皮书填补了法院系统网络舆情专著的空白

该书通过梳理分析近年全国及广东省的网络舆情事

件提出，涉事方的回应是处置舆情事件的治本之策，及早公开信息，可主导舆情事件走势。

其中，包括基本内容、详细的行为规范和权利义务关系规定、法律责任等。同时，要在刑法、行政法和三大诉讼法等法律中增补有关网络方面的法律规定。如在行政法律中规定对网络违规行为的制裁程序等，还要建立配套的行政法规和部门规章。

广东省高院希望，以这样的方式，主动公开法院的各项工作，自觉接受社会监督，推进司法作风改进，促进审判工作公正高效廉洁。广东省高院院长郑鄂还表示，面对网上舆情，不回避、不推诿、不掩饰，以诚恳的态度与网民交流，主动公开法院的各项工作，自觉接受社会舆论监督，满足人民群众对司法工作的新期盼、新要求。

网络问政优秀案例

深圳罗湖社区家园网打造交互型社区

（主创单位：深圳市罗湖区委、区政府）

推介词

“有思想、接地气，见实效”。罗湖社区家园网在坚守中创新，扎根基层，服务草根，赋予网络平台以媒体属性，丰富了网络问政的内涵。“家园”，正是罗湖140万人的精神家园。

2007年4月28日，罗湖社区家园网（以下简称“家园网”）正式开通。这是全国首家由区级党委政府创建，立足社区，面向居民，以交互式论坛为主要互动平台的社区网站，网站的日常维护与管理工作由罗湖区委宣传部负责。

罗湖是深圳最早的建成区，市场经济相对发达，群众的权利意识比较强，对政府行政效能的要求比较高。罗湖区利用互联网快速、便捷、互动性强、覆盖面广的特点，顺势而为，搭建了一个“党委领导、政府主导、社会协同、公众参与、服务高效”的开放式社区网络服务平台。

六年多来，家园网逐步探索建立了“主网+子网”的模式，形成了以一个主网为核心，以83个社区子网群为触角，上下互通、覆盖全区的社区公共服务网络体系，服务内容涉及居民诉求、网上办事、教育医疗、求职就业、休闲购物、社区公益、文化娱乐等与群众生活息息相关的方方面面，成为罗湖党政社群齐抓共享的“社会建设主平台，服务居民新家园”。

家园网坚持办老百姓自己的网站，网站架构突出服务社区功能。一方面，依托家园论坛，开设了覆盖全区10个街道83个社区和700多个小区的开

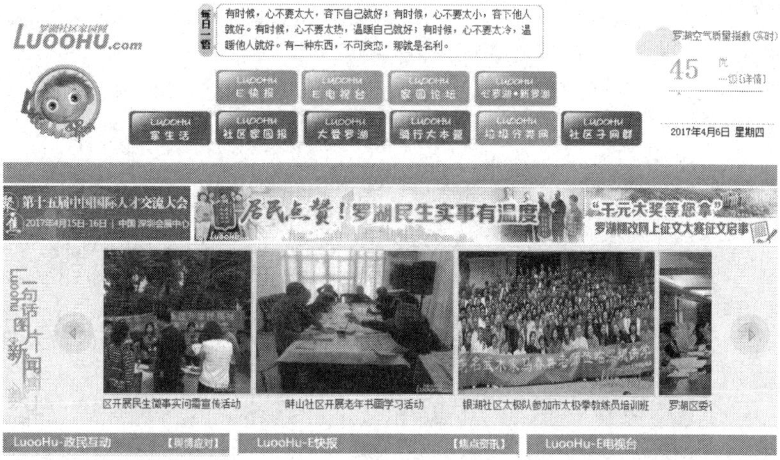

罗湖社区家园网

放式网络服务平台，居民有什么意见建议，身边有什么想不通的事、不愉快的事，或值得分享的事，都可以拿出来放到这个开放式平台上，摆一摆、议一议、管一管、帮一帮，实现“邻里乡亲，守望相助”。另一方面，所有社区的工作站、党组织、警务室、居委会、党代表工作室、人大代表工作室、物业管理处、业主委员会、志愿者、楼长等，都在网上晾晒了各自的服务内容和服务方式，他们既可以直接在网上为居民提供各类服务，也可以利用这个平台和居民进行有效互动，实现社区共治共享。

网站内容和互动方式突出草根特色。为了及时传递政府和民间的声音，家园网专门设置了一位活泼可爱的动漫人物“罗雪儿”做形象大使，担当“网上导游”，全天候带领网民“逛”罗湖，“颠覆”了居民对官方网站呆板、枯燥的固有印象，每天点击量超过10万人次；网民的投诉、意见和建议则按属地原则由街道、社区、小区分别予以跟进，语言表达方式减少“官”味，让“社区”和“家园”的形象更加具象。同时，通过建立网络发言人制度、一站式舆情处置平台、多层次议事规则、网络文化服务体系、绩效考核机制等，让网站变得实用、管用和好用，居民爱用。

罗湖区主要领导说：“在罗湖，政府想和居民对话，要找一个能容纳全区140多万居民的大广场是不可能的，但家园网做得到，而且一年365天、每天24小时都可以进行。”

阳江网络问政强监督成惠民工程

（主创单位：阳江市政府）

推介词

网络问政，纳入市直部门绩效考核。阳江此举，促使干部重视网络，倾听民意，解决问题。阳江网络问政后来居上，亮点频出，秘诀就在四个字：实干、创新。

2013年10月24日，阳江市委书记魏宏广在《人民日报》发表文章《问政于网就是惠政于民》，提出“网上访民情，网下解民忧”。如今，网络问政在广东阳江已成为一项聚民智、听民声、察民情、解民忧的“惠民工程”，成为各级党委政府及部门施政为民的制度化、规范化工具。

2011年8月，阳江网络问政平台开通以来，制定了严格的制度，做到全覆盖、定时限、强考核。

全覆盖。从市延伸到下属的6个县（市、区）和所有乡镇街道，实现了最基层的草根问政。依托这一平台，全市共开通网上信箱500个、政务微博470多个。做到了“四开通”：市党政两套班子成员和各县（市、区）党政一把手全部开通信箱；市委、市人大、市政府、市政协、市纪委、市中级法院、市检察院七大机构全部开通微博和信箱；市直机关和事业单位及公用服务企业全部开通微博和信箱；各县（市、区）、镇（街）、县直部门也全部开通微博和信箱。

定时限。网络问政有没有威信，群众和你互不互动，关键看你有没有回音，能不能解决问题。我们定了严格的制度，群众发来的邮件和网帖，所有

阳江网络问政

部门必须在5个工作日内做出回复处理。

强考核。市里定了考评办法，由网络问政办负责督查各单位的网络问政工作，每周、每月都要发通报。在2013年开展的效能提升年活动中，网络问政被纳入市直各单位日常工作绩效考评，单这一项就占5分。初步统计，阳江网络问政平台两年多来共受理网民来信44,716件，已办结44,040件，办理率达98.49%，按时办理率85.79%。阳江网络问政平台建设得到社会各界好评和媒体的关注。

阳江网络问政启动的时间并不算早，但起点高、力度大。阳江出台了《阳江市网络问政管理办法》《阳江市网络问政工作考评办法（试行）》等，从制度上保证网络问政持续高质地开展。通过网络问政平台，网民的很多意见和建议被采纳，诉求得到解决。阳东县塘坪镇一网民反映有一宗已经14年的凶杀案还没有破案，要求尽快把凶手缉拿归案，阳江市公安局在“清网行动”中加大侦查力度，促使犯罪嫌疑人投案自首。市民反映马南河臭气熏天、市区二环路交通拥堵要求改造和市区一些小区电压低收费高等问题，都引起了市委、市政府的高度重视，马南河整改动工，二环路改造完工通车，小区用电难等问题也都一一得到解决。

广东“工人在线”平台传递劳动者声音

（主创单位：广东省总工会）

推介词

“工人有话有地方说，职工有困难找工会”。“工人在线”平台这一定位，是工会工作的创新，也是网络问政的创新。工会之“政”与职工之“问”无缝连接，构建网上“职工之家”。

2013年12月3日，由广东省总工会、南方报业传媒集团联手打造的大型网络问政平台——广东“工人在线”正式启动。工会组织和主流媒体深入合作，共建面向职工群众的新媒体互动平台，在广东还是第一次，在全国也是一个创新举措，在职工之“问”与工会之“政”之间，实现无缝连接。

广东作为我国的产业大省，有着带动广东3000多万职工实现“三个定位、两个率先”的重要目标和任务，在这样的大势下，搭建一个方便工友与工会沟通互动的平台，让工人的话有地方说，就显得尤为重要。

“工人在线”的基本定位是：“工人有话有地方说，职工有困难找工会”。“工人在线”拟每月举办一场，由省总工会领导班子成员、各部门和各市、产业工会负责人依次通过“工人在线”平台，与全省职工群众、网民朋友在线互动交流，回答职工关心的热门话题，直面一线工人的关切点，认真倾听职工群众的呼声，把广大职工群众更加紧密团结在工会组织的周围，共同构建和谐劳动关系。

“工人在线”已举办四期访谈，分别由省人大常委会副主任、省总工会主席黄业斌，省总工会常务副主席陈宗文，省总工会副主席王丽华，省总工

2013年12月3日，广东省人大常委会副主任、省总工会主席黄业斌在“工人在线”平台与一线职工交流

会副主席林锡明担任活动嘉宾，与网友进行在线交流，解决和回答了不少工友网友的困难和问题，受到全省广大职工群众好评。第一场访谈，互动交流近两小时，黄业斌一共回答了23个由职工网友和现场嘉宾提出的与劳动和工会有关的问题。网友提问十分坦率，涉及欠薪、性骚扰、“临时工”等各类社会热点，更有网友直呼要求“涨工资”，黄业斌一一作答。

“工人在线”首先是一个职工群众充分表达意见，与各级工会深入互动沟通的交流平台。通过这个平台，全省职工群众、网民可以和各级工会负责人在线交流，充分表达意见、呼声和诉求。全省各级工会负责人也可以通过这个平台，直面一线工人的难点、关切点。

“工人在线”还是一个利用网络“问政于民、问需于民、问计于民”的平台，借此带动更多党政社群部门重视网络民意、利用网络平台开展与职工群众的沟通。同时，平台围绕职工群众关注的热点话题、热点事件，对话相关政府部门、业界领导，推出全媒体访谈，综合运用报纸、网站、手机报、微博和户外LED等进行全媒体传播。

知名网友、南方民间智库高级研究员杨馥铭认为，“工人在线”平台实质上融合了建设、沟通、保障、组织、创新、服务六线，“工会也在转型，要克服过去留给人们的传统的福利型和活动型印象，转为维权性和服务性，我们可以从‘工人在线’的标志看到，‘@’字头上戴了一顶安全帽，这就代表要给工人们提供保障”。

佛山市区镇领导微访谈全覆盖办实事

（主创单位：佛山市委、市政府）

推介词

作为网络问政的先发地区，“微访谈”是佛山创新的抓手。营造微气候、突出微联动、注重微接力，去官气、接地气、聚人气。“微”者不微，呈现的是小切口，寓意的是大格局。

2013年，佛山市委宣传部、市网宣办以市委、市政府官方微博@佛山发布上线一周年为契机，探索以“键对键、线对线、面对面”网络问政新模式，积极策划开展市领导上线微访谈，带动推进各级领导开展微访谈系列活动，解决了一批热点难点问题，受到了广大群众的好评。

键对键交流，全媒体“推送”。2013年9、10月来，佛山市委书记李贻伟、市长刘悦伦带头在市委、市政府官方微博@佛山发布开展主题为“如何把佛山建设得更好”和“有话对市长说”的微访谈。两场活动吸引围观网友达400余万，收到问题或意见建议达8000条，市委书记在不到2小时内回答问题近50个，市长两度主动延长微访谈时间。

2014年2月中下旬，第二批党的群众路线教育实践活动开始，李贻伟书记、刘悦伦市长在不到一周内又相继上线，李贻伟书记围绕佛山如何吸引人才等微访谈，问计于民，引起各方热烈关注：参与讨论超2万人次，收到提问、意见及建议2500多条。

线对线跟进，部门官博“给力”。微访谈开始后，根据职能、属地原则，将网友问题“线对线”分发到各部门，要求其官博根据平台、网友的不

2013年10月10日，时任佛山市委书记李贻伟与网民进行“微访谈”

同，将问题处理情况逐一在规定时间内“线对线”地回复并@至提问网友。@佛山发布等挂出《关于市委书记李贻伟微访谈活动网友所提问题回复安排有关事项的公告》等，向社会公布部门回复期限和方式，诚邀网友监督，要求部门尽快跟进，按时“交卷”，切实解决问题。经过梳理的市长微访谈的529个问题已于2013年9月全部回复完毕，书记微访谈的695个问题已于2013年11月上旬回复完毕。

2014年3月，市委办专门就2月李贻伟书记的微访谈登报发《通告》称，已将活动问题归纳汇总为193条，3月25日前，各区、各单位将在本区、本单位官方政务微博上一一进行回复。

面对面通报，邀网友“挑刺”。2013年10月，微访谈一个月后，市长亲自主持召开微访谈后续情况通报会。市网宣办积极策划、沟通，特邀微访谈提问网友和本地活跃网友代表10名，与市长赴网友问题反映的现场考察督促处理。在通报会上，市长通报了529个问题处置情况（210个已解决、259个解决中、60个暂不具备解决条件），面对面倾听网友意见，并安排10位区、部门负责人面对面接受网友“挑刺”，表示力求做到“让市民满意”。现场考察—情况通报—网友座谈“三位一体”的通报形式新颖、实在，进一步激发了网民参政议政的正能量。

佛山下发了《关于印发2013—2014年市政府领导与网民在线“专题微访谈”活动工作方案的通知》，对七位副市长及分管部门负责人微访谈进行了排期；《佛山市2014年网络问政和政务微博微信工作方案》已进入实施阶段。各区、各镇街也正在“接棒”搞微访谈，全市形成“微”践行群众路线的局面。

广东首个农村“电子社区”用网络连接地气

（主创单位：中山市委督查室、中山市南头镇）

推介词

农村召集开会，从“大嗓门”到“大喇叭”到“大网络”。中山市南头镇穗西社区的演进，既是技术变迁的反映，更是执政理念与时俱进的写照。固本强基，网络给力。

2013年3月，南头镇穗西社区的官方微博上线。10月，官方网站正式上线，村民足不出户就可了解到与自己最密切的身边事。作为全省首个电子社区试点单位，穗西社区建设了一个“4+2+N”模式的电子社区综合信息服务管理平台，整合了一个社区便民服务网站、一个社区官方微博、一个智能手机信息发布系统和一个LED公共电子信息显示屏等实用功能，意在打造全国首个“农村电子社区”。

上至国家部委，下至各镇区，各级人民政府的官方网站并不鲜见。然而，社区官方网站却极为少见。穗西“电子社区”为居民提供就业、社保、计生、养老、救助、文教、卫生、法律等全方位的、及时便利的信息服务。村民可以在家打开电脑直接在网上办事，审批完毕才确认盖章，大大节省了时间。为民执政的理念，网络技术的潮流，在电子社区得到高度契合。

目前，穗西电子社区初步形成了“4+2+N”模式（“4”即一个社区便民服务网站、一个社区官方微博、一个智能手机信息发布系统、一个LED公共电子信息显示屏；“2”即一个网络党支部平台、一个电子文档管理系统；“N”即预留服务端口，与时俱进结合群众需求增加服务项目）。电子

首个农村电子社区开通，专家领导与远在异乡的外耕农党员开网络视频会议

社区平台实现了便民服务、信息发布、互动交流三大功能，已完成社区微博、社区信息平台、社区LED显示屏、社区网信息化综合平台建设。

推动农村电子社区建设，是中山因应形势发展需要，深化社会管理体制改革、推进基层群众自治的一个新尝试、新探索并取得了初步成效：

一是丰富和创新了农村党建工作的内容和形式。“网络党支部”针对外耕农党员跨地域管理难、党员作用发挥难的实际，通过实施“阳光党务”工程，以现代网络手段对分散在外的党员进行教育培训和管理监督，离乡不离党。二是丰富和创新了基层群众自治的内容和形式。穗西农村电子社区突破时空限制，有效破解了村民因生产、家务繁忙而较少参与村务的问题，让村民通过网络平台来发表意见、讨论事务、投票决策，实现“手指轻轻点，村务齐参与”，提高了村民民主决策和民主管理的积极性和参与度。三是丰富和创新了新时期群众路线的内容和形式。党委政府、村“两委”都可以通过电子平台征求村民意见、收集社情民意，群众也可以通过电子平台反映问题，表达诉求。既有“面对面”，又有“键对键”，既有“脚板走访”，又有“网上互动”。

村里开会20世纪60年代靠“大嗓门”，80年代靠“大喇叭”，如今开会可以靠“大网络”——农村电子社区。打开社区网站，滚动的通知公告跃入眼前，社区篮球赛赛程安排、下水道工程招标、新版户口簿更换通知等一目了然。在便民服务栏目下，准生证、独生子女证、二孩生育证等可以直接在网上申请办理，还可以查询积分入户入学、发布求职招聘租房等相关信息。

全国首个公安微博“平安肇庆”沟通警民

（主创单位：肇庆市公安局）

推介词

怎样打通“两个舆论场”？“平安肇庆”提供了一个样本。作为全国首个公安微博，沟通了官民，化解了难题。在网络时代，为公安机关创新公共服务和社会管理，找到了新路径。

2010年1月11日，广东省公安厅要求全省公安机关全力推进“六项创新”工作。在这种背景下，诞生了全国首个认证的公安微博“平安肇庆”，拉开了全国公安“微博热潮”的序幕。

2010年2月25日，“平安肇庆”新浪微博正式开通，引起全国关注并带动广泛效应。历时四年多的运营，“平安肇庆”新浪微博现有粉丝230多万个。

“平安肇庆”新浪微博粉丝已有230多万个

在百度中搜索“平安肇庆”微博的报道就有20多万篇。无论是在官方舆论场，还是在新兴媒体舆论场，“平安肇庆”微博都赢得了广泛的赞誉。公安微博是公安机关在网络环境下创新公共服务和社会管理的新路径，拓展公安工作在信息化时代主动对接群众服务诉求和安全保障的能力，在警务运作、公安执法、队伍管理、服务群众等方面，开辟了一条崭新的服务管理路径。“平安肇庆”提供了一个样本。

创新沟通互动平台，规范运营。在经受网友“拍砖”和与网民互动中，“平安肇庆”公安微博摸索出一套独有的运行模式和制度，使微博问政更符合网络条件下的传播规律，获得了对政务微博来说最宝贵的公信力。一是建立网络发言人制度、“网络问政口径库”和“微博专家团”。二是实行博主轮流值班、实名上岗制度，解决了对政务微博来说很关键的“谁在说”“代表谁”的问题。三是建立了微博管理和问政邮箱制度，明确各警种、所辖县市区公安机关在微博问政中的责任以及网民信息处理的限时办结期限。

全面专业精确，品牌服务。一是组建骨干团队。2011年，肇庆市公安局出入境管理、户政、交管、禁毒、经侦、监管、法制、110报警服务台等窗口部门的业务骨干，与警察公共关系科携手打造了一支由30多人组成的“微博专家团队”。二是扩大网络问政工作服务覆盖面，更好地满足服务群众的要求，进一步加强各警种与网民的互动，提高回复的针对性、准确性、及时性。三是建立网络问政奖励制度。根据工作态度、质量和网民反馈，每月评出一名“微博之星”，并在年底进行评优。

创新优质服务，影响深远。一是坚定执行各项制度。坚持每天早晚包括节假日都有民警上线值班。二是以优质服务建公信力。对于网民的咨询、投诉、举报做到件件有回复、有结果，明确态度，勇于纠错。三是以排忧解难拓展生命力。微博在开通两年多的时间里为民办实事已经超过3万件，是重要的网上服务窗口。四是与时俱进扩大影响力。微博在全省公安系统率先开通了微信公众版。

再造了公安工作新流程。打破常规办事程序，网友反映的问题，80%的问题在口径库搜索解答，10%的问题由专家团队研究解决，8%的问题常规处理，另有2%的问题属于急事特办，微博值班员跨越一切办事程序，依靠110整体联动机制或微博团队自身公信力，指令直达现场，解危济困。

潮州"一站式"创新网络问政机制

（主创单位：潮州市委）

推介词

潮州网络问政跨度长，形式新，效果实，既树立城市形象，又提供便捷服务，"画蓝天"与"踩地板"深度融合。"一站式"思维，正是站在时代潮头的为民思维和互联网思维。

潮州"一站式"网络问政机制，体现在"网上潮州"和"网上政府"两个方面。对外宣传潮州形象，同时服务市民，集文化体验、行政审批、信访监督、应急维稳等于一体。

建设"网上潮州"，让世界各地的人足不出户就能了解潮州的方方面面；打造"网上政府"，让企业和群众办事更加方便快捷——集文化体验、行政审批、信访监督、应急维稳等于一体的"一站式"网络问政平台的启用，已成为潮州加快建设幸福城市的惠民现实，也是潮州继在全省开网上体验地方特色文化先河后，实现网络"一站式"服务建设的又一次率先之举。

目前，潮州充分利用网络信息技术，通过数字化、网络化转换等传播新平台，找准加快文化与经济融合的切入点，深度挖掘潮文化"富矿"，让网络文化与地方特色文化完美结合，把物质、非物质文化遗产充分展示出来。

据介绍，"网上潮州"的主要功能是宣传与推介潮州，全方位展示今日潮州风采的综合信息，也是海内外潮人的网上家园：木雕怎么制作，歌谣如何演唱，潮绣怎样设计……借助科技和创意，原本需要实地体验的潮州传统文化，借力"科技+创意"，在世界任何地方、任何时间，即可轻松"玩

潮州市网络问政平台是上下沟通的桥梁，并为市民提供全方位服务

转”，实现了在更短时间、更快速度、更近距离的全新体验，开海内外传播特色文化的先河。

而“网上政府”主要是政务公开和办事办公，并集中了潮州市政府门户网站、网络问政平台、信访平台、党政内网协同办公系统、网上行政审批系统、应急指挥平台等若干个办事办公应用系统（平台）。启用“一站式”网络平台后，行政审批业务初步实现了“一站式服务、一窗式受理、一次性告知、一条龙审批、一单式收费”，审批延伸，县区、乡镇街道和社区三级互动，审批可监督，近80%的行政审批职能单位可以在网上实现单项或并联审批，大大节约了审批时间，目前外商投资登记周期最短5个工作日即可完成。

值得关注的是，新升级后的应急指挥平台，实现了纵向与省应急平台及各县（区）应急平台，横向与市有关专项应急平台互联互通，通过应急管理和应急处置两大功能为处置突发事件提供多技术多手段的支持。

潮州市网络问政平台定位为“倾听民声，解决民困，了解民情，收集民智”，网民大部分关注的是工业污染、停车难、噪声等日常民生问题。而对应回复上，相关职能部门也都做了及时回应或处理。到目前，网络问政对象包括市领导、市直部门领导、县（区）领导等不同级别。按照有关要求，市民们在网络问政平台上提出的有关话题，对应职能部门要及时回复。而一些热点话题，市一级部门还会成立小组到一线督查、督办。

湛江用足网络手段唱响“好人好报”

（主创单位：湛江市精神文明建设委员会）

推介词

“好人好报”正能量，感动湛江；网络传递正能量，效应无疆。技术并不冰冷，问政并不刻板。弘扬社会主义核心价值观，需要运用最新传播手段，标杆就是“好人好报”。

湛江市文明委、湛江市委宣传部针对社会上一段时间以来“不敢做好人”的道德困境，从2012年初开始组织实施“好人好报”主题道德实践活动。活动侧重运用网络新媒体手段，在网络上发出“好人好报”的舆论强音；通过组织各种线上微公益活动，引导人们体验和传递“好人好报”的正能量；通过线上线下互联互动，最广泛地呼唤、最有力地推动“好人好报”社会氛围的形成。

活动从方案设计到组织实施，用足用活网络手段并不断拓展和延伸，形成了党政部门、社团组织、民间团体、个人力量共建共享的网络正能量传递平台，提升了多元主体共治的社会治理效能。

一、建立以“好人好报”专题频道为主阵地的多种网络宣传平台，打通网络传播通道。“好人好报”主题道德实践活动开展之初，就依托湛江新闻网建立以“好人好报”专题频道为网络宣传主阵地的“1+N”传播通道。专题频道一网打尽“好人好报”活动的各种信息，充分发挥颂扬宣传、推荐评选好人的功能，并且成为“好人好报”帮扶资金的公示平台、困难群体寻求帮助的呼叫平台和网民透明对接的爱心平台以及听取网情民意改进活动的互

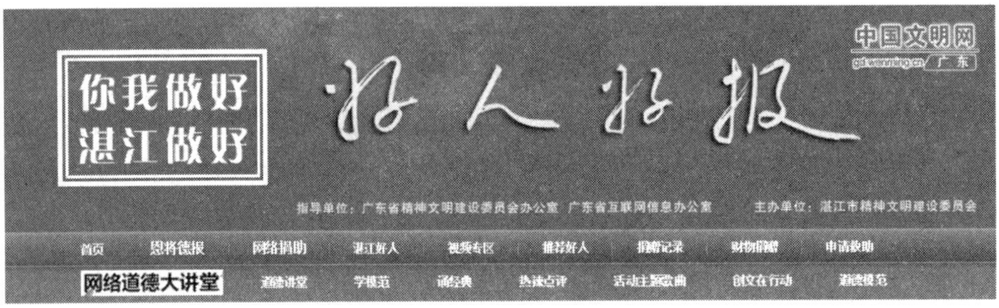

湛江“好人好报”

动平台。

二、制作适合网络传播的内容，增强网络传播效果。根据网络宣传特点，先后制作了“好人好报”公益广告、动漫视频、原创歌曲等全媒体传播作品，让网民喜闻乐见，20多家重要网站广为传播，点击量达33万人次，网友跟帖2000多条，好评如潮。开展“网络道德讲堂”，采取播放视频、网络访谈、微博热议等形式搭建说道德、议道德、传道德的交流平台。

三、开展“好人好报·网上行”活动，方便网民体验“好人好报”正能量。搭建“好人好报·网上行”实践平台，组织系列网上“好人好报”活动。如开展“好人随手拍”，发动广大网民发微博展现身边好人，传播身边的真善美，评选“最感动微博奖”和“最富正能量奖”；开展微公益活动，策划让“湛江好人”李华佑重新站起来的微公益行动，通过湛江好人好报微博与广东发布、新华、人民等微博发布“让李华佑站起来”“微公益、大感动”等活动情况，吸引了300多万网民围观，线上线下互动，不到20天为李华佑募捐善款20多万元。

四、线上线下联动，形成精神传播与道德实践的循环促进。线下活动为网络传播提供有感染力的内容，线上的影响力同样促进线下活动的深化。我们开展的文明用餐、文明出行等“好人好报·八个一”活动以及评选乡村“最美”系列活动，均注重发挥网络的作用，在网站上开辟互动交流板块，进行好人评选普推公示、网上“说、议、传”；好人好报歌曲编成健身舞在社区传播；广发英雄帖招募“好人好报”合唱团传播好声音；专题视频在电视台、楼宇电视、LED广告屏循环播报，线上线下互为延伸，增加传播效力。

走访案例报道

惠州"法制副主任"让社会治理"开花"、法治惠民"结果"

村民遇到矛盾纠纷不再喊"打"而是找"法"

惠州市惠城区水口街道龙津村村民胡立源对翁少芳感激不已。"以前厂房出租合同不规范，惹了不少麻烦。自从翁主任到了村里，我签合同前就咨询她，省心多了。"

翁少芳在惠城区司法局工作，是龙津村聘任的法制副主任。她一有空就到村里转转，宣传法律法规，接受法律咨询，提供法律服务，村民遇到法律问题不再"蒙查查"。

像翁少芳这样的村居法制副主任在惠州市有919名，覆盖了全部1249个村居。省委书记胡春华在惠州调研时说，推行"法制副主任"适应了法治社会建设新形势的需要，使维护老百姓合法权益找到了抓手。

全市村居配齐"法制副主任"

民主是基础，法治是保障，基层治理要用好民主与法治两大"法宝'"，惠州市委书记、市人大常委会主任陈奕威说，"法制副主任"制度，有效推动了基层干部群众学法、用法，为基层治理营造了良好的法治环境。

惠州"法制副主任"是"摸石头过河"试出来的，经历了试点、总结推广、全面铺开三个阶段。

2009年5月，惠城区司法局开始在水口街道、河南岸街道村居探索律师和基层法律服务工作者担任"法制副村长"。第二年9月，惠阳区在20个行政村聘请执业律师担任“法律顾问”。

惠州尊重基层首创精神，市司法局、市普法办等部门全程调研，指导建立相关制度，并在惠城区水北新村试点“法制副主任”制度。

2011年，惠州市有关部门联手对试点工作进行总结，将“法制副村长”“法律顾问”的名称统一为“法制副主任”，该制度渐趋完善。2012年5月，惠州在全市推行这一制度，目前，全市1249个村居全部配备了“法制副主任”。村（居）委会与法制副主任签订聘任合同，规定每个月法制副主任至少要有一天到村居服务。惠州市还制定了考评和奖励办法，市县每年已拿出1100多万元补贴交通费和通信费等。

早几年，村民发生矛盾纠纷时，动不动就喊打。推行“法制副主任”制度以来，群众现在遇到问题懂得走法律途径，从“我打你”变成了“我告你”。

服务不收费中立身份得民心

随着经济社会发展，老百姓法律方面的需求大大增加，惠州顺应这一要求，在制度建立之始就非常强调“法制副主任”的为民、惠民和公益性。

“为什么要坚持公益性呢？因为老百姓一提到律师，就会想到打官司要钱，谁出钱为谁办事。而法制副主任以志愿者身份开展法律服务，不收费，其中立身份使老百姓更容易接受。”惠州市司法局副局长李箫说。

最初，法制副主任队伍由“两师、两官、两干”组成。“两师”是律师、大学和中职的法律教师；“两官”是法官和检察官；“两干”是具有法律知识的司法行政干部和公安干警。为了突出法律服务的专业性，惠州市广泛发动律师担任法制副主任。目前，法制副主任队伍中的执业律师比重大大提升，占58%。

“法制副主任”让社会治理开了花、法治惠民结了果。从去年下半年到今年3月份，全市村（居）“两委”换届选举平稳顺利，这其中，法制副主任发挥了重要作用。

笔者了解到，接下来，惠州将继续完善“法制副主任”制度，优化队伍结构，进一步提高律师在队伍中所占比例，特别是通过政府购买服务、提高补贴标准、制订考核激励机制等措施，充分调动广大律师担任“法制副主任”和参与社会事务的积极性。

南方舆情数据研究院特邀专家点评：凸显社会治理的法治思维

华南理工大学公共管理学院讲师叶托：一般而言，创新社会治理有两条基本思路：一是强调民众参与，希望建立畅通的利益诉求机制；二是重视法治，以期建立有序的矛盾化解机制。惠州市村（居）委“法制副主任”制度就是地方政府运用法治思维和法治方式创新社会治理的有益探索。

“法制副主任”制度呈现出了四个值得注意的特征：一是突出基本法律服务的公共产品性质。针对普遍存在的法治观念欠缺问题，惠州市政府将为民众提供基本法律服务视为一项基本职能。二是创新基本法律服务的供给方式。惠州市政府通过“政府购买+志愿精神”的机制成功地将部分基本法律服务从私人产品变成了公共产品。三是助推社会矛盾化解的法治化。在“法制副主任”的潜移默化下，法律法规成为基层民众化解社会矛盾的主要方式。四是倒逼基层政府行政的法治化。随着民众法律意识和依法办事能力的不断增强，基层政府越来越自觉运用法治思维和法治方式。

当然，“法制副主任”制度在实施过程中，公益性法律服务与营利性法律服务的边界如何进一步厘清，“法制副主任”的中立性如何维持，法律资源的地区分布如何更均衡，这些仍待进一步探讨和完善。

（南方日报记者雷辉，通讯员彭丽、刘君，
《南方日报》2013年4月9日A04版报道）

惠州应对全省首例H7N9禽流感事件舆情解码

让新闻跑到谣言前面

面对广东省出现的首例人感染H7N9禽流感病情，政府管理部门该怎么做？如何让市民不恐慌，让舆论不走样？对于这一突发状况，惠州市政府选择了及时发声，通过报纸电视等传统媒体、微博论坛等网络媒体，让政府行动引导舆论，第一时间将最真实权威的信息对外发布，确保了市民不恐慌、舆论不走样。因此惠州突发H7N9禽流感病例新闻处置成功入围此次“政府治理能力现代化”候选案例。

对此惠州案例，暨南大学新闻与传播学院副教授麦尚文认为，政府部门在当下互联网语境下抢夺“发声”权，并最终引导舆论，实属不易。

第一时间发布权威声音

负责人感染H7N9禽流感事件处置的惠州市政府副市长刘冠贤回想起当时的场景，还是感觉历历在目：“惠州得到省里反馈回来的信息已经是半夜12点多，当时心里就一直在想，接下来政府该干什么，需要对外发布什么，市民想知道些什么。”

刘冠贤召集相关部门负责人连夜举行疫情防控会议，“很久没有半夜两点多开会了。”刘冠贤说。经过连夜部署，汇总农业、卫生、工商等部门的信息反馈后，由各相关职能部门人员组成的疫情防控小组也第一时间成立。

参与了此次人感染H7N9禽流感事件信息发布全过程的惠州市委宣传部副调研员邓真介绍，得到病情消息后，宣传部门立即启动新闻宣传应急预案，成立市防控H7N9禽流感新闻宣传专责小组。

多渠道发布疫情消除恐慌心理

从8月9日到16日疫情解除，每天统一疫情信息对外发布。邓真介绍，舆情应对就是要最大程度上从正面传递主流信息给市民，市民希望知道什么，就给到他们什么，只有这样才能减少市民的担心。

在这次H7N9禽流感新闻应对过程中，惠州市政府还通过网络对舆情进行快速反应。据统计，@惠州发布在新浪、腾讯的播报平台对禽流感防控信息共转发500多次，有效引导了舆论。由人民网舆情监测室联合新浪网新闻中心发布的第十期全国地级市新闻办已开微博监测期内舆情应对能力榜单中，@惠州发布名列全国第6位、广东省第1位。

除及时对外通报信息，在此事件中，惠州市政府还对三起网络谣言进行了及时处理，使其未造成恶劣影响。

“监测网络发现从8至12日，惠州有人感染禽流感这一话题还很有热度，但是13日开始这一热度就不断下降。”邓真说，充分利用网络媒体，将事件真相第一时间播报出去，就可以让新闻跑到谣言前面。

南方舆情数据研究院特约专家点评：政府引领舆论需要一整套“传播体系”支撑

暨南大学新闻与传播学院副教授麦尚文：惠州在突发H7N9病例的新闻处置上，其用“常规武器”就突破了突发事件应对中的三大“难点”。

一是通过有效的公众沟通，缓解“恐慌心理”。二是谣言的遏制与治理。这次事件惠州的议题设置快走一步，所有信息通过官微“惠州发布”第一时间抢占舆论场，通过权威媒体多层发声，传递政府“解决问题”的行动成效，而不是过度解释。三是在媒体的沟通机制上创新，始终成为媒体的“第一信源”，负面信息“没有余地”。

为何“常规手法”就能产生舆论引领的效果？麦尚文说，实地调研考察发现，惠州的“常规”背后其实有一整套长效机制及体系的支撑。其中核心要素包括：适用于同类事件的应急预案、“新媒体第一”的政府发布体系、多部门联动协同的工作平台、职能角色明晰的属地管理与分级管理制度等。

通过舆情处置的实践，惠州已初步搭建起这样一套立体化的政府传播体系。

（南方都市报记者李鹏，《南方都市报》
2014年4月9日A15版报道）

“负面清单”管理放开市场的“腿”

南海“三单”管理改革，杜绝行政审批自由裁量过大

近日，央视《新闻联播》以“广东佛山：负面清单让政府服务提速”为题，介绍南海负面清单、准许清单、监管清单“三单”管理改革经验，并评价其“让民众切实感受到行政审批制度改革就是真金白银”。今年年初，央视《新闻直播间》也对此进行了长达18分钟的详细报道。

南海“三单”管理改革为何如此引人关注？南方舆情研究院近日组织专家、记者到南海调研发现，“三单”管理使审批规范化、标准化，真正实现了“无差异审批”，杜绝了审批自由裁量过大、审批依据不清、审批标准不公开等现象的发生，收紧政府的“手”，放开市场的“腿”。

负面清单　清单以外领域充分开放

投了几千万元，结果最后汇总的时候，方方面面都得不到验收，设备就不能上岗，企业的投资就白白浪费了。蒙娜丽莎有限公司负责人张旗康说：“公司引以为傲的全国首条新型陶瓷薄板生产线，就在半年前还只能趴在仓库里。因为新项目上马涉及到发改、环保等多个部门近10项审批，哪一个环节出了问题，损失都难以估量。”

过去，什么项目能投资，什么项目不能投资，并没有清晰的边界。行政审批过程中，批不批、批给谁、什么时候批、批多少，政府部门可以进行微观干预和自由裁量，这就限制了市场“决定性作用”的发挥。

党的十八届三中全会提出要加快转变政府职能，深化行政审批制度改革；建立公平开放透明的市场规则，实行统一的市场准入制度，在制定负面

清单基础上，各类市场主体可依法平等进入清单之外领域。佛山市也要求南海“在探索负面清单制度的基础上，通过行政审批业务流程再造和运行模式创新，全面提升行政审批公开透明和便捷高效水平”。

2013年12月，南海开出全省首份行政审批“负面清单”，以清单方式明确列出南海辖区内禁止和限制企业投资经营的行业、领域、项目等，清单以外则充分开放，企业只要按法定条件和法定程序注册登记、申请审批或备案即可投资经营。

南海区行政服务中心副主任高向伟说，“各镇街、各部门对现行涉及审批的政策法规文件进行全面梳理，经初步整理，已梳理出第一、二批负面清单，共6大类1196项：其中17项涉及区域发展；10项涉及环境保护；企业投资项目限制类228项，禁止类525项；外商投资产业限制类122项，禁止类38项。”

有专家表示，“负面清单”推出后，减少了政府的直接管制，降低了经济运行成本，释放出重大制度红利。

准许清单　倒逼审批标准化规范化

在开出“负面清单”的同时，南海还开出了“准许清单”。准许清单属于政府审批服务范畴，列明政府职能部门根据公民、法人或者其他组织的申请，经审查，赋予某项权利、免除某项义务、准予从事特定活动的项目。

既然已有“负面清单”，为何还要推出“准许清单”呢？南海有关部门负责人说，“准许清单”其实是一份“指引清单”，通过严格的指引，对审批权限进行透明和弱化，从而做到对符合申报条件的项目“逢报必批”。

过去，由于审批要件和程序繁冗、指引不清晰、自由裁量空间较大、程序不够规范等原因，容易造成对企业的监管缺位和越位情况的发生。有了“准许清单”的指引，对企业应实施何种审批条件便一目了然。南海对各审批职能部门实施的行政审批制定审批业务标准，把准入资格条件格式化，把审批要求、前置条件罗列清楚，申请人只要严格按照审批标准的步骤要求办理，就一定能通过审批。

目前全区710大项（1304个小项）的行政审批服务事项的标准草案已形成。各部门都要严格按照准许清单中的指引实行行政审批，做到审批规范化、标准化、真正实现“无差异审批”，杜绝审批自由裁量过大、审批依据不清、审批标准不公开等现象的发生。

高向伟说，企业和群众也可对照“准许清单”，对有关部门的审批行为进行监督，一旦有疑问，可通过微博、“81812345民声服务热线”等渠道及时提出质疑，做到网络倒逼权力规范运行。“这既能倒逼政府审批规范化，也能倒逼企业、群众申办事项规范化。”

监管清单　对企业实行分级分类管理

按照“负面清单”非禁即入的模式，只要不属于“负面清单”禁止或限制的领域企业均可进入，这就降低了市场准入门槛，将事前监管转向了事中与事后监管，加大了后续监管的难度和压力。当准入门槛降低后，市场主体会更多，市场行为的自由度更大，如何做到有效的后续监管？

南海推出了“监管清单”，列明政府职能部门制定或执行的各种审批后续监管措施，包括分级分类管理措施、黑名单管理措施、行政执法职权目录等。

黑名单管理是指把违法违规企业的基本信息记录备案，然后进行惩戒和规范企业生产经营的措施。南海区积极探索差异化管理模式，为规范部门监督管理和执法，对列入监管清单的项目也进行初步整理，目前已梳理出分类分级管理22类，涉及餐饮服务、网吧、医疗机构、房地产开发企业资质等，监管措施46类，涉及食品安全、安全生产、环境保护、企业经营等。

实施“监管清单”后，南海对企业实行分级分类管理。对诚信较好的企业可减少监督检查的次数，给予更宽松的营商环境。而对诚信较差或因违规违法列入“黑名单”的企业实施严管，维护社会经营环境的公平。

今年，南海还将推进部门执法上网，届时所有部门的行政执法过程包括立案、调查、结论等都将上网公开，做到权力运行受监控，操作流程受约束。

据介绍，南海将对“三单”实行动态管理，根据法律、法规、规章和政府有关文件的公布实施、修改和废止调整“三单”。

南方舆情研究院特邀专家点评："三单"管理提供合作多赢的改革方案

华南理工大学公共管理学院刘红波讲师：南海区实行的"三单"管理是一种行政审批制度的创新性设计，为政府、企业和民众提供了一个合作多赢的改革方案。"三单"管理制度的可贵之处在于其理念的先进性和现实的可行性。政府通过依法依规的深入自查，划定了权力行使的边界，并将其透明化、规范化、标准化运作，从根本上解决了行政审批纷繁杂乱的问题，极大地提升了政府的办事效率，充分地释放了市场活力，从源头杜绝腐败现象的发生。

"三单"管理较好地理顺了四大关系：首先是政府与市场的关系，负面清单倡导的"非禁止即允许"的思路大大压缩了过度审批的空间，统一了市场准入的标准，是一次政府（看得见的手）与市场（看不见的手）的"握手行动"；其次是审批与监管的关系，审批的流水线式运作及宽进严出的监管理念，改变了重审批轻监管的弊病；第三是政府部门间的关系，对利益关系的深层调整，有效解决了部门利益碎片化状态，为部门间协同办公创造条件；最后是技术与制度的关系，审批职能的梳理与审批流程的再造为网上办事提供了前提和基础，是网上高效办理的关键。"三单"管理制度创新可谓既触动了利益，又触动了灵魂。南海推进的这种自我革命，必将在全省产生积极的连锁效应。

（南方日报记者雷辉，通讯员伍新宇，
《南方日报》2013年4月10日A06版报道）

“官网”融入辖区140万人日常生活

深圳罗湖社区家园网以网民诉求为中心，实现线上线下社区自治有效对接

召集140多万人开会，需要一个多大的会场？得筹备多久？动用多少设施？让他们表决某项决议，该有多么繁琐？现代网络技术帮助实现了这个“不可能的任务”：在深圳市罗湖区，就有这么一个“会场”，罗湖辖区的140万居民可以365天24小时不间断参会；任何一个人，想发言就发言，有人听，有人落实。而且，这个会已经连续开了7年。

罗湖社区家园网（http：//www.luoohu.com/，以下简称“家园网”）诞生于2007年4月28日，即将迎来七周岁生日。这是全国首家由区级党委政府创建，立足社区，面向居民，以论坛为主要互动平台的社区网站。南方舆情研究院近日组织专家、记者实地调研发现，家园网以网民的诉求为中心，以问题的解决为导向，7年实践，创新不断，成为罗湖官方与民间都离不开的“网络社区家园”。官员与网民通过在家园网的频繁互动，理性沟通，加深了解，达成共识，共同成长。

人气火爆的“官网”

作为一家“官网”，家园网每天的点击量超过10万人次。考虑到家园网的网民主要是罗湖辖区居民，这个数字着实不简单。

退休老师范晓霞想办一个舞蹈培训班，免费培训有兴趣的居民。她在家园网发了一个启事，一个月时间，报名的人数有两万！范老师的培训班最后由罗湖区文化馆借出场地，将一期培训班办成了一个常设项目，尽量满足大

家的要求。

桂园街道想更名为“蔡屋围街道”，1月份在家园网征集意见，到3月10日，征集帖子的点击量达46,825人次，跟帖1037条，超过六成的人支持改名。

人气火爆的家园网，对老百姓有什么作用？田贝社区的居民黄范海说，“自己参与了家园网的随手拍活动，举报洪湖公园的厕所卫生问题，“以前下雨特别脏，现在再去看一看，干净了、整洁了、有人打理了，这就是随手拍反映问题后的结果。”

依托家园网，只要敲击键盘、轻点鼠标，曾经“门难进、脸难看、事难办”的“有关部门”就近在眼前，笑容可掬；以前群众要“跑断腿、磨破嘴”才能办妥的事，在家园网上就能得到快速回应和解决。基层政府、各类社区组织的服务水平也大幅提高。网友评价：“论人气指数，天涯、网易的论坛更高，可是，一个身在罗湖的网民，真想把家门口乱摆卖、乱停车的问题解决了，家园网肯定是最有效的地方。”

家园骑行队现在有千人的规模，一周7天，几乎天天都有活动，全部通过网络召集。去年，骑行队发现了罗湖5号绿道的许多不完善之处，写了建议发到家园网。在今年的区两会上，完善绿道的建议被区政府采纳，“我们草根的声音能够得到政府的回应，我觉得这个平台真的挺不错”，骑行队副队长、网友“星子”说。

通过网上的楼（栋）长话事会、居民议事会、家园议事厅，罗湖居民可以方便参与社区议事活动；围绕政府的重点工作和辖区热点问题，家园网策划了70多场大型网络问政活动，涌现出一批热心公共事务的网民，由网民创作的5万字的《罗湖九章》，被誉为“民间版政府工作报告”；网友们依托家园网创办了罗湖区罗溪社会服务社、罗湖社区家园义工队、罗湖区绿色出行志愿者协会等多个社会组织，成员达数千人，家园网成为他们发起活动、展示成果、分享经验的主阵地。

有效解决投诉回应不“打太极”

7年来，家园网通过1个主网和83个社区子网群，搭建了一个覆盖罗湖全区的社区公共服务网络体系，服务内容涉及居民诉求、网上办事、教育医疗、求职就业、休闲购物、社区公益、文化娱乐等与民众生活密切相关的各个方面。居民有什么意见建议，身边有什么想不通的事、不愉快的事或想分享的事，都可以拿到网上“晒”。

只“晒”不回应，“晒”了也白“晒”。家园网建立了“小区—社区—街道—区”四级网络发言人制度，依托700个小区论坛，搭起了700个“网络服务台”，可以快速响应居民们的投诉建议和服务需求，对网民“晒”出来的问题，由“小区—社区—街道—区”四级协同解决，快速满足社区居民个性化、多元化的需求。

家园网要求，网民投拆，解决问题的事权在网络发言人所属部门权力范围内的，要尽快办事，权力范围之外的要尽量协调，在回帖时，要说明职能权属、跟进情况或处理结果。“东晓街道发言人”回复网友“金稻田之春”的《一万年太久，围岭公园等不起》一帖，用了近千字，详细解释公园建设时与4家股份公司征地补偿谈判悬而未决的事实。这样的回帖在家园网司空见惯。

罗湖举全区之力兴办家园网。通过“家园论坛”把社区治理的问题和不足暴露在“网络阳光”之下。网民的投诉和建议，相关部门的处置过程和解决结果都在网上公开“晒”出，是及时回应、认真解决，还是消极推诿、敷衍搪塞，网民都能一目了然、直接点评，形成强有力的监督力量，倒逼相关部门寻求解决问题的长效机制。

七年培育官民　“网商”不断提高

每天，打开电脑，登录家园网，是许多罗湖人的“例牌”动作。7年培育，罗湖辖区140万居民的日常生活和工作，或深或浅，打上了家园网的“水印”，罗湖官民的“网商”普遍走高。

在家园网上，如果回应网友不积极，处理问题不及时，有一系列的制度予以处罚，其中，最严重的是部门被“红灯”警示。家园网运行七周年，罗湖没有一个部门被亮过“红灯”。积极回应网民意见，在罗湖的政府部门，已经不是一个问题。

文锦社区工作站站长张晶每天上班先上家园网“接炮弹”。张晶打比方说，要到社区的子网站上，看看居民有什么意见，每个生活小区发生了什么事，这里可能是消息最灵通的地方。

在网上沟通多了，张晶接的电话就少了。以前一天接五六十个电话，回家累得不想说话。现在，咨询的人、投诉的人会先上网，一上网，相同的问题都在那里，许多疑问就解除了，大大减轻了张晶的工作压力。

居民黄范海所在的田贝社区，在最近三年，利用家园网开展了113场社区活动，平均每月有3场。线上线下的互动，把居住在高楼里的城市人，从曾经的鸡犬之声相闻，老死不相往来，变成了熟悉的邻居和朋友。

“三年来在我们社区没有泼妇骂街。为什么呢？因为通过这个平台打造了熟人社区，常见了，好说话了，摩擦就少了。”黄范海说。

不仅在生活中不吵架，在网上火气也消了。网友“罗湖剑客阿勇”在东晓街道曾经是个“狠角色”：一度，“山寨农批”屡屡死灰复燃，“阿勇”毫不留情地痛骂街道办，言辞激烈，让刚上任的街道书记陈武“头皮发麻”。“山寨农批”一事解决之后，“阿勇”的态度有了微妙的变化。在反映布吉路丰湖大厦附近路段局部下沉的网帖中，“阿勇”措辞颇为客气，在指出具体问题、地点和解决方案后，又附上了“家园网老网友等候你们的佳音”的字眼。经过各方努力，一个月后，相关部门开始在现场施工解决投诉，次日早晨，阿勇在网上回帖：“东晓街道赞一个”。

以前，网友遇到问题，在网上不问情由地骂政府。经过家园网的“政务公开”，不断互动，一些资深网友也逐步了解了政府部门的分工及办事流程，甚至主动帮网络发言人解释这件事职责在哪里，应该怎么办。

“罗湖区长，你整那么多不如解决一件实事来得好”，这样的帖子在家园网可以得“建言献策奖”。家园网论坛尊重网民的多元个性表达，哪怕是一些激烈的言辞，只要不触动法律法规、道德伦理底线，都原汁原味保留。通过平等对话、透明行政及充分讨论，引导网民理性表达，建设性的意见逐渐成为网络舆论主流。

南方舆情研究院特邀专家点评：贵在坚持　贵在服务　贵在包容

中山大学传播与设计学院副院长张志安教授：罗湖社区家园网已连续获得两届深圳市网络文化奖“最佳社区服务奖”，是广东政府治理创新的优秀案例。其可贵之处有三：

其一，贵在坚持。作为全国首个由区级政府创建、服务本地居民的社区网站，家园网创办已有7年，始终保持亲和力和草根性，日均点击超过10万人次。

其二，贵在服务。家园网持续吸引社区居民的关键在于服务，如设立“网络服务台”，提供贴近服务，鼓励投诉和建议，帮助解决问题。

其三，贵在包容。通过“交互式论坛”，实施网络问政并可全程监督，实现了线上和线下社区自治的有效对接；政府对网民的批评和意见充分包容，营造了理性对话、官民互动的网络空间。

（南方日报记者吕冰冰，《南方日报》
2014年4月11日A05版报道）

“微问政”倒逼政府治理现代化

佛山书记市长带头上线“微访谈”，促进官民对话

前日，佛山市委、市政府官方微博@佛山发布发表最新消息，佛山市纪委副书记曹小华将于4月17日举行“微访谈”。至此，加上佛山市委书记李贻伟、市长刘悦伦均两度上线“微访谈”，数位副市长和五区及其镇街、市卫生局、市妇联等部门主要官员已先后参与“微访谈”合计超30场。其中，仅市委书记、市长两人每场“微访谈”便吸引超过200万人次“围观”，解决回应网民问题近2000个。

佛山的政府官员为何如此积极参与“微访谈”？他们有哪些收获，市民又有何收益？近日，南方舆情研究院组织专家、记者到佛山调研发现，“微访谈”是佛山网络问政的重要组成部分，相关部门持续举行“微访谈”，其初衷是为适应当下网络发展形势，以在线访谈的形式收集市民意见、解决问题，对政府工作进行监督。据统计，2009年至今该市共举办官员与网民在线交流近300场，收集网民问题近5万个。

“微问政”促政府效能提升

4月10日，佛山市委、市政府官方微博@佛山发布发表博文，4月17日佛山市纪委副书记曹小华将上线接受“微访谈”。时值中央推行八项规定，加之纪委职能的特殊性，该访谈迅速成为网友热议话题，仅一天半，几大微博平台便收到近百个问题。

我们推动“微访谈”目的很简单，就是让市民知道我们在做什么，听听大家希望我们做什么，以此来让政府工作做得更好。佛山市委宣传部互联网

宣传管理科主任孙聚高说，一开始推行“微访谈”时，由于根据相关规定，访谈结束后，网友所有的提问须由对应职能部门进行回答，故而有些部门难以理解，认为是“忙上加忙”。但是随着“微访谈”的持续推行，原本一些措施经解释后得到网友理解、支持，或者此前单一部门无法解决的问题，经“微访谈”披露后，多部门联合得以解决，改进后被网友点赞，这让不少部门振奋，参与网络问政的热情也就越来越高。

例如，曾有网友多次“吐槽”佛山禅城区某一路段停车位规划不合理，以致部分车主经常被开罚单。这一问题在今年1月的佛山市副市长、公安局长彭会“微访谈”中再次被网友提出，彭会当即承诺，将对网友反映集中的地段进行调查，并协调相关部门增加车位；同时承诺更加“柔性执法”，在不影响消防和交通等前提下，晚上9时后对部分区域的违规停车不处罚。

“微访谈”后我们组织民警对相关路段进行了回访，发现部分区域因历史原因规划停车位不合理，我们便协调有关部门对以上路段进行停车位调整，部分区域增加了近百车位。”佛山市公安局禅城分局微博管理相关负责人廖海飙说。

此外，据了解，3月份出台的禅城公交线路大调整、增加公交枢纽，4月份公布的佛山职工门诊医保可跨区二选一等均是在“微访谈”时网友提问后制定或加速推出的政策。

据统计，目前佛山市、区、镇街三级已开通政务微博2000多个，佛山市委书记李贻伟、市长刘悦伦均两度上线“微访谈”，此外数位副市长和五区及其镇街、市卫生局、市妇联等部门主要官员已先后参与“微访谈”合计超30场。其中，仅书记、市长两人每场“微访谈”便吸引超过200万人次“围观”，解决回应网民问题近2000个。

3000个网络发言人在线

“当市民都在玩微博、微信的时候，我们如果还通过问卷、打电话等形式去搜集意见，那显然会落后于群众。”孙聚高说，官员上线“微访谈”是佛山网络问政的组成部分，目的是让官员可以与市民实现“面对面”的交流，在问与答之间拉近官员与市民的关系，帮助政府部门发现问题、解决问题。

孙聚高介绍，佛山市历来是互联网应用大市，据统计，佛山常住人口730余万，现有网民600多万、微博客用户400多万、备案网站3万多家，市民运用网络参政议政的意识较强，是珠三角重要的网络舆情集散地。

为此，自2009年起，佛山先后通过建设网站、开通官方微博等形式，打造“领导与网民交流”“网络发言人平台”“佛山微博发布厅”“领导微访谈”等四大网络问政平台。

其中，“佛山市网络发言人平台”上共有350个单位的3000多名网络发言人在线工作，进行公开政务信息、回复网民投诉、接受网民咨询和意见建议等工作；市民则可通过短信、智能手机客户端、微信等方式链接、进入该平台进行咨询、投诉、建议、问政。而市民一旦做出提问，对应部门必须在4小时内做出初步回应，5个工作日内必须做出答复；超时未回复的问题，系统将自动在线转入“佛山市行政投诉电子监察系统”，亮“黄牌”“红牌”警告，纪检督查部门以通报批评、诫勉谈话、行政处理等方式追责。

据统计，5年来，网络发言人平台共督办6000多个网络问政案件、发放红黄牌近800张，页面总浏览量近2亿人次，总发帖量超19万条，各部门已形成自觉按时回复的习惯，回应率达99%。

南方舆情数据研究院特邀专家点评：“微访谈”有助于培养市民问政习惯

广东外语外贸大学新闻与传播学院教授侯迎忠：近年来，佛山连续举行多场“微访谈”，市委书记、市长以及一些职能部门负责人都出来在线接受网友提问，这使得官员与市民接触的机会和平台得以增多，并且相比于以前的广播、网站等形式的在线访谈，微博直播访谈更为直接，效果也更好。

因为“微访谈”一旦举行，市民现实生活中存在的问题、政府工作中的不足必然会被揭露、发现，并引起广大网友的关注，如此一来，就逼着政府在线下甚至是当场给出解决方案。佛山敢于持续举办多场“微访谈”，这说明了政府在执政理念上是较为超前的，也体现了其敢于低姿态与网民交流的意识。

“微访谈”作为网络问政的重要组成部分，线上回答问题仅是市民问政的开端，更为重要的应有两方面：一是“微访谈”须持续进行，形成长期效果，除市委书记、市长外，各职能部门负责人也应站到前台，接受网友提问，倾听市民声音；二是线上问答与线下解决问题相互配合，即访谈后政府部门对发现的问题进行解决，如修改政策、改进工作方法等。

只有以上两方面同时做到时，“微访谈”才能真正做实，领导干部与群众的关系也才能真正得以拉近；更为重要的是，这有助于培养市民网络问政的习惯、监督政府工作的性格。目前，佛山在这两方面均处理得较好，如环保、税务、公安等各职能部门负责人陆续出来举行“微访谈”，并对网友反映较为突出的停车位不足、跨区医保等问题进行了解决。

此外，尽管网络问政已是大势所趋，但考虑到各类人群的生活习惯和知识水平差异，佛山仍应注意采用多种方式、渠道接受市民建议，如可考虑在举行某一领域的“微访谈”时，先在线下举行问卷调查、街头访问等形式收集问题，并在“微访谈”时一并交由相关负责人解答。

（南方日报记者黄伟胜，《南方日报》
2014年4月12日A04版报道）

问政平台原汁原味传递网民声音

解读网络问政潮州样本

“原汁原味”地传递网民声音，助推一座城市问政风气越来越浓，并逐步走向制度化。潮州市网络问政平台，以公开、开放的态度直面网民，务实办事，入围南方报业传媒集团、南方舆情研究院2013—2014年度“政府治理能力现代化”广东优秀候选案例。近日，南方舆情研究院组织专家、记者实地调研潮州，剖析这一典型样本。

2011年5月开通的潮州市网络问政平台，为网民提供了问政“主战场”。网友不仅可以向相关县区、部门发问，还可以直接找市委书记、市长“点名”问政。一开始，就出现不少网友“刺耳”的声音。

“只要不是人身攻击，不以个人谋利为目的，我们审核都没有卡住，而是‘原汁原味’地传递。”潮州市委办副主任、市委机要局局长陈少龙说，“如果说句不好听的话就被卡住，久而久之就会无人问津了。”陈少龙还介绍，网络问政平台开工时，市委书记许光就明确表了态：欢迎批评。

书记市长回复也会遭遇“不满意”

这一观念体现在网络问政平台设计上。点开“网民问政”，就能看到网民的完整留言，多是直言问题，要求解决。网友“担卖出”问许光：饶平到潮州的车费是22元，而梅州到平远县才13元甚至更低，为什么我们就不能？网友“老教师”在2300多字的长信中，直指饶平县教育“人喊坑爹，佛骂他娘”，提出多项建议。在回复中，许光感谢其“尽心尽责”，并转有关部门处理。

正因如此，网络问政平台开通后受到网友“热捧”，注册网民已超过1.5万人，收到问政事项1171条，回复办理率达到94.8%。

对部门的回复网民还可“打分”，并显示在问政平台，形成倒逼压力。就连市委书记许光、市长李庆雄的回复，也会被一些网民评为“不满意”。

“讲话不白讲，提议不白提”

打开网络问政平台，最醒目的位置是“书记批帖”“市长批帖”。根据网民的问政信息整理分类编辑形成的《一周网络问政摘要》送许光、李庆雄阅示后，所作批示件扫描后上传到网络问政平台直达网民。

“万绿花园商户”通过网络问政平台向许光反映，从人民银行到万绿花园路段无一处可停车，给居住、工作带来不便。许光批示要求交警、城管部门加强巡查监管。不久，万绿停车难问题得到解决，这位网友专门发来感谢信。“讲话不白讲，提议不白提”，潮州市委督查室主任黄志刚说，对市领导的批示件经常开展实地督查，“一竿子到底”。

从“试试看”到“有事上网”

“一开始是‘试试看’，后来身边朋友有事，都会建议他们上网去，帮助他们上网去反映”，网友“晨霜带雾”说，网络问政平台开通后，看到有关部门能及时回复，逐渐形成了“有事上网”的习惯。

网友“洪英淇”是一位村干部，如今也是“问政达人”。今年，“洪英淇”的一条建议再次得到采纳，潮州市首次邀请网友代表列席市“两会”，共有29位网友参加。“洪英淇”认为，网络问政平台已成为一个官民沟通双赢的平台。

对此潮州市委副秘书长、市委办主任佘楚雄表示，潮州市网络问政平台以为民务实为主要目的，没有做过大规模的宣传，但办理、收集网民意见已经形成比较成熟的制度，“跟网友拉近了距离后，过激言论越来越少，网民正在成为一支建设性的力量”。

南方舆情数据研究院特约专家点评：网络问政需要加强基层化对接

华南师范大学公共管理学院博士蔡灿新：施政最怕不知道问题在哪里，

发现问题，才能办实实在在的事，也就在某种程度上赢得了民心。要增加网络问政平台的吸引力，多听网民的意见，按照网民的需求来设计。潮州市下一步将探索涉及重大民生事项的决策向网友征求意见，让民众参与决策的制度，值得肯定。网络问政需要加强基层化对接，很多网民反映的问题都是物业、居委会、村级的事情，要构建从上到下的对接机制，落实到村级，才能更好地提高网络问政的效率。

（南方都市报记者黄怡、李建仁，
《南方都市报》2013年4月13日A11版报道）

第二届“粤治”（2014—2015年度）

2015年4月23日，第二届“粤治–治理现代化”广东探索经验交流会发布了政府治理创新优秀案例

政府治理创新优秀案例

广东省网上办事大厅“一站式”服务

（主创单位：广东省信息中心）

推介词

大数据时代也在倒逼政府服务。广东从2012年以来，全省统一规划设计、统一逻辑系统，全面推进网上办事大厅建设，将全省省、市、县三级政府的所有行政审批和社会事务服务事项从申办到办结的全过程搬到互联网上。广东网上办事大厅的建设实践，从转变政府职能、创新社会管理模式等方面进行了积极尝试，是充分利用信息化加强社会建设，形成与时代发展相适应的智慧型社会管理体制机制的有益探索。

在大数据时代推动治理能力现代化，离不开“触网”思维。广东网上办事大厅的建设实践，从转变政府职能、创新社会管理模式等方面进行了积极探索，是充分利用信息化加强社会建设，形成与时代发展相适应的智慧型社会管理体制机制的有益探索。

当前，网上办事还多停留在办事指南、表格下载、预申请、咨询查询上，全流程网上办理的事项比例不高，普遍存在网上办事渠道分散、公众查找困难等问题，已经无法满足社会公众对提高政府服务效能的要求。

广东从2012年以来，全省统一规划设计、统一逻辑系统，全面推进网上办事大厅建设。将全省省、市、县三级政府的所有行政审批和社会事务服务事项从申办到办结的全过程搬到互联网上进行，让群众办事不用再“跑衙门”。

截至3月底，据省主厅数据监测系统显示，省直45个应进驻部门进驻行

广东省网上办事大厅页面

政审批事项1263项、社会事务服务事项377项，其中86%的行政审批事项网上办事深度达到三级，99%的社会事务服务事项实现网上办理。在符合数据规范的30,505笔业务中，已进驻的行政审批事项总体上网办理率达96%，总体网上办结率达95%。网上办事大厅不断向镇街延伸。

网上办事大厅有效减少了群众现场跑动次数和群众办事时间，也有效精简了群众办事所需资料和办事手续。据初步统计，通过网上办事大厅电子申报办理后，群众办事办结领证时间普遍节省了70%，人力成本也普遍节省了2/3。变“8小时政府”为“24小时的全天候政府”。

网上办事大厅真正营造公开透明的市场化营商环境。以往新上一个建设项目，按照现行法定程序，涉及审批部门约30个，审批事项近50个，审批时限累计最长的需要近2年，快的也要200多天。网上办事大厅通过投资项目审批制度改革，实现投资审批协同办公，真正实现投资审批提速。

接下来，网上办事大厅还将推出手机版，打造成为政府主动服务老百姓的重要平台和网上办事的便捷终端。

珠海建设廉情预警评估系统

（主创单位：珠海市纪委）

推介词

如何有效遏制政府投资工程领域的腐败问题是世界级难题。珠海市纪委运用“科技+制度”的手段，在全国率先开发建设廉情预警评估系统，犹如一台“B超机”，通过30项指标对工程项目进行全程扫描，及时发现潜在廉洁风险，为珠海市总投资约365亿元的246个项目提供了廉情评估，发出预警274个，节约政府投资6.7亿元，提供案件线索25条，成为尝试“科技+制度”治腐的广东典范。

珠海市廉情预警评估系统在预防腐败工作中发挥了“制度+科技”预防腐败的作用。近日，广东省人民政府通报了2014年度广东省科学技术奖获奖情况。根据《广东省科学技术奖励办法》规定，经省科学技术奖评委员会评审、省科技厅审核，省政府批准，授予“珠海市政府投资工程廉情预警评估系统”为广东省科学技术奖三等奖。在此之前，该系统已获得国家版权局颁发的软件著作权。据了解，预防腐败相关项目获得省级科技奖、国家著作权等殊荣，在我省尚属首例。

政府投资工程一直是腐败的高发领域，如何有效预防政府投资工程腐败，一直为珠海市纪委所关注。2012年，珠海市纪委与清华大学廉政与治理研究中心首次合作开展了政府投资工程廉情预警评估工作，在此基础上，又联合中山大学廉政与治理研究中心和广州中软集团，开发建设了廉情预警评估系统，并对全市政府投资的所有工程开展了廉情评估。

珠海市廉情预警评估系统对预防腐败发挥了“科技+制度”的作用

该系统总结分析政府投资工程从立项到验收结算全过程存在的腐败易发多发环节，确定了30个廉政风险点，并运用概率理论设计了30个量化的廉情指标，根据规定值或经验值，确定了各廉情指标的风险值，并自动进行预警，实现了政府投资工程从立项至验收结算全程检测分析，自动预警。

系统2013年正式运行以来，共对珠海市总投资约365亿元的246个项目进行了廉情评估，发出预警274个，节约政府投资6.7亿元，提供案件线索25条。2014年，广东省纪委在全省推广了该系统，并将国家重点建设项目港珠澳大桥部分项目纳入廉情预警评估系统监管，对投资约200亿元的港珠澳大桥珠海连接线、珠海口岸项目进行廉情评估。

廉情预警评估系统以“科技+制度”的模式防范工程领域腐败的做法也受到了社会和媒体的广泛关注和积极评价。有媒体把该系统比喻成“扫描仪”，认为它通过30项指标对工程项目全程扫描，可以发现潜在的廉洁风险；有的媒体把该系统比喻成“B超机”，通过给工程做“B超”，能够透视工程领域存在的廉洁问题；有的媒体把该系统看作“智能锁”，建立从发现、预警到预防廉洁风险的三道防线，最终达到以科技手段预防腐败的目的。在2014年年底召开的珠海市政府投资工程廉情预警评估系统专家研讨会上，中央纪委、清华大学、中山大学等国内反腐败的相关领导和知名专家一致认为，系统无论是系统设计还是技术的先进性上都走在了全国前列，是预防腐败先进理念与先进技术的成功结合，是以“科技+制度”手段预防政府投资工程领域腐败的有效途径，具有较强的推广意义。

佛山禅城“一门式”政务服务改革

（主创单位：佛山市禅城区委、区政府）

推介词

通过“三三机制”，推动审批体系标准化梳理，挤压了权力运行的灰色空间；通过技术革新，实现部门资源共享、业务协同和系统互通；通过对原行政服务中心的“大手术”改造，把进入“一门式”系统的全部事项实行“一窗受理或办理”。不仅仅解决了市民、企业办事排长龙的老大难问题，更是“把简单带给群众、把复杂留给政府”服务理念的具体实践。

禅城“一门式”改革的核心理念是“把简单带给群众，把复杂留给政府”。禅城区以“一门式”行政服务改革为抓手，完善顶层设计，按照先自然人事项再法人事项，先镇街、村居再区级服务中心的改革步骤，先易后难，稳步推进。从2014年9月1日正式对外服务以来，截至今年3月，已经建成覆盖4个镇街140个村居的标准化的公共服务综合信息平台体系，144个中心全部对外服务。

具体做法有：

一、为给居民群众办事提供人性化的服务体验，禅城区对行政服务中心“动了大手术”。依托原行政服务大厅，将其他办事大厅以及散落在其他部门的审批服务事项一并纳入；将过去以部门业务划分的“专项业务办理窗口”合并为“综合服务窗口”，对进入“一门式”系统的全部事项实行“一窗受理或办理”。对综合服务窗口工作人员，进行为期三个月的跟班学习、集中学习和系统操作培训，使其熟悉“一门式”服务系统的各项业务政策和

禅城“一门式”改革的核心理念是“把简单带给群众、把复杂留给政府”

办理流程，胜任跨部门、跨行业、多业务的综合审批服务工作。

二、禅城区主要通过“三三机制”推动审批体系标准化梳理，挤压了权力运行的灰色空间，确保审批权力在阳关下运行。一是推行“三单管理”模式，对政府审批事项进行全面梳理，整理出“负面清单”“权力清单”和“监管清单”，厘清部门职责权限。二是编发“三个清晰告知”，根据项目名称、办理条件、政策依据、申请材料、办理时限、办事程序、收费标准等，对进驻窗口的282项审批事项进行梳理，形成统一的办事标准。三是制定“三个标准”，即前台受理业务标准、前后台办理流程标准、公共服务综合信息平台数据标准。

三、禅城区通过技术革新，突破长期以来部门之间资源难共享、业务难协同和系统难互通的难题。一是统一服务群众的“前台”界面，群众面对一个“综合服务窗口”就可进行个人事项办理。二是联通各部门的“后台”界面，采取电脑双屏操作等办法，通过跳转、对接等技术，直接进入民政、人社、社保等国家、省、市、区的24个条线系统进行操作，为群众提供政务服务。三是利用现代化信息技术实现基础信息集中采集，沉淀大数据，将群众办理事项过程中经常性、重复性提交的各种材料（如身份证、户口本等各类基础证明材料）进行拍照、扫描并沉淀入库，建立基于居民身份证号为索引的历史信息检索和共享机制，推进身份证“一证通”办事、“一张表”共享。

增城“村民民主议事决策”破“问题村”治理难题

（主创单位：广州增城市）

推介词

立足“还权于民”，着力“村事共商”；确保村民代表的广泛性，框定议事内容的具体性，强化村党组织的主导性。增城市石滩镇下围村的治理，收获了不一样的效果，极大激发了村民当家作主的积极性、创造性和责任感，是乡村民主治理的深入探索。

近年来，增城市石滩镇下围村根据党的十八大和十八届三中、四中全会的有关精神，探索和实践以规范村民代表议事制度为核心的村民自治新模式，规范议事规则，推行民主商议，还权于民，依法治村，使“问题村”转变为“模范村”。目前，增城正将“民主商议、一事一议”的村民自治经验分阶段有步骤地在全市范围内试验推广。

一、立足“还权于民”的指导思想，着力推行“众人的事情众人商量”。下围村村民代表议事制度的指导思想很明确，开宗明义就是要规范议事规则，推行“民主商议、一事一议”，实现“还权于民”，切实做到“三个防止”，即防止村党支部书记或村委会主任的个人意志代替村“两委”的集体意志，防止村“两委”的简单少数意志代替村民代表的大多数意志，防止人民群众形式上有权实际上无权，把权力关进制度的笼子里，打造阳光下的下围村。

二、参会人员的构成具有广泛性，确保了村民代表会议的代表性。下围村村民代表议事制度规定，村民代表会议由村民代表和村委会成员组成，不

陂头村村民代表在村民议事会上发言

是村民代表的村党支部委员和合作社主任应当列席村民代表会议，享有议事权，但对需要决定的事项没有表决权，并规定村务监督委员会成员也应列席会议，进行现场监督。同时还设立旁听制度，允许村民到会旁听。会议参会人员的广泛性，确保了村民代表会议的代表性。

三、议事内容全面具体，致力于把权力清单晒在阳光下运行。下围村村民代表议事制度规定，村民代表会议的议事内容即权力清单涵盖村中大小七个方面的事务或事项，即涵盖了“村经济和社会发展规划及年度计划，村庄建设规划；村民自治章程和村规民约的修订；村集体经济项目的立项、承包方案，集体经济大额资金的使用，集体举债，集体资产处置等；兴建道路、水利、电力、自来水等村公益事业的经费筹集方案，以及建设承包方案；村集体土地、房屋等集体资产的承包和租赁，宅基地的安排和使用，征收土地各项补偿费的分配和使用；计划生育政策的落实方案；涉及村集体和村民利益的其他重大事项”等内容，最大限度减少和压缩了权力在制度的笼子外运行的机会和空间。

四、强化了村党组织对会议的主导作用，使村民代表会议始终在党组织的统筹领导下依法进行。下围村村民代表议事制度规定，村民代表会议由村“两委”负责召集，由村党支部书记主持，村民代表会议一般每个月举行一次，特殊情况时，经村“两委”提议，可随时召开会议，而且每次会议到会代表人数必须超过代表总数的三分之二，会议方为有效。

广东省总工会应急处置分队化解劳资纠纷

（主创单位：广东省总工会）

推介词

在社会转型期、矛盾凸显期如何化解层出不穷的劳资纠纷？2014年9月底，广东省总工会以“专职+兼职”“维权工作干部+工会律师团律师”的方式，组建全国工会系统第一支劳资纠纷应急处置分队，创造性地提出了“五步工作法”，2014年成功将30人以上因劳资纠纷引发的群体性事件降低29.16%，为工会向“维权型、创新型和服务型”转型探寻到一条有效路径。

针对广东劳资纠纷高发易发问题，省总工会2014年9月决定成立省、市、县（区）三级劳资纠纷应急处置分队，进一步突出工会维权主业，加快向“维权型、创新型和服务型”工会转型。全省各级劳资纠纷应急处置分队成立以来，坚持一手抓维权，一手抓维稳，用法治思维法治方式预防和处置劳资纠纷，工作取得良好成效，日渐成为全省化解劳资纠纷的“消防队”。

省总工会认为，在社会转型、结构调整、矛盾凸显的新常态下，组建成立一支处理劳资纠纷，协助党委处理群体性事件、突发性事件的应急队伍十分必要。一是突出维权主业的需要。工会工作的重点是维权，哪里有侵犯职工合法权益，工会就应把维权维到哪里。二是全面深化改革的需要。要以改革创新的精神来做工会工作，不能因循守旧。三是工会发出强音的需要。哪里有大的劳资纠纷，哪里有群体性事件，工会组织、工会干部就应第一时间到达现场，要让工人看到工会，听到工会的声音。四是回应职工期盼的需要。工会是职工群众自愿结合的群众组织，是职工的“娘家”，有义务倾听

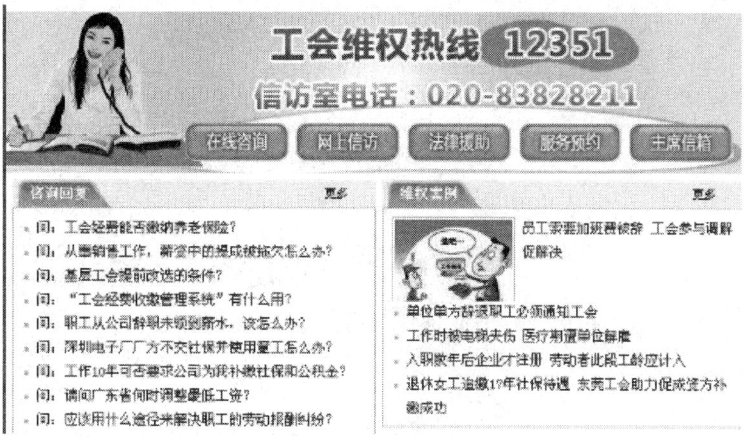

省总工会充分运用网络等手段为职工提供维权服务

职工的诉求，有责任帮助化解纠纷。

基于以上认识，2014年9月底，省总工会以建设一支“敢维权、能维权、善维权”的应急处置队伍，把维权特别是现场维权工作落到实处为目标，不向省机构编制部门申请增加编制，不额外聘用增加人员，而是立足于整合内部人力资源，以维权职能部室为主体，抽调其他部门及驻会产业工会干部加入，以“专职+兼职”“维权工作干部+工会律师团律师”的队伍结构组建全国工会系统第一支，目前也是唯一的一支劳资纠纷应急处置分队。我省劳资纠纷较多、劳动关系矛盾突出的珠三角地区广州、深圳、佛山、珠海、惠州、东莞、中山、江门、肇庆九市总工会和顺德区总工会也同时组建了市级和下属县（区）级劳资纠纷应急处置分队，形成了省、市、县（区）三级劳资纠纷应急处置工作网络。

同时，省总工会主要领导创造性地提出了劳资纠纷应急处置工作的“五步工作法”。省总工会劳资纠纷应急处置分队自成立以来，遵循“五步工作法”，落实“五个第一时间”工作要求，切实维护全省广大职工群众的合法权益。

在全省各级工会及工会劳资纠纷应急处置分队的努力下，2014年全省30人以上因劳资纠纷引发的群体性事件与2013年相比下降了29.16%，2015年第一季度全省30人以上因劳资纠纷引发的群体性事件与2014年第四季度相比下降了5.16%，成效明显。

惠州“中介超市”探索

（主创单位：惠州市政府）

推介词

“红顶中介”脚踏“政府”和“市场”两只船，长期以来备受诟病。惠州市按照“网络为主，实体为辅”的建设模式，依托惠州市网上办事大厅，率先在全省建成市、县（区）一体化运行的中介超市，引入竞争机制，切断中介与部门的依附关系，将部门选取中介机构的自由裁量权锁进“笼子”。初步铲除了“灰色地带”，有效解决了“红顶中介”“二政府”顽疾。

惠州市按照“网络为主，实体为辅”的建设模式，依托惠州市网上办事大厅，率先在全省建成市、县（区）一体化运行的中介超市，并于2014年12月31日正式揭幕投入运行。中介超市建设既借鉴投资项目审批制度改革以及公共资源交易体制改革经验，又依托网上办事大厅取得的成果，创新性地融合“淘宝”“超市”的经营管理理念，以“超市”运行模式实现中介超市公开、公平、公正、高效运行。

在分析各部门关于中介服务相关法律法规的基础上，结合投资项目审批制度改革的精神，惠州市明确了以资质管理为主线，以投资审批业务涉及中介业务需求为导向的入驻管理模式。每一类资质根据专业、服务范围分类可在中介超市内承接多种业务。基于以资质管理为主线的入驻模式，根据投资项目审批业务涉及中介业务的实际需求，惠州市筛选出包括工程项目咨询资质、工程设计资质、工程招标代理资质、工程监理资质、城乡规划编制资质、施工图审查资质、工程造价咨询等资质在内的21类资质作为中介超市的首批入驻资质，

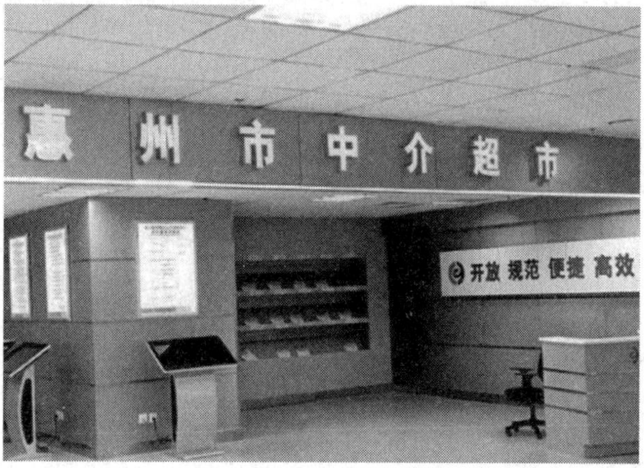

惠州“中介超市”营业大厅

并按照开放、公平的原则，面向全国征集符合资质要求的中介机构入驻。

惠州市引入信用管理等现代市场管理手段，对中介机构的管理实行“宽进严管”。中介机构入驻必须经过“三道关”。第一关是“信用关”。惠州市明确要求入驻中介机构近两年来必须无不良信用记录，并且出具人民银行或法定征信机构的信用报告，根据信用报告情况决定中介机构能否入驻。开业以来，近50家企业因为未能出具信用报告被挡在了中介超市门外。第二关是“资质关”。尽管惠州市中介超市实行网上进驻，但是中介机构必须提供包括营业执照、资质证书在内的6类证照扫描件，6类证照相互关联，难以人为造假。即使网上审批通过，申请人仍须持相关证照的原件到行业主管部门进行现场核验无误后方可入驻。第三关是人员关。承接中介超市业务的中介机构业务人员必须提供在该中介机构近半年的社保证明，避免出现人员挂靠、空壳中介机构入驻。

围绕中介超市的日常运营，惠州市建成了集“机构入驻网上登记、资质人员网上备案、信用信息网上公布、购买服务网上申请、采购公告网上发布、竞争摇珠网上报名、服务机构网上选取、合作合同网上签订、服务质量网上评议、运行效能网上监察”十大功能于一体的惠州市网上中介超市。

运行至今，“中介超市”累计进驻21类884家中介机构，接受咨询达到6400多人次，通过摇珠方式购买中介服务121宗，成交金额达到508万元，中介超市服务体系基本建立，效果初步显现。

深圳大鹏新区生态文明体制改革

（主创单位：深圳市大鹏新区管委会）

推介词

不考核GDP，考核生态保护；在全国率先开展自然资源资产负债表编制，率先试行党政领导干部任期生态审计制；探索新型生态补偿和产业绿色低碳发展，构建完整的生态文明制度体系。大鹏新区的区域发展生态型考核体系，获国家环保部破格支持，特批成为全国生态文明建设试点。在社会发展转型节点期，大鹏新区的探索再次展示了特区的“试验田”价值。

大鹏新区深入贯彻落实中央、省、市有关决策精神，积极探索生态文明体制改革，在全国率先开展自然资源资产负债表编制，率先出台并试行党政领导干部任期生态审计制度，同时探索新型生态补偿、海岸带综合保护利用、产业绿色低碳发展等改革创新，着力构建系统完整的生态文明制度体系，取得了良好成效。2014年，大鹏新区被深圳市委、市政府确定为全市“生态文明体制机制改革试验区”。国家环保部鉴于深圳市和大鹏新区生态文明建设的坚定决心和率先探索，突破“行政区”和“国家生态区”两项限定条件，特批大鹏新区为全国生态文明建设试点。主要探索是：

一、在全国率先探索编制自然资源资产负债表。编制自然资源资产负债表是十八届三中全会明确提出的改革任务，也是生态文明建设的基础性工作。大鹏新区按照“先登记、后确权”“先资产、后负债”“先评估、后评价”的实施路径，开展大鹏半岛自然资源资产负债表编制工作取得一系列突破。

大鹏新区美景，全国生态文明建设试点成果显著

二、在全国率先试行党政领导干部任期生态审计。作为自然资源资产负债表的应用性举措，也是落实领导干部生态保护责任的创新举措，大鹏新区出台《党政领导干部任期生态审计制度》，并于2015年正式试行。审计对象为与自然资源资产管理有关的大鹏新区各部门、各办事处主要负责同志，必要时延伸审计至有关企事业单位、社区主要负责同志。

三、在全国率先探索与生态管护责任挂钩的生态补偿新模式。为进一步优化补偿政策，更好发挥生态补偿在生态文明建设中的杠杆作用，大鹏新区提出建立与生态管护责任挂钩的新型生态补偿模式。新模式将补偿对象从原村民个人拓展到“个人+社区集体”，落实了社区的生态保护和监管责任，强化了社区在生态文明建设中的基层组织作用。

四、在全国率先探索海岸带综合保护利用。大鹏新区拥有深圳最美丽的海岸线，深圳56个沙滩中有54个分布在大鹏新区，其中西涌沙滩被誉为“中国最美八大海岸之一”。大鹏新区在全国率先提出“海岸带保护”概念，明确将岸线、沙滩和近海海域纳入海岸带范围，并按照“陆海统筹”的要求，探索建立综合、统一、精细的湾区海岸带管理体制。

五、探索构建大鹏新区产业绿色低碳循环发展机制。具体措施包括，确立生态资源有价、环境容量有限、使用环境有偿的产业引导政策，建立产业“正面清单”制度，实施严格的产业准入、监管与退出机制，未纳入“正面清单”的产业予以依法淘汰或禁止落户。

汕头潮阳“反哺工程”推动政府治理创新

（主创单位：汕头市潮阳区）

推介词

发挥侨乡优势，创新执政理念。汕头市潮阳区以产品经理的思维，将乡贤反哺工作深化为“民生反哺、产业反哺、文化反哺、智力反哺、联结乡谊”五大平台，在成功将“潮阳人经济”转化为“潮阳经济”的同时，推动了政府治理的创新。

近几年，面对严峻的经济形势，汕头市潮阳区委、区政府坚持内外发力，争先作为，科学谋划，克服“短板”，把加强招商引资作为增强可持续竞争力，实现振兴崛起强区梦的重要抓手，创新执政理念，推动政府治理创新，打好反哺牌，从乡贤公益反哺，到乡贤主动带着项目、带着资金投资反哺、经济反哺、文化反哺，潮阳正努力探索“用潮阳人经济打造潮阳经济”的发展路径，焕发出前所未有的发展活力。

一、成立公益基金会打造民生反哺平台。成立潮阳区公益基金会，进一步整合各地现有的民间慈善机构、公益基金会，搭建动员和吸纳乡贤参与基础设施、教育卫生、扶贫济困等民生事业建设的平台，推动潮阳和谐发展。开通区公益基金会网站，实时公布反哺项目进度，以公益基金会的专业化、规范化运作，不断加强与在外乡贤联络联谊，积极服务反哺工程。严格公益基金管理，加强对外宣传和联络，有效推动反哺工程的深入实施。

二、推动项目合作打造经济反哺平台。通过出台扶持重点企业、重点项目的多项措施，从规费减免、行政服务等方面给予全方位的扶持，营造“亲

潮阳区推介贵屿产业园区等一批投资项目，招引乡贤回乡投资创业

商、安商、富商”的良好氛围，吸引乡贤回乡投资兴业。通过强化服务意识，优化改善投资环境，包装推介潮阳东部新城、贵屿产业园区、厦深铁路潮阳站等一批投资项目，招引乡贤回乡投资创业，推动潮阳经济建设。

三、弘扬传统打造文化反哺平台。潮阳充分发挥历史文化资源丰富的优势，以民间“三瑰宝”英歌舞、剪纸、笛套音乐，“潮之春”文化节，潮阳“双忠”文化节民俗活动以及博物馆、文化馆、图书馆“三馆”建设等为平台，以文光塔、灵山、大峰风景区等名胜古迹旅游资源为吸引，动员更多的乡贤“反哺”家乡文化事业。

四、倡导兴学育才打造智力反哺平台。潮阳区整理推介了一大批教育项目，作为乡贤智力反哺的重点，积极倡导潮籍乡贤回乡兴学育才，为家乡培养未来的栋梁之才。

五、依托各地潮商会构建乡谊联结平台。借助各地潮商会，加强与在外乡贤联络联谊，大力宣传家乡发展情况，通过寄发《致潮阳籍乡贤的一封信》《致潮阳籍乡贤的感谢信》和《走进潮阳》、《情满潮阳、幸福同行》侨捐项目宣传画册，以及拍摄《千年古邑魅力潮阳》城市形象片、《美丽潮阳我的爱》城市形象歌曲MTV等形式，增强乡贤对家乡建设的信心和归属感，激发其支持家乡公益事业和民生工程建设的热情。

广州首届社会组织公益创投活动

（主创单位：广州市民政局）

推介词

社会组织自己设计创投项目争取资助，划定社会配套资金与政府资助资金比例，打破政府向社会组织购买服务的单一思维，打造政府、社会、社会组织共创共投的新模式。借政府资金的杠杆撬动社会资本1100万元参与配套，受益人数达172万人。不仅是一场活动，更是让社会组织真正承担社会责任、参与社会治理的新探索。

广州市社会组织公益创投有别于国内其他城市，不是单一的政府购买服务、社会组织提供服务模式，而是更加强调政府、社会、社会组织共创共投，要求社会组织自己设计创投项目争取政府资助，要求社会配套资金与政府资助资金比例达到2：3，对社会组织如何设计创新项目、如何筹集配套资金提出了更高的要求。

广州市首届社会组织公益创投活动自2014年5月正式启动，当年12月完成期末评估。申报项目多达238个，经过专家评审，从中遴选出100个项目进行立项，涵盖了救助、帮困、为老、助残、青少年服务、异地务工人员及其子女关爱等服务领域。项目全部由市级财政部门从市级福利彩票公益金立项拨付，总资助额达1500万元。

创投主体组织需要按照一定比例，配套创投项目资金。从活动总体情况来看，政府用1500万元资助资金撬动了1100万元社会配套资金参与服务，这种模式是广州市公益创投活动的创新之处。

“关怀加油站”是通过社会组织公益创投活动获得资助的项目之一，为露宿者提供帮助

为了规范创投行为，广州市民政局制定社会组织公益创投项目管理办法、评分标准等，并建立了评审专家库，遴选社会组织领域的专家、财务管理专业人士、法律专业人士、公益社会组织代表、一线从事社会服务的代表、人大代表和政协委员等进入专家库，且每个类型评审专家不少于4人，保证评审的合理性、公正性。

自2014年7月各社会组织公益创投项目正式实施以来，收到了良好的效果，全面实现“花小钱办大事”、激发社会组织活力的目标。广州市首届社会组织公益创投活动逐步探索出一条具有广州特色的“共创共投”的公益之路。加大对社会组织培育力度，加强对社会组织的管理和引导，让社会组织承担更多的社会治理责任和事务，将是未来的方向。

截至2014年年底，广州市有社会组织6773个，市委、市政府十分重视社会组织建设，大力推进社会组织地方立法，不断加大社会组织扶持力度。2014年举办的广州市首届社会组织公益创投活动取得了良好的效果，5000多名社会工作者及爱心人士积极投身活动，1500万福利彩票资助资金共资助100个社会组织的100个公益创投项目，100个项目合格率达95%，优秀率为36%，受益人数达172万人。

2015年，广州将设立市、区两级扶持社会组织发展专项资金，加大社会组织培育扶持力度，开展第二届社会组织公益创投活动。

萝岗全面实施“一村（社区）一法律顾问”促进基层依法治理

（主创单位：广州市萝岗区司法局）

推介词

设立试点，建立制度；配套监管和协助机制，制度启动之后多方跟进，最终形成律师驻村“大上门”蹲点和律师入户“小上门”服务模式。萝岗在全区范围内推广的一村（社区）一律师顾问制度，至今共调处3000多起矛盾纠纷，有90%以上由律师参与。在村（社区）法律顾问的公益性与律师服务的有偿性之间找到了一条共赢道路，为“法治乡村”建设积累了宝贵经验。

早在2008年，萝岗区就展开广泛调研，摸查辖区内基层农村纠纷处理情况，对建立基层法律顾问制度的可行性进行论证。2009年，区政府设立“聘用律师担任农村法律顾问”试点，以政府出资买单的方式建立农村公益法律顾问制度；2011年正式确立一村（社区）一律师顾问制度，在全区范围内予以推广。

在制度启动之后多方跟进，并且建立各种监督管理机制和配套性协助机制，是这项工作得以常态化运作并顺利推广的重要原因。

萝岗区由司法局在全市范围内确定了16家律师事务所的43名执业律师，综合衡量他们的条件和素质后，推荐给43个接受财政补贴的村（社区）担任法律顾问。其他17个富裕村，根据文件规定自行聘请律师事务所担任法律顾问。

同时，整合村（社区）既有的人民调解员和社会志愿者等法律资源，建立“法律服务平台”和“联动调解平台”两大工作平台，充分发挥法律顾问

萝岗全区59个村都聘任了律师为村民提供援助

的作用。2009年至今，在全区各村（社区）调处3000多起矛盾纠纷里，有90%以上由律师参与调解或提供法律帮助。

为提升“一村（社区）一律师顾问”服务的规范化水平，萝岗区通过合同约定的形式，建立“十项制度”，完善了整个制度体系：一是定期联系制度，二是工作档案制度，三是检查考评制度，四是信息公开制度，五是重大事项报告制度，六是经费保障制度，七是法律援助制度，八是学习培训制度，九是工作例会制度，十是工作总结制度。通过这些制度和机制建设，确保了“一村（社区）一律师顾问”法律服务模式常态化、规范化，使制度深入到服务社会民生、服务政府治理、服务党建社建工作中来，推进法律服务向城乡均等化发展。

推动法律服务入村（社区），必然面对法律服务的公益性与有偿性之间的矛盾——法律服务的市场价格远远高于公益服务的补贴。对此，萝岗区一方面坚持“公益+补贴”的推动方式，另一方面鼓励律所在履行公益服务合同之外开拓农村基层法律服务市场。从实践结果看，村（社区）法律顾问的公益性与律师法律服务的有偿性之间并不存在必然的对立和矛盾，通过有效的协调和业务拓展，可以形成共赢局面。

2014年，萝岗区基本实现了“三个100%”的建设任务：100%的村（社区）每周有律师值班提供免费法律咨询服务，100%的村（社区）重大涉法矛盾纠纷由法律顾问提供法律意见、建议和参与调解等法律服务，100%的法律援助事项由驻村（社区）的律师直接提供援助。

网络问政优秀案例

“花姐”微信公众号
“全国人大代表易凤娇”公众号

（主创人员：黄细花、易凤娇）

推介词

她们是全国人大代表，以高度的履职责任感，以女性特有的耐心细致，运用最前沿的传播手段，听取各方声音。她们“吸粉”也是蛮拼的，不为秀自己，不为晒小我，只为感知社会温度，提出高质量的建议，带到庄严的人民大会堂。有这样的代表，是我们“手机族”的福气。

如今进入移动互联网时代，微信成为人际交往的“标配”。广东的两位全国人大代表，而且都是女代表，也开通了微信公众号。一位是惠州市旅游局局长黄细花；一位是深圳市国威电子有限公司车间副主任易凤娇，农民工代表。她们运用微信公众号“吸粉”，是为了听取各方声音，更好地履职。

2014年7月，黄细花开通名称为“花姐”的微信公众号。“2014年，我每天睡四五个小时是全年生活‘新常态’。”作为老代表，善用新词的黄细花这样形容过去的一年。“花姐”这么拼为了啥？一为推介惠州旅游，二为人大代表履职。

2015年3月，在北京开全国“两会”的她在微信上收到很多鼓励，“花姐加油！”在广东团驻地，连酒店保安都认识她，告诉她自己也关注了她的微信号。“两会”期间，花姐的公众号粉丝涨得很快，短短一周，粉丝涨了300多人。她在公众号推出的“元宵节放假”调查也火了一把，很多人点赞。她还在公众号上公布支持实体书店开辟公益读书空间的建议，希望为营造书香社会出力。

开通了微信公众号，“花姐”提的建议更有烟火气了。“花姐”是60后代表，不要以为力撑她的全是中老年粉丝，她的粉丝里也有不少高中生“小鲜肉”，他们不厌其烦地问“18岁能否结婚”的建议进展。为了满足他们，“花姐”专门编写了一个微信模板回应。

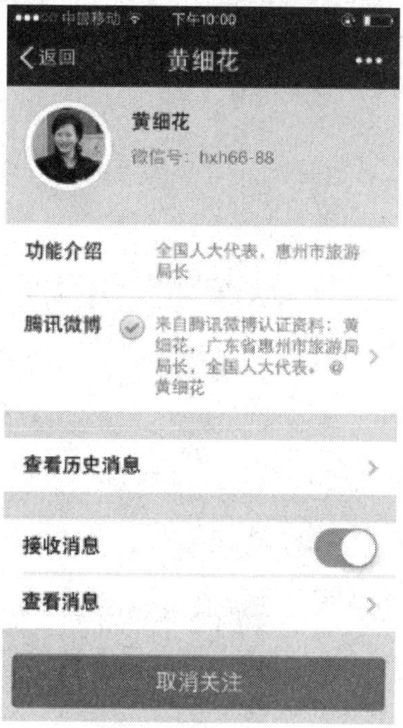

“黄细花”微信公众号页面

“花姐”还在琢磨怎么给自己的微信公众号多吸粉。此前，在某次惠州旅游推介会上，为了推广公众号的她用公众号给大家抽奖。为了吸粉，“花姐”也是拼了。现在她微信号上粉丝有5500多名。此前，思维活跃的“花姐”在新浪微博上的粉丝已达38万人。

深圳本地媒体称，易凤娇可能是以全国人大代表名义开通微信公众号的第一人。深圳市人大常委会工作人员也介绍，人大代表开通微信公众号收集民意这种履职形式，在深圳尚无先例。

2014年年初，在深圳罗湖区人大和总工会帮助下，易凤娇注册开通微信公众号，名称就叫作“全国人大代表易凤娇”，希望借助虚拟社交平台，最大面积地接触到各个层面群众，尤其是她所代言的外来务工群体。如今，她的公众号已有700多粉丝，身为农民工代表的她赢得了不少农民工“铁粉”。但这个数量还未达到预期。

“说实话，微信我花的时间比较少，因为时间太紧。”易凤娇说，因时间和精力不够，她只能在开会前或想调研前，在公众号中发布征求意见的信息。易凤娇坦言，“花姐”的公众号做得更好，如果能有一个人协助她运营公众号，相信会做得更好。

深圳龙岗“外网回音壁”网络答政平台

（主创单位：深圳市龙岗区委宣传部）

推介词

舆情就是民情，互联网就是民意网。龙岗强化互联网思维，开通新型网络答政平台“外网回音壁”，对舆情有收集、对诉求有处理、对民生有回应、对社会有公开、对部门有倒逼。龙岗网络答政，在网上实践了“从群众中来，到群众中去”。突出用户体验，“指尖对话”顺畅。外网回音，直达内心。

舆情就是民情。深圳市龙岗区于2012年在全市率先成立区级网信办，统筹全区网络舆情工作。龙岗区总结在基层网络舆情的构成中，绝大部分是各类民生诉求，因此舆情处置在一定意义上，就是网络问政和答政的过程。

2014年以来，以党的群众路线教育实践活动为契机，龙岗区采取“互联网+民生”的方式，通过在本地门户网站龙岗网（www.szlg.com）首页开通新型网络答政平台——“外网回音壁”，把积极回应社会关切与日常舆情处置工作有机结合，及时听取民意、汇集民智，实现线上民生诉求的“主动收、高效转、公开办、及时回”，做到对舆情有收集、对诉求有处理、对民生有回应、对社会有公开、对部门有倒逼。

“外网回音壁”于2014年3月正式上线，内设“外网投诉”“部门回音”“回音排行”“我要建议”等栏目，突出以互联网思维来打造，体现为六个特点：

一、从被动到主动。“外网回音壁”的最大特点是“主动出击”，改变

“外网回音壁”收集各网站网友诉求，集中处理

网络问政和线下信访“被动”接访、来访的做法，每天主动收集分散在各网站、论坛、微博、微信，乃至报、台热线等各渠道中的各类民生诉求，集中录入回音壁中，做到群众投诉在回音壁“一个口收纳汇总，一个口对外回应”，在网上实践“从群众中来，到群众中去”。

二、从闭环到开环。目前基层网络舆情构成，接近八成是各类民生诉求。经后台分类后，龙岗区除每天专报区领导参阅外，借助自主研发、覆盖全区的网上“舆情处置系统”，及时下发涉事部门限期处理并在系统中反馈。

三、从独唱到合唱。龙岗区改变舆情处置以往“靠领导们重视、靠宣传部推动、靠各部门自觉”的办法，借力“外网回音壁”，规范民生诉求收集、交办、承办、催办、反馈、回应的全流程，特别是针对时有反复或久拖未决的热点、难点舆情，与区纪委、区督查室建立协同机制。

四、从公开到互动。各部门对民生投诉的处理情况，不仅在网上实现单向度的公开，接受市民监督，龙岗区更要求突出用户至上，以“外网回音壁”实名，主动把部门回音链接地址，点对点地直接回复、反馈给提出诉求的网友。

五、从辐射到聚焦。借助“外网回音壁”的聚合效应，龙岗区以公信力扩大影响力，在龙岗网上同步打造民生投诉和问政平台，打破和解决目前投诉渠道多、收集回应不及时的局限和难题。

六、从单一到多元。适应新兴媒体特点，不断优化“外网回音壁”呈现形式，摆脱了网络问政平台固有的页面模式，更加突出用户体验，方便与网民进行“指尖对话”。

"中国广州发布"微信平台

（主创单位：广州市互联网信息办公室）

推介词

作为广州市委、市政府的官方微信，"中国广州发布"旗下三个菜单各有特色：政务信息、便民服务、垃圾分类；作为集纳全市51个官方微信的政务微信集群，"中国广州发布"是群众的办事指南。"权威"+"互动"+"服务"，让"网上广州"有定力、有活力，有生气、接地气。

2014年12月19日，广州市委、市政府官方微信——"中国广州发布"正式上线，同时"中国广州发布"政务微信集群上线运营。作为广州市委、市政府的官方微信，"中国广州发布"微信平台定位于订阅号，每天推送一次热点信息，平台下设"政务信息""便民服务"和"垃圾分类"三个菜单。

"中国广州发布"官方微信页面

"政务信息"菜单，接入了"中国广州发布"官方微博及全市政务微博大厅，通过实时抓取数据，市民网友可以及时地在微信平台上浏览到微博上发布的信息，实现"双微平台"有效联动、优势互补。另开设广州市政府常务会议数据库查询板块，可查阅历次市政府常务会议情况。“广州影像”板块旨在介绍广州的风土人情、山川河流等人文自然风光。

“便民服务”菜单，集纳了全市“微政务”优势资源，关注“中国广州发布”微信公众号，即可在平台实时查询天气状况，轻松预约、办理涵盖户政、出入境、健康、国土房产等20项业务。

“垃圾分类”菜单，通过展示垃圾分类宣传视频等知识，开展垃圾分类小测试等形式，寓教于乐地提升市民的垃圾分类意识。

“中国广州发布”政务微信集群，覆盖全市51个官方政务微信平台。“广州公安”成为全国首家实现综合查询和网办业务的政务微信，帮助市民快速解决各种户政、出入境、车管等问题；“广州民政”开创婚姻登记“微时代”，市民可通过微信办理结婚等婚姻登记预约手续；“广州健康通”则打造“口袋里的医院”，市民可享受广州60家医院预约挂号、健康档案查询等全流程医疗服务。

以“中国广州发布”为代表的全市政务微信平台的集中上线，标志着广州市已经形成了以政务微博、微信为龙头的微政务格局。今后，“中国广州发布”微博与微信平台将会优势互补，以“双微联动”，共同承担起权威发布、政民互动，为网友提供全方位政务微服务的任务。

深圳市南山区“书记信箱群”

（主创单位：深圳市南山区委宣传部）

推介词

书记抓大事，也要管小事。深圳南山区“书记信箱群”，体现了对“群众利益无小事”的深刻认识。一位区委书记、八位街道书记组成的“1+8”书记信箱群解决了众多“小事”，落实了执政为民的“大事”。投诉信少了，感谢信多了。群众衷心点赞，书记至高荣誉。

2012年初，南山区新一届区委、区政府班子组建后，归纳提炼了“创新、务实、高效、和谐”的南山时代精神。伴随着信息化的脚步，“书记信箱”应运而生。

一是秉承新理念。曾有人质疑：“区委书记应该议大事，抓这些小事是‘大炮打蚊子’”。事实并非如此，“书记信箱（群）”设立三年来，区委主要领导始终秉承“小事办好了就是办成了大事”“好事做多了就成了好人”“只有心里装着群众，才能把事情办好”的执政新理念，坚持民有所想，我有所谋，民有所呼，我有所应，民有所求，我有所为，不畏事难、不避事小，实实在在为老百姓办实事、办好事。“久治不愈”的望海路打通了，长期扰民的东角头非法泥沙码头取缔了，群众翘首期盼的蛇口渔街建设、蛇口广场升级改造完工了，这些都是“书记信箱（群）”带来的新变化。除了这些“大件事”外，诸如居民房屋漏水投诉无门、铁路沿线列车鸣笛噪声扰梦、路边烧烤档乌烟瘴气等“小事”，只要在书记信箱群反映，网友必定能得到认真的回复。

二是运用新媒体。挂在墙上的“市长信箱”“局长信箱”不是新兴事物，而把信箱设在网络上并建立全套机制督办却是全新尝试。南山“书记信箱”开设在深圳南山网首页，网民均可平等对视、对话，操作方便快捷。同时，网络互联的过程就是将话语权打碎、均衡分配的过程，网上的每个人不以势大而言重，不因位卑而权弱。信箱常设“关于书记信箱”“给我写信”“团队风采”“部门回音”“查看回信”“民生足迹”等6个版块，对信箱背景、功能、流程和信件处理等进行“全景”展示，“书记亲笔信和亲批件”通过扫描上传，让人备感亲切和真实。为吸纳移动端网民关注信箱，通过政务微博和微信“创新南山”公布信箱链接，并定期发布线上办信和线下活动情况。

每年春节前，南山区委书记李小甘都会给“书记信箱”的网民写拜年信

三是构建新平台。“书记信箱（群）”不是南山区委书记一个人的信箱，实际是区委、区政府和各街道党工委、办事处践行党的群众路线、联系服务群众新的平台和桥梁，同时也是市民参政议政的平台，三年来共收集建言献策类来信304封，总字数达13万以上。“书记信箱500期：网友与书记面对面”“书记信箱1000期：感谢一路有你”“书记信箱2000期：言而有信”“2014书记信箱群工作现场会”四次不同主题、不同形式的线下活动，更为加强书记与网友、办信单位间的沟通交流，实现网友线上线下的良性互动搭建了平台，切实增强了“书记信箱（群）”的平台辐射力和凝聚力，树立了更为亲民、生动的网络政务形象。

茂名书记市长网友座谈会

（主创单位：茂名市委宣传部）

推介词

地方主官与网民当面“拍砖”“灌水”，席卷南粤的头脑风暴在茂名再掀高潮。从“一人一句寄语茂名新书记”网上建言，到“共建清朗网络空间给力茂名跨越发展”书记市长网友座谈会，再到书记市长网络访谈，茂名建立了上下联动的网络问政机制。民间智慧促进茂名跨越发展。网事从不如烟，问政贵在亲民。

茂名是一个拥有4469个网站、400多万网民的“网络大市”，许多网友思想活跃，积极为本地经济社会发展建言献策，社会影响力越来越大。

许光同志刚到茂名任市委书记时，茂名市委宣传部主动在茂名在线、茂名传媒网等论坛设置议题——“新书记·新期许”，组织、动员网友撰写发布主题网帖，就茂名发展问题提出建设性意见和建议。网上掀起了一股“期许”热潮。

茂名市委宣传部趁热打铁，于2014年12月20日举办以“共建清朗网络空间 给力茂名跨越发展”为主题的书记市长网友座谈会。首先，会议规格高。除市委书记、市长亲自出席，还有多位市委常委、副市长，以及10多个职能部门的负责人参加。其次，议题设置注重针对性。通过对前一阶段网上讨论的情况进行整理，选定网民关注度高的问题，作为座谈会的议题。第三，邀请网友注重代表性。在邀请参会网友时，统筹考虑各行各业的代表，有教师、医生、工人、个体户、网站负责人等，特别是邀请了善提建设性意

时任茂名市委书记许光、市长李红军与网友举行座谈会

见、表达理性观点的网友。

座谈会上，网友代表踊跃发言，市委书记、市长分别发表讲话，感谢网友对茂名发展的关注和支持，认真回应网友所提问题和意见，介绍来年工作重点，要求各级各部门高度重视网络、倾听民声，切实为百姓排忧解难、造福谋利。

这次网友与市委、市政府主要领导的“亲密”接触，是茂名第一次高规格网友交流活动，也是巩固党的群众路线教育实践活动成果。座谈会后，茂名不但解决网友会上提出的实际问题，更着眼长远，建立完善的网络问政机制。一是市委书记、市长携手“上线”开展在线访谈活动，推动建立常态化“互动”机制。2015年3月20日，许光书记、李红军市长做客茂名新闻网“网络问政·在线访谈”节目，以“网聚民意促发展，尽心竭力惠民生”为主题，就茂名“一体两翼三大抓手”发展思路、经济社会发展情况和民生事业等热点问题，与网友坦诚交流。

二是开设《网络问政平台回复摘选》专栏回应民众关切，建立健全常态化回应机制。在《茂名日报》、《茂名晚报》、茂名新闻网等媒体开设《网络问政平台回复摘选》专栏，选登相关部门对网帖反映问题的办理情况，通过“网”“报”结合的形式进一步放大回音。

三是建设以新闻门户网站为主的网络问政平台，建立健全媒体监督机制。茂名新闻网是本地浏览量最大、新闻资讯最多、影响力较大的官方新闻门户网站，网站开设的“茂名新闻网论坛问政”发挥媒体资源优势，通过在“网”“报”开设《问政追踪》《新闻追踪》等栏目，督促职能部门重视反映问题，跟踪解决落实过程。

“广东发布”三微平台

（主创单位：广东省政府新闻办公室）

推介词

微博、微信、微话，集于“广东发布”政务平台一身。办理事务，有就业、社保、教育、消费维权等21项个人业务服务；发布新闻，有重大事件的宣传策划，更有“我和灰机有个约会”这样的网言网语；官民互动，有省直部门直播访谈解读政策。一心服务网民，三微尽揽广东。

作为广东省人民政府新闻办公室新媒体官方平台，“广东发布”承担着沟通民意、服务民生、传达民情的窗口职责。2014年7月10日，“广东发布”微信正式上线，截至2015年3月18日，图文总阅读量累计突破1181万人次，粉丝量超过22万。

“广东发布”微信平台依托广东省人民政府网和网上办事大厅，结合腾讯大粤网自主研发的微运平台，在全国率先实现全省微信办事。网友只要点击“微服务”菜单栏进入“微信办事大厅”，便可办理生育、户籍、教育、就业、社保、出入境、消费维权等21项个人业务。同时，结合“广东天气”“广州健康通”“广州民政”“广州市少年宫”等微信，相继实现广东天气查询、全省60家医院预约挂号、广州市民政预约登记、少年宫微信预报名等多项便民快捷服务。

除了便民服务功能，“广东发布”还创新政策发布模式，以符合微信传播规律的方式，向网友即时播报最新民生政策。无论是政策盘点栏目《剩下99天，有哪些政策会影响你的生活》，还是即时的政策解读，比如《收好，要求老板调薪有政府文件撑腰！》等解读文章，都获得了较大的关注度。

为保证权威信息落地，“广东发布”与省直各单位达成战略合作，第一时间推出《直播访谈》《政务信息发布》《民生热点透视》等栏目。例如，针对广东医疗改革政策推进情况，与省卫计委、省人社厅等单位合作，分别推出了《广东医改：设疾病应急救助基金防“见死不救”》《好消息！粤年底前全面实施大病医保　最高报销43万》等新闻。据不完全统计，半年来，共推出各类政务信息40余篇，直播访谈30余场，民生热点透视20余条，为网友答疑解惑，受到网友广泛好评点赞。

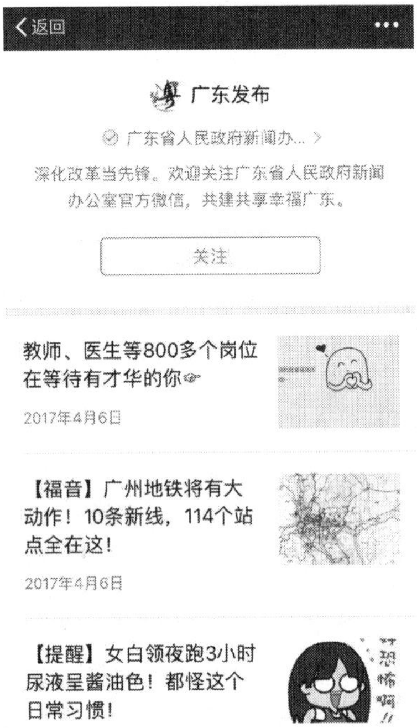

“广东发布”微信页面

“广东发布”上线以来，立足全省，在“粤来粤好——2014年网络名人看广东”、第十届泛珠三角区域合作与发展论坛暨经贸洽谈会、珠海航展、南国书香节、东莞海博会等重大活动以及舞剧《沙湾往事》首演等事件上，发动全省政务微博集群、重点新闻网站等多平台配合宣传策划推送，并积极发动网友参与互动。据不完全统计，各项活动期间，仅微信平台累计就获得超过百万人次的关注和点赞。

“广东发布”政务微视平台是基于腾讯的独立APP，有效弥补微博、微信只能够静态展示的不足，通过8秒短视频分享，充分展示南粤大地秀美的山水风光。这样，微博、微信、微视政务平台从顶层设计上注重平台之间的相互融合发展，增强信息发布的叠加效应。

网络问政形成“湛江现象”

（主创单位：湛江市政府办公室）

推介词

老典型，新气象。从2006年的“直播述廉”开始，近10年来，湛江网络问政的创新举措不胜枚举。2014年，湛江在每月定期举办市领导在线访谈基础上，增加各县（市、区）职能部门领导在线访谈和微访谈。“关民情、听民意、解民忧、聚民智”的问政体系已经建成。曾经书写“湛江样本”，今日无愧“湛江现象”。

2008年，被誉为中国网络问政元年。其实湛江早在2006年便开始探索一条创新型、以人为本、有问有落实有监督的“网络问政路”。当年，湛江市在国内首次开展县（市、区）一把手述职述廉活动，采取“一述两征三评”办法进行（一述是县（市、区）委书记在市委全会上述职述廉，两征是两次征求意见，三评是进行三次民主评议），引起广泛关注。

2008年4月，湛江首次采用网络电视直播的方式举行县（市、区）委书记向市委述职述廉；2012年9月，湛江在全国首次通过微博直播的方式开展述职述廉。如此，湛江市形成一套网络问政的新模式：网民“拍砖”，各县（市、区）整改，上级纪委硬性监督整改。与传统的网络问政相比较，改变了过去只有党委政府和网民两个互动的主体，而加入了一个让党委政府都“敬畏”的监督部门——上级纪委。在只有两个主体互动的模式中，党委政府是否采纳网友的意见，是否解决网友反映的问题，全凭领导者的意愿和心态。有了上级纪委的监督，不仅是“网上有问”，而且“答得实在、明确”。

湛江市长王中丙与网友代表举行在线座谈会

最为可喜的是，近年来，通过网络互动，群众的公民素质普遍提高，十分珍惜这个难得的问政机会，言论越来越理性。通过这个网络平台，一个负责任、理性的公民群体正在成长，党委政府和普通群众在活动中达到了双赢。

网络问政要制度化，需要走过三个阶段：一是平台化，目前广东各地已经普遍建起问政平台；二是实体化，线上线下结合机构设置，让网络舆情与现实工作实现有效对接，让政务围绕群众的问题来服务；三是社会化，民间组织作为调解人处理政府与公民的沟通，推动监督问题的解决。湛江各县（市、区）一把手的述职述廉既然已走出了“湛江样本”，那么每月举行的在线访谈则是把湛江市的网络问政推向了新的历史阶段。

2012年，湛江市政府常务会议研究通过《2012年市政府领导在线访谈工作实施方案》，每月安排一名市政府领导与网民在线访谈、见面交流互动。2014年，湛江市政府在每月定期举办市领导在线访谈基础上，增加了县（市、区）政府、市直有关单位领导在线访谈和微访谈活动。2015年起，在线访谈在网络视频、微直播和网民面对面交流的基础上增加了电台直播、电视录播等播放形式，进一步增强了政府与公众的互动互信，拓宽了政民互动渠道。至目前为止，共举办在线访谈及微访谈52期，访问人数达540多万人，网民留言达6800多条（其中网民所提问题3200多条，回复率达100%）。

东莞“阳光热线”问政平台

（主创单位：东莞广播电视台）

推介词

东莞阳光网由东莞广播电视台主办，具有浓厚的广电特色。“阳光热线”平台有180多个政府职能部门和机构上线，除了网络问政“你问我答”的“标配”，还衍生出每周一期阳光热线广播版、访谈节目《阳光会客厅》。每解决一件实事，每一个贴心答复，对网民都是温暖的“阳光”。

东莞阳光网“阳光热线”问政平台通过让各职能部门和机构的负责人定期上线与网友交流互动、现场答政等方式，逐步形成了具有东莞特色、切合网民实际的网络问政模式，在促进政府部门解决群众关注的热点问题、改进机关工作作风、提高服务管理水平等方面发挥了重要作用。

《阳光热线》原为广播节目，脱胎于享誉数十年的广播品牌栏目《周末访谈》，政府部门通过节目接听电话，现场解答市民反映的热点、难点问题，解读法规政策，了解民意，纾解民困。该栏目自2005年起在东莞阳光网开通网络版《阳光热线》，让网友共同参与节目讨论。

2012年，《阳光热线》网络版正式改版升级为“阳光热线”问政平台。目前，该平台已经成为东莞最权威、覆盖面最广的网络问政和答政平台，共有180多个政府职能部门和机构上线，以“问政于民、问计于民、问需于民”为宗旨，以“构建政府民众连心桥”为根本。平台日均访客超过5万，日均受理问题达100多个。“有困难，找阳光热线”已在东莞形成共识。

据统计，2005年9月至今，“阳光热线”问政平台共处理群众投诉15.8

“阳光热线”节目直播现场，要求上线单位须由部门一把手带队，并在线与网友互动

万多条，参与人数超过700万人次，为网民解决问题14.8万个。主要特色有：

实现跨媒体合作，全程视频图文直播。“阳光热线”问政平台每周六对广播版《阳光热线》节目进行全程视频、图文直播，实现了跨媒体合作，让《阳光热线》不再局限于音频媒介，通过网络可以观看视频、浏览文字和图片，可随时在线提问，与嘉宾在节目中即时互动、进行有效的交流与沟通，并可随时进行往期节目回顾。

限期解决问题，网友可对回复内容评分。通过“阳光热线”问政平台，注册并通过手机验证的网友不但可就自己关心的问题，向各职能部门和机构进行咨询求助、投诉举报、建言献策，还可就回复内容进行评价，评价结果直接在平台上公布。网友还可在线实时查看所提问题的处理进展和受理部门。平台引入了“红黄绿灯”制度，提醒各职能部门和机构及时受理问题，做到“有问必答，有答必办，有办必果”。

定期开展在线访谈，实现问政零距离。除了每周六邀请政府部门、单位机构负责人做客《阳光热线》栏目，与网友面对面交流外，该平台还通过《阳光会客厅》栏目，不定期就东莞市委、市政府中心工作，社会热点，以视频专访、群访等形式，实现多媒体、多现场问政，让形式更立体、鲜活。截至2015年3月10日，已共策划推出了60期《阳光会客厅》节目，所关注的议题涉及治安、公交、社保、物价、医疗、商事改革等民生热点。

舆情引导优秀案例

广州市城管委微博活动“垃圾分类万人行”

（主创单位：广州市城市管理委员会）

推介词

以开放促交流，以沟通博理解。线上，线下；走出去，迎进来。在更广阔的公共空间中，将公众旁观危机的消极心理转化为期待决策的配合行动，“最亲民官微”背后，是一条强大的舆情引导统一战线。

1998年，广州便开始了生活垃圾分类的探索。然而，去年的一项环保数据调查显示，72%的受访广州市民不会分类扔垃圾，将家中的剩菜、纸巾、废电池集中到一个垃圾袋直接扔进垃圾桶；仅4%的市民能清楚垃圾分类。

近几年，广州垃圾焚烧建设项目屡遭质疑。舆情最集中的时候，一些网友天天骂，有市民挂横幅抗议。垃圾分类和焚烧工作得不到公众的理解和支持，广州市城管委官方微博“@广州城管委”，成为舆论阵地中网民言论的“众矢之的”。一些对政策不满者通过微博“撒气”，其中不乏理性探讨，也有无理谩骂。

2014年6月，@广州城管委发起“垃圾分类万人行”活动，7月底发布“热力电厂开放日通知”，微博免费报名参观。这两个线下活动，组织超过一万人到番禺区火烧岗生活垃圾填埋场、广州市第一资源热力电厂二分厂和封场复绿后的李坑生活垃圾填埋场进行参观。

以往大门紧闭的垃圾焚烧厂，对公众而言是一片陌生，心里难免会产生怀疑。如今，市民可以免费报名参观焚烧厂，看看工厂是否环保、有无污染。

在“垃圾分类万人行”活动中，组织教师、学生、公务员等社会群体参观。这些人有知识、讲道理，垃圾分类的理念更广泛、深入地在市民中传播开来。

对部分市民的不同声音，无论线上与线下，广州市城管委的处置经验就是不当“鸵鸟”，开放回应。日常则利用官微与市民坦诚相待，线上线下都有互动。

“垃圾分类万人行”活动中，小朋友学垃圾分类

2014年，@广州城管委和@东广州反垃圾在微博上就生活垃圾处理模式“隔空喊话”，有媒体评论称“开了广州政务微博和政策反对者直接微博对话的先河”。

无论是组织市民参观垃圾焚烧厂、热电厂，还是日常微博回答质疑甚至批评，广州市城管委的态度是“开放回应，直面舆情”。

一是事件处置与舆情处理相结合。近年来广州推动现代化的垃圾分类和终端处理设施建设，并对相关项目保持公开透明，努力消解市民对垃圾焚烧厂的原有印象。

二是建立常态化监督机制。除了随时接受市民报名参观，焚烧厂所在地村民组成了监督小组，专门驻厂监督。监督机制的建立，是舆情应对中的以“柔”化解矛盾。

三是借力第三方，发掘社会力量参与。公益组织、网络大V、理性思考的网友都是第三方力量，他们在坊间更有号召力，做事更灵活。

四是重视层级效应。细分舆情群体中的层级结构，针对不同人群采取不同沟通技巧。

粤来粤好、岭南攻坚进行时、从粤企看信心

（主创单位：广东省互联网信息办公室）

推介词

用好“第三方力量”，实现传播的立体效应。在新一轮深化改革实践中，广东主动探索舆论沟通新模式，在一场又一场传统媒体、新媒体、自媒体互联互动的大合唱中，外界倾听到了真正的“广东好声音”。

2014年7月，广东省互联网信息办公室联合国家互联网络信息办公室，开展了一场为期5天的“粤来粤好——2014年网络名人看广东”活动，邀请网络名人、大V实地走访广州港出海航道三期工程、佛山市恒益电厂烟气治理工作项目、中海壳牌乙烯项目、大亚湾核电基地、东莞市区环保热电厂、横琴新区开发建设项目等11个重大经济项目，近距离感受广东改革发展的脉搏。

近年来国内宏观经济下行，广东省经济发展较之以往有所放缓，甚至一度有声音质疑广东经济会被其他省份超越。2014年全国“两会”期间，“岭南攻坚进行时——广东省全面深化改革系列谈”在北京邀请省内6位身为全国人大代表的市委书记或市长，分别做客人民网“强国论坛”，围绕加快国家中心城市建设、建设国家级自主创新示范区、创新驱动引领转型升级、推进生态文明建设促进可持续发展、加快经济结构调整和产业转型升级、一带一路区域发展等访谈主题，与网民“面对面”进行交流互动。

2015年3月，省委宣传部、省网信办组织“从粤企看信心”经济形势主题网络采访活动，邀请21家中央新闻媒体、重点新闻网站、主要商业网站，

“粤来粤好——2014网络名人看广东”启动仪式现场

组成70余人的全媒体采访团，实地采访省内知名企业、科技园区、重点工程，反映我省实施粤东西北振兴发展战略的新举措、新进展、新成效。

这三场活动效果好。“粤来粤好”共刊载新闻900余条，总阅读量1.69亿次，微博相关话题的阅读量逾7000万人次；“岭南攻坚进行时”在人民网在线访谈页面总访问量达4168万人次，网友点赞量超1050万次；“从粤企看信心”话题一周内多次登上全国热门话题榜，微博阅读量超3000万人次。

邀请网络名人、网络媒体到本地一游，扩大地方知名度和影响力，不少地方屡屡尝试，但与其他地方不同，广东这几次活动主题非常明晰，议题突出集中于重大项目、经济发展、粤东西北振兴方面，切入点更小，更有可操性、以小见大。

面对网络名人、网络媒体，广东领导干部开诚布公，坦诚相待，直面各种提问，形成了沟通共识。几次活动中，常有参加活动的网络名人感慨“广东官员素质真是高”。网络名人石述思在参加“粤来粤好”后表示：“广东官员的表现，体现了广东政府部门开明、务实的作风。”某种程度上说，这些活动进一步巩固了广东干部“勤政、务实、清廉、创新”的形象。

科学的议题设置，整合全媒体矩阵集中报道，调动网民参与积极性，形成舆情长尾、深入讨论，通过话题讨论提升网民关注度，打通两个舆论场，汇集发展共识，是这几场活动的共同特点。

广东省卫计委应对“广州现埃博拉病例”谣言

（主创单位：广东省卫生和计划生育委员会）

推介词

监测谣言，立即核实，及时辟谣。一个字：快！信息捕捉的及时，权威辟谣声音的第一时间发布，满足了人们在重大事件面前对方向感的追求，最有效地压缩了谣言的滋生空间。

2014年2月，西非国家暴发埃博拉疫情，几个月后，埃博拉病例在非洲以外的国家陆续出现。埃博拉因其高传染性、高致死率，引发各国对西非舆情的高度关注，部分国家甚至限制疫区人员入境。广东每天有大量来自疫区国家的人员入境，面临埃博拉防控的巨大压力，尤其是10月份广交会期间，广州并没有限制来自非洲（包括西非疫区）国家人员参展，全社会高度关注防控工作。

稳步防控的同时，省卫生计生委组织省内主流媒体进行宣传报道，给市民传递“领导高度重视、各部门联手防控、应对能力足够”的信息。疾控专家科学解读埃博拉，教授防范知识，以引导广大市民正确看待埃博拉，避免不必要的恐慌。媒体前来采访也积极予以回应，通报我省检测情况。

10月17日晚，有消息称“广州交易会场馆发现埃博拉病例，已送往省第二人民医院医治”，消息在微信朋友圈被广泛转发，相关网站竞相转载，一时间，“广州现埃博拉”的传言满天飞。

监测到“广州现埃博拉”谣言舆情后，省卫生计生委第一时间向有关方面了解情况。经核实该传言是虚假信息后，省卫生计生委于18日一早通过省

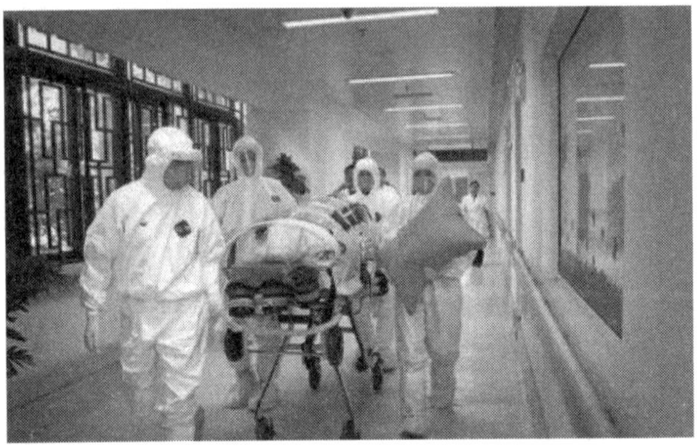

广东省举行埃博拉出血热防控应急响应和处置综合演练

内各大媒体、官方网站、官微辟谣。21日，省卫生计生委主任陈元胜做客广东电台“民声热线”，再次通报排除留观病例情况。

综合来看，整个舆情演变阶段，官方主流声音占据了舆论场的主要位置，及时消除了市民的猜忌和恐慌，平息了一场舆情风波。谣言止于公开，省卫生计生委在这次与谣言赛跑中，反应速度、态度和力度称得上“给力”。除了单纯辟谣，第一时间提供更多背景、观点和事实，满足了人们在重大事件面前对方向感的需求，官方声音在舆论中始终占据主流，未给谣言滋生留下空间。

陆丰核电项目确保公众知情权

（主创单位：汕尾市陆丰市委）

推介词

公众知情权！5个字不多，做到不简单。这是对民意的充分尊重，需要完善的事件处置机制及充分的自信。“邻避运动”屡屡发生，与其一拖再拖当“鸵鸟”，陆丰核电项目选择了从公众知情权入手。

陆丰核电项目是广东省重点能源项目，也是汕尾市、陆丰市重点龙头项目。其是否顺利推进将影响国家在政府层面的经济布局和筹划，具有广泛而重大的社会影响。

该项目位于陆丰市碣石镇以南约8公里的田尾山，规划建设6台AP1000压水堆核电机组，全部建成投产后，项目年发电量近500亿千瓦时。同时，作为粤东地区清洁能源的“航母”，建成后的环保效益相当于在粤东地区种植了近10万公顷的森林。陆丰核电项目建设，群众是最大的参与者和受益者。群众的态度，关系到项目建设的成功与否。

近些年，因公众沟通不到位等各种原因而致使重点项目无法上马的例子在全国范围内屡见不鲜。意识到公众沟通的重要性，广东陆丰核电项目在这方面早谋划、早安排。各项前期工作是基础，顺利通过国家多项审查，严格执行搬迁政策，确保了从方案到实施等诸多环节的公平、公开。

事件处置之外，舆情处置总结起来有五招：

第一招是做好科普，让老百姓知道核电是什么。利用传统媒体、官微、官网、网上论坛、微信、户外广告牌等平台，全力开展核电科普，让市民知

陆丰核电项目推进协调会现场

道核电不是“魔鬼”。利用第三方发声，当地10名有声望的离退休老干部被聘为核电科普义务宣传员。

第二招是拉近核电与公众的距离。在6个村发放调查问卷600多份，摸清公众想什么；汕尾、陆丰两级领导和学生、工人、农民、干部等一起座谈，化解公众误解和疑虑；在陆丰核电公司的支持下，在全市各中小学设立“陆丰核电优秀教师奖”“陆丰核电优秀学生奖”等，资助部分品学兼优的贫困学生完成初高中阶段学业 。

第三招是让公众实地感受核安全。除了开展核安全知识巡回展览活动，组织村民参观大亚湾核电基地，组织碣石镇后埔小学师生参观陆丰核电站项目现场，让公众实地体验，而不是一味自说自话硬性宣传。

第四招是全面掌控动态舆情。如可能有村民借村委会换届选举之机制造舆论、假期来临大量在外经商务工人士回乡，对家乡建设核电的关注……这些重点舆情被梳理并有针对性解决。

第五招是制订新闻处置预案以应对境外媒体。前来采访的新闻媒体登记并发放材料，主动向媒体介绍相关情况，掌握主动发声权。

公众沟通、协调联动、齐抓共管，一整套科学有序的工作机制，成为陆丰核电项目得以成功落地的关键。

茂名巧设议题破解市政建设难题

（主创单位：茂名市委宣传部）

推介词

“麻烦事”前不退缩、不回避，反而迎难而上、巧设议题，主动推进。正确的态度、正确的技巧，不仅化解了舆论危机，更达成了政府与民众的双赢。

茂名市官渡三路全长约660米，是茂名2014年的重点市政项目，将成为市区未来东西向交通主干线的一部分。市政府已将其列入2014年的政府工作报告决定事项，要求年内全面打通。

最大的“拦路虎”是石鳌塘一片黄花梨树林，将官渡三路拦腰截断。树林种植户提出11亿元赔偿款，工程一时遇阻。

议题是舆情引导的“遥控器”，权威媒体对此事件做了深度报道，还原黄花梨林业主、村民、政府、黄花梨爱好者的意见。村民的普遍意见为“修路大家都受益，业主只顾赚钱不顾片区发展”，政府部门的态度是“依法评估、征收和赔偿，但不可能做天价赔偿”。

报道在各大论坛、微博和微信刊发，迅速引发了网民热议和社会思考。不到24小时，仅茂名在线一个网帖点击量就近2万次，回复数178条，网民普遍对业主坐地起价的行为进行谴责。这样一个推进市政项目的难题，政府无形中得到了公众支持。

获得大量网民支持后，网络评论适时跟进，提出有建设性的解决方案。有网友提出请第三方机构来评估，有网友提出公开整个赔偿过程、让群众参

茂名市官渡三路拆除现场

与监督。这些建设性意见让事件有越来越好解决的可能性。

巧设议题、主动引导后，公众对黄花梨林拦路事件愈发关注，茂名市通过媒体、微博等多渠道继续发布消息，第一时间把最新进展告知公众。业主最终答应先迁移保证道路施工，再谈赔偿，并自行聘请第三方机构进行价值评估。这些消息均第一时间发布。信息的及时公开报道赢得了公众点赞，维护了公众的知情权、监督权。

善于借力媒体，巧借舆论化解征地、拆迁等方面涉及群众利益的矛盾问题，获得广大网民对市政项目建设的支持。2015年1月，官渡三路天价黄花梨林拦路事件已得到解决，双方经过第三方评估，达成合理补偿方案，官渡三路建设顺利推进。

汕头公安处置“虐童事件”舆情引导

（主创单位：汕头市公安局）

推介词

每一场精彩的舆情应对背后，皆包含高效的事件处置和舆情处置。好的舆情处置必有好的事件处置做基础，反之，好的事件处置却不一定有好的舆情处置。汕头公安看清了这一点，以舆情应对倒逼实际工作，调动多部门合力协同，值得其他政府部门借鉴。

2014年9月22日，一条“汕头一男子虐打亲生儿子”的微博在网络上被大量转载，瞬间引爆网友情绪。网络大V@陈士渠、@作家陈岚、@捕快二宝等人转发，舆论一片哗然。

汕头公安宣传部门收集网民反映的线索，给办案民警参考；主动私信与网络大V沟通，表示警方的高度重视；对部分渲染夸大事实或趁机煽动民众情绪的网民进行关注和引导。与此同时，当地警方多方查实，当天下午确定涉嫌虐童男子为两英镇居民钟某雄。

此时网友对事件的关注也在持续升温，开始出现质疑乃至偏激言论，媒体频繁关注。用事实、用真相来说话，成了此时消解质疑、瓦解谣言最有力的手段。

9月22日下午6点42分，@平安汕头通报“潮南警方已找到男童并暂交由其爷爷看管”的消息，晚上8点16分再度发帖通报“经初步检验男童精神状况良好，身上未见明显伤痕”的消息，附上男童实时照片。两条微博均被大量转载，平息了民众的质疑与担忧，网友自发为处警高效而点赞。

孩子生母现身表示愿意抚养，“虐童事件”舆情得到妥善引导

面对这场引发网友强烈愤慨的舆情事件，面对各种声音和诉求，汕头公安以平等对话的姿态包容不同意见，用巧妙的发声策略疏导民众情绪，取得大部分人的理解支持。回过头看，此次事件处置有“三个结合”：

一是图与文的结合。事件中，网传孩子受虐身体受伤的大量图片，主要集中在后背、大腿、臀部等，鉴于民众关注焦点之一是孩子的安危，警方在发布孩子身体状况良好的信息时，有针对性地附上孩子相关身体部位没有明显伤痕的照片及孩子活泼玩耍的照片，很多网友看到图片之后表示放心和安慰。

二是民众关注热点与警方工作措施结合。此事件中，民众关注的热点在于孩子的安危、对虐童者的惩处，警方结合工作职权与民众诉求采取措施，先确保孩子安全、缉捕虐童者，同时联合居委会做好对孩子后续的保护工作。

三是多个部门协作与一个口径发声结合。汕头公安建立了一个以宣传科为主导，指挥中心、网警等多部门联动进行舆情研判、预警、应急处置的工作机制，信息的发布则需要统一从一个宣传口对外发布，才能确保信息的权威性。

舆情能否正确应对，其根本在于能否解决实际问题，用舆情监督机制倒逼实际工作。此次汕头警方的舆情处置赢得网友好评，正是建立在找到小孩、查明真相的基础之上。舆情处置说到底就是事情处置，用真相、用事实说话最重要。

廖新波“把胎留住”人性化解读

（主创人员：廖新波）

推介词

有担当，说人话，见人性。人性化表达，第一时间发挥安抚作用；新媒体发言，迅速形成正向舆论场。而这一切，最关键的是尊重生命的理念回归。

2013年12月28日，第十二届全国人大常委会第六次会议表决通过了《关于调整完善生育政策的决议》，一方是独生子女的夫妇可生育两个孩子的单独两孩政策依法启动实施，但在广东迟迟未见政策落地，这让部分符合“单独二孩”政策的准妈妈备感焦虑。

3月4日广东省卫计委公开表示已怀孕的“可以先留着”，但红头文件未下，让那些特别是身在体制内的准妈妈进退两难。3月18日，近40名单独家庭的孕妇和家属到省卫计委门口反映诉求，希望公布广东“单独二孩”政策出台时间表，但未得到准确回应，准妈妈们情绪激动。

省卫计委巡视员廖新波向领导请示得到授权后，向准妈妈们表示“大家进来吧，有事好好谈”，邀请大家进入省卫计委食堂面谈。他首先表明，自己非主管这块工作的领导，但可以讲自己对“可以先留着”的理解：“现在已经怀上的，按照正常怀孕处理。”他呼吁用人单位用宽容的态度、特殊的政策来对待这批孕妇，“不要沿用计划生育的老政策来对这些人进行处罚，要实行人性化的管理”。

廖新波对“把胎留住”的人性化解读及人性化接待，让准妈妈们宽心不

卫生厅副厅长廖新波：

开博正是在为政府办事

廖新波接受媒体采访坦陈开微博的缘由

少，一位准妈妈说："很感动，医生哥波子真性情，没有因为政策未出台而搪塞、拒绝我们。"

人性化的表达和理解安抚了焦躁的准妈妈，接下来几天媒体纷纷报道此次"把胎留住"的人性化解读。

@医生哥波子敢言、真性情，这让他收获不少粉丝，新浪和腾讯微博的粉丝达560万，新浪博客访问数超1600万。从"没有两年医改出台不了"到"要尊严，别学医"，从打伞门到误诊门，从八毛门到恶性医闹，从抗震救灾到"把胎留住"，关注内容包罗万象。

为医改发声，是其博客和微博中最多的内容，有为公立医院改革建言献策，也有支持社会资本办医；有为医护人员抱不平，也替群众"看病难、看病贵"担忧；有医师多点执业规定波子哥版，也有促进社会办医"开源节流"30条……他的医改观是"三回归"：公立医院公益性的回归；医护人员劳动价值的回归；尊重生命理念的回归。

波子哥秉持真性情，秉持尊重生命的理念。有媒体评论，"把胎留住"是他真性情的流露，正是这种勇气、真性情保住了不少孕育着的小生命。

品牌管理优秀案例

广药集团多品类协同营销

（主创单位：广州医药集团有限公司）

推介词

对很多企业来说，即便是打响一个品牌都已经很不容易，何况是让旗下不同品类的不同品牌都能国内知名，甚至在营销推广上还能互相促进。广药集团的王老吉、白云山等品牌，便是充分运用整合营销手段，将在产品错位互补的同时又尽量共享品牌影响力，可谓企业多品类产品协同开展品牌营销的绝佳范例。

继2014年“何济公”“潘高寿”“天心”3件商标获驰名商标后，2015年2月，国家工商总局商评委又认定“广药集团”商标为中国驰名商标。作为全国最大的制药企业集团，2014年广药连续第三年获国家工信部发布的“中国医药工业百强榜”冠军，而旗下的王老吉、白云山等知名品牌也在这一年大放异彩。

其中，王老吉“红罐之争”中连胜8场官司，包括红罐装潢案等多场诉讼一审判决在2014年集中胜诉。在此基础上，广药创新营销方式，不断强化王老吉品牌的“凉茶始祖”概念。如2014年3月王老吉推出的新广告语“怕上火，认准正宗王老吉”，在“怕上火”功能性定位之上，凸显了“正宗”元素。又如2014年11月获得“全球历史最悠久的凉茶品牌”吉尼斯世界纪录。这些手段，强化了消费者对王老吉的品牌认知，以此区隔竞品，回归到“行业开创者”的定位上进行品牌传播，在传播立场上化被动为主动。

与此同时，广药并未停留于宣示王老吉的“正统”，而是根据对消费群体

广药集团王老吉凉茶发展战略新闻发布会

的调研，正式对外发布了“时尚、科技、文化”的“品字形”品牌营销战略。在该框架下，其2014年做了多个出彩的营销项目。如2014年6月，借势《舌尖上的中国2》拍摄原创微纪录片《平衡》，获得了2014金投赏创意奖以及2014中国广告长城奖的互动创意奖，并在此基础上又联合浙江钱江频道打造美食节目《味道》，并通过微博微信等新媒体端口发起“跟着王老吉吃正宗”线下活动。

整个互动整合营销有力配合了王老吉在餐饮渠道上的开拓和深耕，成功实现了围观受众向消费人群的转化。2014年成为王老吉餐饮渠道爆发式增长的一年，目前王老吉在全国餐饮渠道的铺货率已经达到60%，进入饮料行业前三；2014年预计总销量超过200亿元，三年来年复合增长190%，创下在中国的饮料行业单一品牌体量、单一品牌年复合增长纪录。

2014年9月18日，广药另一个明星产品白云山“金戈”正式上市，抢得“首个国产伟哥”头衔，发布会更请来“伟哥之父”、诺贝尔生理医学奖得主弗里德·穆拉德站台。9月29日，主打“中药伟哥”概念的白云山“铁玛”也顺势亮相，凑成“金戈铁玛”组合，颇得成语“金戈铁马”谐音之妙。两个产品销售目标均定为5亿—10亿元，成为当下国内药企最受关注的明星产品之一。

“金戈”和“铁玛”两款产品一个是成熟西药、一个取自传统中药材，形成抗ED产品线上的强势互补。而在渠道上，处方药“金戈”重点布局药店与医院，“铁玛”则打通零售药店与电商，亦形成错位发展。两者虽分属不同子公司，却不管是线下的营销推广活动，还是冠名广州粤羽羽毛球俱乐部，均以“金戈铁玛”之名联袂出现，在产品错位互补的同时又尽量共享品牌影响力，可谓企业多品类产品协同开展品牌营销的绝佳范例。

广东省中医院“以患者需求为导向”推动品牌建设

（主创单位：广东省中医院）

推介词

树立独特的品牌观，选择正确的发展战略，构建中医特色与优势；依靠医院文化建设，注重医院形象塑造，充分调动医务人员积极性。广东省中医院通过医院品牌建设，努力成就一群名医，为病人提供最佳的诊疗方案，培育一支高素质的服务团队，在公众中建立自己的公信力，使医院建设走上快车道，成为全国年服务患者人数最多、规模最大、实力最强的中医医院。

广东省中医院是中国最早的中医医院之一，医院门诊量从日均2000多人次发展到22,000多人次，年门诊量连续18年位居全国同行前列。全年收治病人数超过10万人次，从300来张床位发展到超过3000张，拥有近12亿元的现代化医疗设备，成为全国年服务患者人数最多、规模最大、实力最强的中医医院。

上述结果源于多年来，医院坚持以患者需求为导向的发展战略，在注重核心竞争能力构建的同时，注重医院品牌建设。

医院为品牌建设制定了四个战略目标：首先，为患者提供最佳的诊疗方案。患者就医最关注的价值在于挽救生命和解除病痛，因此是否具备这种能力是品牌建设的关键。

其次，人性化的服务，让患者获得良好的就医体验，需要造就一支高素质的服务团队。

再次，品牌的建设还需要成就一群名医。出于摆脱疾病痛苦的渴望，

市民在广东省中医院“贴灸”

患者内在地会对名医产生追随效应。省中医院延请全国最好的名医担任导师，实施“名医工程、朝阳计划、拔尖人才管理条例”。针对中医“师带徒、干中学”的特点，邀请全国名老中医来院“名师带徒”，使优秀人才不断涌现。

最后，医院品牌的形成还需要医院在公众中建立起公信力。通过用心对待每一个病人，采用合理的检查、合理的用药、合理的收费，不断促进医务人员良好职业道德的形成，从而形成医院的公信力。在香港艾力彼医院管理研究中心发布的“2014中国中医医院·竞争力100强”榜单中，广东省中医院再次名列榜单首位。

实现四个战略目标的同时，作为一家中医院，构建中医特色与优势，促进中医药临床疗效的提高是广东省中医院形成自身品牌的关键。医院始终坚持“中医水平站在前沿，现代医学跟踪得上，管理能力匹配到位，为患者提供最佳的诊疗方案，探索构建人类完美医学”的追求。

医院品牌建设离不开良好的医院形象的塑造。2014年，广东省中医院扎实推进“满意工程”，开展精益项目25个，解决了一系列服务难题，如，通过优化静脉输液备药流程，使医生静脉用药医嘱风险率下降35%，护士备药风险率下降62.86%……医院再次荣获中国健康年度总评榜“广州最受欢迎三甲医院”称号。

开展品牌建设还必须充分调动医务人员的积极性。为此广东省中医院始终坚持将社会目标、医院目标、员工目标统一起来，不断推动内部改革，构建起既有动力又有压力的运行机制。

正是从以上几个方面进行持续的建设和把握，广东省中医院才能在持续的改进中成长、成熟，才能不断地取得丰硕的成果，并在公众中形成值得信赖的品牌形象。

中山大学90年校庆举办“校友嘉年华”

（主创机构：中山大学校友总会）

推介词

以欢迎校友伉俪“回家”代替排场的校庆大会，以邀请名家学术演讲代替领导致辞题字。成功的策划，无形的组织，让一场司空见惯的校庆活动突然回归了大学精神的本质，得到了社会的高度赞誉，点燃了全球校友的热情，成为具有广泛影响力的海内外中大校友欢乐嘉年华。在回顾和反思中，对大学精神进行阐扬和继承，对大学之道进一步厘清与明确，这才是校庆应有的意义。

2014年11月12日前后一周，中山大学举行90周年校庆纪念活动，以“学术与校友”为主题，力求让校庆活动回归大学精神的本质，点燃了全球校友的爱校情结，凝聚了全球校友的力量，校庆期间共收到校友捐赠3.58亿元，到账1.99亿元，使90周年校庆成为具有广泛影响力的海内外中大校友欢庆的盛会。

中大90年校庆举得成功，得益于一开始就确立了独特的理念：校友·母校情——点燃“我在中大遇见你”背后的师生情、同窗情、爱侣情；“校友回家”——平等、非功利地对待每位校友。通过理念设计活动，再通过活动凝聚校友。

具体的组织筹备工作也力求精准、细致。中山大学校友总会广泛调动校友资源、校内各部门支持工作，并广泛动员。2013年夏天正式启动校庆系列活动，面向全球各地校友会发出两轮活动邀请函，向各地校友会会长发出专属邀请，向特邀嘉宾发出专属邀请，通过各院系、附属机构发出邀请，校

中大90年校庆成校友欢乐节

友总会网站、微信及微博平台发出邀请函，确保校友广泛地感知参与校庆活动。据统计，各地校友活动现场介绍动员超过30场次。

校友总会十分重视宣传。广泛充分利用新媒体、校友总会网站及微信、微博；校庆网站以及各大主流媒体造势，公开征集90对校友伉俪。同时，携手各院系形成合力。如值年校友学位成礼仪式，参与院系21个，返校校友1200余名。校友嘉年华，参与院系、附属医院37个，返校校友近1500名，制作祝福视频32个。各单位还高度重视，由负责校友工作的主管领导、校友工作秘书、学生志愿者组成院系校友接待小组，并设计专属纪念品，举办校庆校友沙龙、杰出校友论坛、茶话会等活动。

此外招募了1400余名学生、校友志愿者积极参加到各项校庆活动中，培育校友意识，培养校友情感，推动在校生与校友互动交流，在校生之间营造校庆氛围，让更多的在校生通过自身行动为母校庆祝第九十个生日。志愿者用周到负责的服务赢得了校友们的肯定和表扬，也用热情洋溢的微笑为校园增添了一抹青春亮色。

中大以“学术与校友”为主题的校庆系列活动，也让不少网友颇受感染。@人民日报关于这则新闻的微博被转发评论数千次，有网友在评论中写道：“看着他们从校园相识、相爱到相濡以沫一辈子，真是令人感慨，这样的校庆比那些铺张奢靡的庆祝活动有意义多了。”

让校庆回归大学的学术本分，充满温情地对待每一位校友，让他们回到年轻的求学年代，没有功利地相聚相亲，这正是校庆时校友回校的最大动力。

格力品牌与董明珠画“约等号”

（主创单位：珠海格力电器股份有限公司）

推介词

格力作为国内知名企业，长期以来都以“掌握核心科技”的面貌出现在公众面前，其专业化的品牌形象在同行中独树一帜。而掌门人董明珠的频频引爆舆论话题，则让传统上冷冰冰、硬邦邦的科技企业品牌形象更显人情味，天然比同行拥有更高的媒体曝光度，可谓深谙品牌传播三昧。

格力品牌是中国商业中的“异类”，几乎与掌门人董明珠画上等号。从去年与小米雷军的对赌，到邀请万达王健林一起代言格力产品，再到今年3月在中山大学演讲中“不经意”拿出格力手机，董明珠的个人品牌与格力的企业品牌推广息息相关，褒贬不一，但却令格力始终处于媒体以及业界镁光灯之下，也令消费者印象深刻。

格力也是家电中的“另类”企业。过去几年中，整个家电行业、空调行业的整体发展趋势并不十分乐观，甚至有两年都是下滑的，市场竞争也异常

格力掌门人董明珠在中山大学“意外”剧透格力手机

激烈。但在这样的局面下，格力电器不仅年年创出佳绩，保持市场领先地位，还坚持自主创新，持续产出新作。

格力品牌还是中国创造中最有底气的品牌。今年年初，格力电器凭借“基于掌握核心科技的自主创新工程体系建设”项目荣获国家科学技术进步奖“企业技术创新工程类”二等奖。该项目以“营造自我超越的创新文化、建立高集成的研发体系、拥有原创性的核心技术、构建全方位的产品系列”为主要内容，建设企业自主创新工程体系，推动企业在制冷空调领域实现从“规模驱动业绩增长”到“创新驱动持续发展”战略转变的创新实践和成果。这已经是4年时间里，格力第三度获得国家级科技领域的最高荣誉。

正是构建了基于掌握核心科技的创新工程体系，使得格力的产品覆盖了家用、商用、工业用全领域，连续20年位居国内市场冠军，连续10年获得全球冠军，自主品牌产品远销137个国家和地区，目前格力家用空调全球市场占有率达到33%。

2014年度格力实现营业总收入1400亿元，归属于上市公司股东的净利润141.15亿元，同比增长约三成。至此，格力电器已连续23年实现正增长，销售规模增长了1359倍，年复合增长率达到了36.8%。

广东省总工会“广东职工大讲堂”

（主创单位：广东省总工会）

推介词

作为面向职工、服务职工的大型公益性活动，广东职工大讲堂不仅充分发挥了省总工会的组织动员能力，也借助媒体的宣传渠道与读者服务专长，强强联合打造出了一个高频次、高规格的省内知名的品牌论坛活动，深受广大职工关注及追捧。

广东职工大讲堂是广东省总工会和南方日报社两大机构合力打造的智慧结晶。广东省总工会是中共广东省委和中华全国总工会领导下的组织机构，围绕改革、发展、稳定大局和职工群众的切实利益开展工作，在职工服务方面有着丰富的经验。南方日报则是广东省委机关报和宣传阵地，是一份权威的政经主流大报，以媒体宣传和读者服务见长。两家机构共同举办广东职工大讲堂，属于强强联合，优势互补，既达到了提升职工素质的目的，也提升了两家主办单位的影响力和受关注度，是一个双赢的结果。

广东职工大讲堂的项目团队属于虚拟团队。南方日报社的团队成员负责宣传报道和会务统筹执行。每期活动前，《南方日报》均在A10版前重要位置刊登1/4版彩色的活动预告，并通过南方日报官方微博、微信，南方日报读者俱乐部官方微博、微信进行读者报名。每期活动之后，在要闻A叠重要版面刊登当期活动报道，通过运用“综述+现场互动+精彩观点”等板块，将演讲内容和现场气氛等亮点进行了全面呈现。

南方网承建的广东职工大讲堂专题网站，除了对活动全程直播外，更设

新加坡国立大学东亚研究所所长郑永年

有报名、回顾和互动专区，读者俱乐部微信服务号同步连接。专题页面经过二次改版后，现点击量已超20万，受到广泛的好评。截至2015年1月20日，百度搜索引擎中“广东职工大讲堂”关键字搜索结果已超120万条。通过成功利用各种媒体优势，广东职工大讲堂的预热、直播、回顾一气呵成，保持了品牌连贯性，也增强了活动的立体效果。

广东省总工会的团队成员则负责每场活动主题设定、嘉宾邀请和听众组织工作。广东职工大讲堂秉承“开阔视野、解放思想、更新知识、提高素质”的宗旨，邀请国内外知名专家学者讲授政治、经济、文化、科技、社会和国际等方面的知识。每期主题均根据主讲嘉宾量身定制，绝无重复。自2014年2月21日正式启动以来，已举办十余场大型讲座，先后邀请了郭明义、成思危、王鲁湘、吴宗鑫、郑永年、吴小莉、于丹、邹旭、陈擎、李肇星等名师名家担任高级讲师。这些嘉宾，均在各自领域有着突出成就和广泛的知名度。

广东职工大讲堂除了由嘉宾主讲以外，还有新书推介、交响乐演奏、现场抽奖等多种形式。

广东职工大讲堂的听众主要来自省总工会机关、省总工会女工部、省教科文卫工会、海员工会等。另外还有一小部分的听众由南方日报读者俱乐部招募，报名的读者以任职政府机关、事业单位、大型国企和外资企业等单位为主。每期听众平均人数高达400人。

广东职工大讲堂既是一个高端的学习平台，更是一个感受文化奥妙的地方，如今已成为广东的知名品牌活动。

大疆创新善用科技名人结合事件营销

（主创单位：深圳市大疆创新科技有限公司）

推介词

新兴品牌要走出其所处细分行业为大众熟知，方法很重要。大疆创新在本身产品品质出众的背景下，充分借力科技名人效应与娱乐圈新闻事件，一次次成为媒体关注焦点，走出了一条快速提升大众知名度的捷径。在“大众创新，万众创业”的风潮下，大疆创新的路径值得众多创业企业借鉴。

大疆创新科技有限公司成立于2006年，是无人飞行器控制系统及无人机解决方案的研发和生产商。它起步于深圳，结缘好莱坞航拍公司。大疆创新抢先占领全球无人机市场，产品线从专业航拍延伸到大众消费。2010年至2013年短短3年时间，这家广东本土企业销售额增长了80倍。目前，大疆创新产品已占据全球无人机市场约50%的份额，2014年的总销售额达到了5亿美元，这一数字是2013年的四倍。它的客户遍布全球100多个国家。

在品牌宣传上，大疆善于通过科技名人效应来进行圈内推广，很多科技领袖都是大疆无人机的用户，其中就有微软联合创始人比尔·盖茨。向来不用苹果设备的盖茨为了体验大疆无人机，不得不使用了苹果手机。而在中国，互联网领域的王兴、王小川、张一鸣等知名“极客”企业家都是大疆的深度粉丝，人手至少一台。科技意见领袖以及极客新贵的亲自示范，让大疆很快在科技圈内流行起来。

在大众知名度普及上，大疆则善于利用新闻事件来获取舆论关注。2015年，在章子怡36岁生日派对上，汪峰通过无人机送来了一颗9.15克拉的钻戒

大疆创新公司成美国商用无人机市场龙头

向章子怡求婚。汪峰、章子怡、求婚、无人机，这些关键字让此事一举登上各大媒体的头版头条，大众都在搜索求婚用到的大疆无人机。另外一则新闻事件中，美国白宫坠落的无人机产自中国大疆，国外媒体对于大疆的关注度迅速提高。

植入热门电视剧综艺节目，也是大疆扩大知名度常用的方法。在《摩登家庭》《神盾局特工》《智能缉凶》《国土安全》等热播美剧中，大疆无人机都露过脸。美剧中的很多航拍镜头，也是出自大疆之手。国内热门综艺节目《爸爸去哪儿》中，大疆无人机也是大放异彩，出镜率极高。此外，大疆无人机还入选《时代》年度十大创新工具。

走访案例报道

过去等上1年的审批　现在5天就能搞定

佛山市禅城区探索“一门式”政务服务改革

近日，佛山市民黄先生带着12户邻居的嘱托，在禅城区行政服务中心窗口递交了禅城区既有住宅加装电梯设计方案审核申请表。出乎意料的是，5天后他就收到了来自审批部门的反馈，他所申请的鸿翔小区北一街七号楼获批加装电梯。在此之前，旧楼加装电梯，申请人至少要跑8个部门、等上1年。

这一变化源自禅城去年9月启动的“一门式”行政服务改革，全区282项自然人、法人事项在试点镇（街）和村（居）行政服务中心可实现“一门式”办理。即把涉及多个办事大厅的服务事项向一个行政服务中心集中，群众办事时，从跑多个部门、走多个流程，简化为在一个中心或窗口搞定。

佛山市禅城区委书记刘东豪表示，传统的行政管理模式，呈条状垂直管理和块状分级管理，以复杂的界面向群众提供服务，容易造成群众办事不知找谁办、不知怎么办的难题。“一门式”行政服务体系带来的变化跟智能手机相似：后台系统很复杂、功能很强大，但给用户的界面很简单清晰。这就意味着，“一门式”改革要实现对内改革“做加法”、对外服务“做减法”。

做“加减法”　282个事项实现“一窗”办理

以往群众办事，不同的事务要在不同服务大厅，费时费力不说，排长龙是常有的事。

禅城区首先对行政服务中心动了“大手术”，把282项审批事项纳入

“一门式”改革，简化了办事流程。群众只要进入行政服务中心这道门，所有服务窗口均能办理辖区各类事务。

记者在佛山市禅城区石湾镇街道行政服务中心大厅发现，计生、国土、人社、民政之类的专业窗口已经撤掉，取而代之的是整齐划一的10个综合服务窗口。以往只能办54项业务，群众为了办一件事经常来回跑，现在一个窗口就能办11个局的282项业务。

“办事效率提高了。”家住石湾镇街道的张先生向记者表示，以前来办事经常看到一个窗口排长龙，其他窗口空得很。现在每个窗口都能办业务，跟银行柜台一样，办事速度快了。据统计，“一门式”改革后，群众办事平均等候时间由原来的10—15分钟减少为5—10分钟，大厅每天平均接待群众数量由200人次左右增至500人次。

所有事项都可在一个窗口办理，也意味着综合窗口工作人员几乎要熟悉282项业务。

石湾镇街道行政服务中心主任叶志强说，为此他们进行了3个月的系统学习培训，让每个人都从以往的“专科医生”变为“全科医生”。而且经过后台大数据一比对，工作成绩一目了然，也能鞭策他们提高服务质量和效率。

佛山市禅城区区长孔海文表示，禅城下一步将全面推开法人和区级自然人事项的“一门式”办理，并着力进行系统、事项和人员优化，增加一批马上办事项，取消一批事项，减少一批申请材料，优化一批办事环节，进一步加强“大数据”管理和应用，为诚信社会建设提供支撑。

改革博弈　打破部门壁垒实现信息共享

“把简单带给群众，把复杂留给政府。”正如刘东豪所言，“一门式”改革并非一蹴而就。在282个事项集中到“一窗”办理的基础上，禅城区对政府审批事项进行了全面梳理，整理出负面清单、权力清单和监管清单，厘清部门职责权限，并形成统一办事标准，清晰告知部门“哪些事项应该入门”、窗口工作人员“事情应该怎样办”、市民“在基层行政服务中心可以接受什么服务”。

为了减少审批过程的主观性、随意性和差异性，实现“一审一核”“即办即审”“无差别审批”，禅城区还制定了前台受理业务标准、前后台办理流程标准、公共服务综合信息平台数据标准“三个标准”，形成“一门式”服务的标准化操作。

事实上，在“一门式”改革过程中，部门之间资源难共享、业务难协同和系统难互通成了突出的难点。

以此为突破口，禅城“一门式”综合信息平台通过后台系统跳转、对接等技术，将原来分散的10多个部门的24个条线审批服务系统联结整合在一起，实现了多部门间业务协同办理和信息互联共享，办事平均缩短了6.5个工作日。

运用信息化手段，禅城成功促成了审批权限的下放，提高了政府办事效率。对此，中国社区建设培训基地主任马丽华指出：“禅城一门式改革最大的亮点在于后台的资源整合，综合性、便捷性及资源的整合力度是禅城改革优势所在，尤其是禅城在运用信息化手段和技术解决问题上做得很好。”

瞄准方向　“互联网+”理念使公共服务便民化

行政服务能不能再简化点？随着“一门式”改革的深入，禅城区将方向瞄准“互联网+”电子政务，继续运用信息化手段对政府公共服务进行优化和集成，将信息化、互联网的创新成果深度融合于社区公共服务综合信息平台建设，延伸信息平台功能。

按照计划，禅城将通过与广东省网上办事大厅对接，与村居社区自治家园平台互联，实现线上与线下的结合，同时整合城市信息服务平台和“一按灵”服务，将专业社区机构、警务E超市、天眼工程、联勤警务平台等设施机构作为服务延伸，推进社区自治管理和社区公共服务的线上应用。

“一门式”改革所带来的另一项“副产品”，是沉淀下来的庞大数据库。禅城区在各服务项目引入了高拍仪、二代身份证读卡器，将群众办理事项过程中经常性、重复性提交的各种材料进行拍照、扫描并沉淀入库，建立基于居民身份证号为索引的历史信息检索和共享机制，从而形成了一个动态、实时、真实的数据库。

“通过分析这一数据库可以为政府找到公共服务的公约数，为有针对性的公共服务提供科学依据。”禅城区行政服务中心有关负责人介绍，禅城区在研究今年的民生实事计划过程中，在确定残疾人康复就业、失业再就业等事项时，就运用了“一门式”服务平台提供的数据。

专家点评　国家行政学院教授、中国行政体制改革研究会副会长汪玉凯：“一门式”改革变各自为政为互联互通

“佛山市禅城区的实践有利于解决简政放权如何接地气的问题。”在国家行政学院教授、中国行政体制改革研究会副会长汪玉凯看来，禅城将物理的、窗口集中式的行政服务大厅，转向了探索真正的“一门式”综合服务。从目前来看，简政放权与大数据等技术革命是禅城“一门式”改革面临的两大机遇。

汪玉凯认为，政府信息管理服务正在由各自为政，实现向资源共享、业务协同、互联互通转变。在这个过程中，地方政府需要找到一个整合机制，从社会需求和公众感受的角度去分析以前的改革是否成功、有哪些需要修补。

汪玉凯指出，禅城“一门式”行政服务改革具有全国推广的意义。如果“一门式”能够与广东省网上办事大厅对接，找到高效的无缝对接机制，则可以成为广东省网上办事大厅的实践抓手。

（南方日报记者辛均庆、孙景峰、张培发，通讯员杨晓瑜，
陈枫统筹，《南方日报》2015年4月15日A04版报道）

东莞“阳光热线”搭平台促干群互动

全市180多个部门注册上线，须在20个工作日内回复投诉问题

公积金贷款资料齐全但无法申请、公交车不准时发车、酒吧吵闹扰民……14日，18条反映相关问题的留言出现在东莞阳光网“阳光热线”问政平台上。按照规定，这些问题将会在20个工作日内得到相关部门答复。该平台自2005年上线以来，已正式受理网民来信12.16万件，全市180多个政府部门注册上线进行回应答复。

东莞市民为何如此积极参与“网络问政”？问政效果又如何？近日，南方舆情研究院组织专家、记者到东莞调研发现，东莞阳光网充分运用网络问政门槛低、参与度高的特点，铺设群众诉求“快速路”，实现问政“零距离”。此举激发了群众的问政热情，解决了很多沉积多年的问题。现在，东莞阳光网还开发了移动客户端平台，随时随地互动。

“网络问政”满意率达77.66%

14日，饱受长安镇大象酒店风机噪声困扰的网友@queeni得到了长安镇信访办的回复，据“阳光热线”问政平台显示，经核查，网友@queeni反映的情况属实。执法人员找到该酒店负责人，对其进行宣传教育，并发送“责令改正（停止）违法行为通知书”，要求其暂时停止运行空调、停止维修风机或者更换风机。

噪声扰民、工厂拖欠及克扣工资、公交客运乱涨价、占道经营……在“阳光热线”问政平台上，每天都有类似的案例被反映出来，相关部门逐一调查处理。东莞市委宣传部相关负责人邓文浩称，“阳光热线”问政平台始

终牢牢抓住解决人民群众最关心、最直接、最现实的利益问题这一关键点，着力于解决问题。“我们真正做到件件有着落，事事有回音。通过亮灯限时办结、纠风办重点督办、新闻媒体跟踪督办等方法，确保群众反映的问题落实”。

东莞市工商局办公室副主任邵雄峰对此深有感触。他介绍说，每周平均有12—15宗投诉案件从“阳光热线”问政平台转交到工商部门，投诉推动了工作开展。针对网友热议的食品安全问题，东莞市工商局在全市开展了为期3个月的整治注水牛肉专项行动，有效遏制了损害群众利益的不正之风。

东莞有出租屋28万栋（套），出租屋主向租客收取高价水电费一直是网友投诉热点和难点。对此，市物价部门试点实行了出租屋水电费收取规定，从2014年起正式实行。

群众利益无小事。针对网友张先生讨薪不成的投诉，东莞市人力资源局前后三次派出工作人员到张先生曾任职的工厂，最终为他追讨回存在争议的工资5300元。

统计显示，2014年，“阳光热线”问政平台受理投诉32,054条，回复32,019条，回复率达99.89%（满意率达77.66%），20个工作日内回复。去年第二季度起，该平台把群众的满意度纳入考核。

政府部门“错了就道歉”

“阳光热线”直播间是“阳光热线”问政平台下的一个栏目。相关部门高度重视，把走进“阳光热线”直播间当成面向社会、与百万市民对话的一次大考，当成全局的一项重点工作。据东莞阳光网总监朱健飞介绍，东莞阳光网为“阳光热线”直播间栏目设置了专门的直播室，每周由各部门主要领导带队上线，诚恳地听取群众的意见和建议。例如，公安局的相关干部来到节目上线后，随即带队到投诉现场办理案件；交警支队干部主动要求上线，并坚持对日常所有群众所有来信进行把关。

借助“阳光热线”问政平台，群众得以释放对政府某些工作的不满意情绪，有力敦促热点难点问题的解决。政府部门干部直接面对群众尖锐的批评，“照照镜、出出汗”，既听“喜”更听“忧”，“错了就道歉”已成为政府部门干部的共识。例如，规划部门2012年向群众承诺要建设8座人行天桥，由于土地、两级财政等原因，一年后事情没有落实，市规划局局长在节目中向市民道歉，又提出解决方案以及新一年的建桥目标。

“网络问政在解决市民问题的同时，也促进政风行风建设，提高行政服务水平。”邓文浩举例说，房产局根据群众投诉集中反映的办证难问题，改造审批流程，使办证时间由法定的30个工作日缩短到5个工作日，提高了行政效能。

专家点评　南方舆情研究院特邀专家、暨南大学副教授麦尚文：“市纪委的介入发挥了督导作用”

关于东莞“阳光热线”问政平台在网络问政方面的实践，南方舆情研究院特邀专家、暨南大学新闻与传播学院副教授麦尚文在实地调研后给予肯定。“阳光热线在网络问政方面的效果是十分明显的，光从这一平台所处理的投诉建议数量来看，已经十分惊人了。从这一平台对政府行为的影响来看，其效果也是很明显的，该平台纳入了180多个政府部门，而且要求他们在一定时限内做出回复，这一机制保证了问政的效果”。

“网络问政的优秀案例必须要具备创新性。东莞在这方面的最大创新是市纪委介入了问政平台，并发挥了督导作用；将部门的回应和处理制度化，并将此纳入了部门的考核范围。另外，阳光热线问政平台与政府的官方问政平台也打通了，这样一来，阳光热线问政平台就切实成了政府传播体系的一部分，使干部与群众之间能更顺畅地进行互动，让网络问政切实发挥其效用。”麦尚文表示。

（南方日报记者靳延明，统筹邹高翔、陈枫，
《南方日报》2015年4月16日A07版报道）

大事小事，村民举手表决才算数

增城市探索和实践“民主商议、一事一议”村民自治新模式，规范议事规则，推行民主商议

东江酒店、天丰酒店、沙庄商贸城、沙庄休闲公园……两年来增城市石滩镇下围村的所有重大项目决策，都是村民代表一票票投出来的，这在以前很少见。自村“两委”建立村民代表议事机制和议事平台以来，村里大小事务的决策，村民代表参加村民代表扩大会议进行讨论、举手表决才算数，村务决策因此大受拥护。

近日，南方舆情研究院组织记者、专家走访下围村了解到，得益于“民主商议、一事一议”村民自治新模式，近年来下围村从“问题村”蜕变为“广州市文明示范村”。增城目前正将“民主商议、一事一议”的村民自治经验分阶段有步骤地在全市范围内试验推广。广州市委常委、增城市委书记欧阳卫民指出，大家的事情大家办，有争议、有矛盾的事情按照大多数人的意志办，事事商量、件件表决，应该成为各级领导干部化解基层矛盾的有效方法。

村民代表对每项村务都有表决权

“一提及下围村，给人的印象就是：班子不和谐，村务不公开，财务不透明，万事村‘两委’讲了算等负面影响，导致村民不信任村‘两委’。”谈起这些往事，下围村党支部书记郭水满满面的皱纹陷得更深。这些年，他一直在寻求问题的解决之道。

上世纪90年代初，下围村曾经是有名的“上访村”“问题村”。被诸多

历史遗留问题束缚手脚的下围村，难有大作为，村民们迫切希望改变现状。2014年初，以规范村民代表会议制度为核心，推行“民主商议、一事一议”村民自治新模式的探索在下围村拉开序幕。

下围村新一届村“两委”首先实行了村民代表民主选举，结合各合作社的户数和人数情况，每5到15户由村民民主选出1名代表参加村民代表会议。村里还制定了议事制度，村委会成员应列席村民代表会议，但作为非村民代表的村委会成员则仅享有“议事权”，没有表决权。

在新的议事机制下，村里大小事务先是经村“两委”开会讨论，再召开村民代表大会进行表决。下围村村委会主任郭庆东说，每月的村民代表大会，每个部门都得汇报工作中遇到的问题，反映村民提出的各种意见，村委会则派人跟踪服务。

有意见摆到台面上来说，是下围村的又一大变化。郭水满表示，村民们有话事权的同时，反对的声音也可以在议事大厅的发言席“放大”，不再是三三两两的窃窃私语，村民们的不同意见得到了充分表达。

村民自发拆违，议事机制效应显现

短短一个多月，200多户村民自发拆除违建和清理青苗，腾出近100亩土地——这是最近下围村在筹建村民休闲公园过程中出现的一幕。

在很多村民看来，换成以前，不要说无偿收回，就算提及补偿，估计大家也得讨价还价，僵持许久。这次“神速”收回集体用地，让很多人直呼“想不到”。

心中放下块大石的郭庆东感慨：人心齐，泰山移！他说，这块集体土地早年缺乏管理，被少数人占用。如今村民代表已经表决通过建公共休闲公园的决定，但集体用地上违建的拆除仍令村“两委”头疼。正当他们愁眉不展的时候，转机来了。“村民议事机制的强大效应得到显现。”郭庆东难掩内心的欣喜。

村民们也在议事机制下尝到了甜头。通过民主商议，村中闲置了近20年、面积达2万多平方米的东江酒店、天丰酒店等物业，经整体收回和出租，每年可为村集体增加收入50余万元；村中臭水塘、臭水涌等得到了清理整治，一批公园、广场和休闲活动中心正在搭建；建立老人生活福利金制度，引进经营者开办幼儿园和卫生站，设立专项帮扶基金……

据统计，截至目前，下围村共召开村民代表会议15次，商议37个议题，表决通过事项29项，否决事项1项，其中已有23项表决通过的事项得到落实办理，其余事项也在顺利落实中，村民满意度较高。

增城3年内建设100个以上民主议事村

记者走访发现，下围村的议事大厅，已不是过往农村开会时“条凳+八仙桌”的会场布置。修葺一新的议事大厅摆放了村民代表议事的大圆桌和长桌，分设有主持席、代表席、列席席、旁听席、监督席及发言席六大功能分区，还有公开重大村务情况的液晶大屏幕。

同时，该村建立了微信村务公开平台，对表决内容事前公示，对会议过程实时转播，保障村民的知情权、参与权及监督权。尤其是出门在外的乡贤，可以在村务公开平台及时了解和参与村里的事务。

结合下围村的经验教训，石滩镇把下辖的原有13个大片细分为26个片，并挑选了一批富有农村工作经验的干部包片挂村，配强配好“片长”、党建指导员和部门驻村责任人，全面加强对村（社区）的领导和督导，切实打通联系服务群众的“最后一公里”，为在全镇推行“民主商议、一事一议”村民自治新模式提供坚强有力的组织保障。

石滩镇党委书记潘小航介绍，镇里主要是督导村“两委”切实做到“三个防止”：防止村书记或村主任的个人意志代替村“两委”的集体意志，防止村“两委”的简单少数意志代替村民代表的大多数意志，防止村民形式上有权实际上无权。

下围村的模式将得到广泛复制。《增城市农村基层民主议事方案》提出，该市将在3年内建设100个以上民主议事村，全面推进农村基层民主议事决策模式，推动农村基层建立科学合理的议事制度，按照程序进行民主议事决策，做好决策和执行结果的及时公开。

专家点评　南方舆情研究院专家委员会委员、中山大学政治与公共事务管理学院院长肖滨：民主治理要充分保障村民利益

“下围村的创新模式足以成为广东各地改革村民自治探索进程中的一道

靓丽风景线。”中山大学政治与公共事务管理学院院长、教授肖滨表示，下围村村民自治的各个环节首尾相连，有效配合，将选举、决策、管理和监督有效整合的村民自治在民主的治理中让村民获得利益保障，破解了“问题村”的利益纷争死结。

肖滨指出，近年来广东各地都在探索改革村民自治的运行方式，普遍的方向都是改革过去单纯的以选举为中心，向民主选举与民主决策、管理和监督并重的村民自治方式转型。在这一进程中，下围村的探索紧紧抓住以完善村民代表会议开会制度确保民主决策这一工作重心，引导村民由民主开会切入，对会场布置、功能分区、议事规则进行优化完善，细化了现有政策对村民代表会议的宽泛设计，让村民学会了如何开会和理性协商。

“一些创新举措，也使得下围村在将村民自治延伸至民主管理的同时，提升了民主监督的实时性和时效性。”肖滨说，比如下围村通过完善议事规则，综合运用多种媒介形成对不同类型村民的村务信息传递，提升村务公开的准确性和全面性，鼓励村民通过不同方式发表村务管理意见建议，这是值得很多地方学习借鉴的。

（南方日报记者辛均庆，蓝云、陈枫统筹，
《南方日报》2015年4月17日A04版报道）

生态文明体制改革的“大鹏样本”

深圳大鹏新区不考核GDP，在全国率先试行干部任期生态审计

在大鹏半岛，人们可以“任性”地呼吸。去年，大鹏半岛空气优良天数总共有356天，空气质量综合指数为3.15，接近国际一流生态城市的标准。

怎样让美好的生态环境持续下去？如何更好地处理保护与发展之间的关系？作为深圳首个不考核GDP的区，大鹏新区去年被确定为深圳“生态文明体制机制改革试验区”，又被环保部特批为全国生态文明建设试点，生态文明体制改革的“大鹏样本”已在描绘。近日，南方舆情研究院组织专家、记者深入大鹏新区调研。

创新　编制自然资源资产负债表

大鹏新区成立3年多，地处深圳东南部的大鹏半岛，东临大亚湾，西抱大鹏湾，海陆域总面积达到607平方公里，海岸线长达133.22公里。深圳建市30多年来，大鹏半岛一直被严格保护和限制开发，划入全市基本生态控制线的土地达222平方公里，森林覆盖率达到76%，野生植物种类占全市的70%。

“保护优先、科学发展、精细管理、提升水平”，这16个字是大鹏新区的发展方针。大鹏新区党工委书记王京东表示，大鹏新区是深圳市唯一不考核GDP的新区，这有利于大鹏在生态文明建设领域闯出一条新路。大鹏新区科学编制《大鹏半岛生态文明体制改革总体方案（2014—2020）》等“1+5”方案，构建系统完善的生态文明制度体系，以制度建设推动生态文明建设健康发展。

据了解，该方案以制度创新为核心，试图在全国率先构建比较完善的生态文明制度体系，为全市乃至全国生态文明体制改革破题探路。该方案实现了一系列的“率先”：率先建立科学统一的自然资源资产管理体制，打造生态安全战略功能区；率先建立最严格的生态环境法治监管体制，打造优质生态产品供给区；率先建立市场化的生态补偿与资源有偿使用体制，打造生态资产交易先行区；率先建立绿色产业引导发展体制，打造高端生态经济发展集聚区；率先建立资源节约集约利用的城区开发体制，打造生态宜居环境示范区；率先建立生态文明建设社会治理体制，打造生态文化理念和价值观推广区。

据了解，目前大鹏新区已在全国率先探索编制自然资源资产负债表，并在此基础上，在全国率先试行党政领导干部任期生态审计；出台《大鹏新区党政领导干部任期生态审计制度》，并根据相关细则进行试点。该制度成为中国首个以自然资源资产负债表为量化依据的审计制度。

善治　较场尾的“华丽转身”

沿着大鹏新区鹏飞路前进，一直到鹏城桥，在大鹏所城的斜对面，海边一栋栋色彩斑斓的民宿，面朝大海，春暖花开。这里不是厦门的鼓浪屿，而是深圳的较场尾。经过一系列公共配套设施的改造，这个曾经破落的老旧渔村，已经华丽转身为文艺走廊。

它的转变，是大鹏新区“善治”的缩影。就在4月，《深圳市大鹏新区民宿管理办法（试行）》正式施行，这是大鹏新区在全国首创的“社区自治”民宿监管模式。“这些民宿存在建筑质量、消防、食品、治安管理等四个方面的安全隐患，形成进退两难的监管困局。”大鹏新区相关负责人说，此次将民宿定位为旅游服务设施，区别于旅馆业，对民宿不设置行政准入，确立“社区自治、行业自律、部门监管、属地统筹、安全经营”的管理模式，充分凝聚社区、原村民和经营者多方共识，形成各方认可的利益公约数，既能保障旅游者人身、财产安全，又能确保民宿行业持续、健康发展，实现生态、经济、民生共赢。

值得注意的是，在这种管理模式中，大鹏新区民宿行业协会起到不小的作用。通过一系列的自律制度，有力地推动社区多元治理和行业自律。“我们将在相关网站设立民宿公示栏，向游客公布新区民宿诚信信息等，并设置投诉电话。”大鹏新区民宿行业协会会长罗健强表示，这一治理模式将政府的“他治”、市场主体的“自治”和社会组织的“互治”结合起来，形成政府、市场和社会协同共治的“善治”格局，推进包容性发展。

专家点评　深圳市政协委员、知名网友金心异：在发展和保护的平衡上探路

“大鹏是深圳的大鹏，也是全国的大鹏。”深圳市政协委员、知名网友金心异表示，丰富的生态资源是大鹏发展的优势，也让大鹏新区政府面临着诸多压力。多年来，正是得益于政府对生态底线的坚守，大鹏美丽的山海风光才得以保护，这是值得尊敬的。新区生态文明体制改革抓住了重点，方向是对的，希望在经济发展和生态保护的平衡上为全国探索出一条路径。

“大鹏新区还要充分利用深圳自主立法权优势，比如制定一个大鹏新区生态建设条例，确定东部湾区的生态区地位。”深圳市建筑科学研究院院长叶青认为，以地方立法的形式确定大鹏生态区的地位非常重要。

（南方都市报记者王成波，南方日报记者辛均庆，林鑫、陈枫统筹，《南方日报》2015年4月20日A04版报道）

“书记信箱群”解决民生实事3000余件

深圳南山区常态化开设网络答政平台

近日，广东省委组织部通报表扬广东省2014年基层党建“书记项目”，深圳市南山区“打通联系服务群众最后一公里，全面建设智慧党建城区”项目获得表扬。

不间断、常态化开设“书记信箱群”网络答政平台，正是南山区服务群众“最后一公里”的利器。“书记信箱”2012年1月在深圳南山网开通，2013年9月向8个街道延伸，组建了“1+8”的“书记信箱群”。3年来，收到群众来信4271封，解决民生实事超过3000件。南山区委书记李小甘及该区8个街道党工委书记做到了每信必看、每信必复。最近，南方舆情研究院组织专家、记者就此展开调研。

40字来信三部门详细答复

3月11日，一位家住蛇口的市民给南山区委书记信箱写了一封信，题目是《蛇口爱榕路打通断头路，为自贸区开路》，这封信的序号为4124，意味着是第4124封来信。来信内容很短，只有41个字——“蛇口爱榕路、金世纪路、商乐路、渔村路打通断头路，为自贸区开路；松山路拓宽，兴海路增人行道和绿道。”

李小甘回信：“请区工务局、前期办研阅。”南山区工务局、前期办、西部交通局很快给了详细的答复内容。对于爱榕路，区前期办提出：“须对规划道路用地范围内多栋居民楼进行大规模的拆迁，近期实施难度非常大，建议待远期进行城市更新时，再行考虑实施。”金世纪路、商乐路已经打通，不存在断头路现象。松山路扩宽由于不在规划内，无法实施。兴海路增人行道和绿道，西部交通局提出将尽快与相关单位沟通联系，制订切实可行的人行道完善计划。

一封群众来信，从书记批阅，到各部门具体回复，再到公开发布，全部在网上进行，群众一目了然。正是这样一封封来信，一个个民意诉求得到解决和答复，推动着南山区不断进步。

构建督办回访长效机制

3年时间，该平台共收集建言献策类来信304封，总字数达13万以上。能够形成如此强大的凝聚力和辐射效应，得益于“平台实用，能化解群众矛盾，解决群众问题”。

“‘书记信箱群’不是区委书记一个人的信箱，实际是区委、区政府和各街道党工委、办事处践行党的群众路线、联系服务群众的平台和桥梁，也是市民参政议政的网络平台。”南山区委宣传部网管科科长刘亚敏介绍，“书记信箱群”收信量逐年增大，2012年881封，日均2.46封；2013年1296封，日均3.55封；2014年1601封，日均4.39封。所有来信南山区委书记本人审阅批示，批示后的每封信件都交区督查室批转。3年来，区委主要领导手写签批群众来信3000多件，超过5万字。

这一成效背后，是南山区委构建的长效管理机制。为确保信箱的规范化运行，南山区委宣传部制定了《“书记信箱（群）”网络平台管理制度》，成立了专人专班和管理团队，建立了一整套办理和限时督办机制，还采取网友线下活动、社区调研、回访函等多种形式，征询网友对信件办理情况的意见建议，对来信的办理质量进行跟踪问效。

专家点评　密切联系群众渠道的新探索

中央党校研究室主任冯秋婷教授认为，深圳南山区“书记信箱群”是落实中央提出“密切联系群众”要求的新探索，非常具有借鉴意义。他们不作秀，不搞形式主义，坚持为群众办实事。不断升级完善，运用新媒体拉近与群众的距离，实实在在为群众办实事，这个模式应该长期坚持下去。

深圳市互联网信息办公室主任钟海帆说，自从有了互联网，就有政府如何利用互联网的问题，比较流行的做法就是网络问政。南山在这方面做出了非常好的探索，用三个词总结——真诚、管用、创新。“线下决定线上，实情决定舆情”，“书记信箱群”以团队的形式确保事情得到解决。

深圳大学新加坡研究中心主任吕元礼教授说，“书记信箱群”拉近了地方官员和群众的距离，促使群众反映的问题能够更快更好地解决，促进各级部门在作风和效率方面的改进，更好地为群众服务。

（南方日报记者丁侃，邹高翔、陈枫统筹，
《南方日报》2015年4月21日A09版报道）

第三届“粤治”（2015—2016年度）

2016年4月26日，第三届“粤治-治理现代化”广东探索经验交流会上南方报业传媒集团副总编辑、南方舆情数据研究院执行副院长曹轲（左一）为专家颁发研究院专家委员聘书

2016年4月26日，第三届“粤治-治理现代化”广东探索经验交流会议发布了2015—2016年优秀案例

政府治理创新优秀案例

惠州市社会信用体系建设

（主创单位：惠州市发展和改革局）

推介词

诚信是市场经济的基石，是现代社会的道德底线。惠州率先在全省建成公共信用信息管理系统，打破信息“孤岛”，对失信者“亮红灯”，对守信者开“绿色通道”，信用体系建设连续3年被评为全省第一，最近又成为全国示范城市，将探索更多经验。

自2012年9月成为广东省社会信用体系建设试点市以来，惠州市按照“互联网+大数据+机构+制度”的理念，坚持以用促建，市县同步，奖惩联动的建设模式，通过“建机构、建制度、建系统、促应用、促合作”的“三建两促”措施，率先在全省建成“一库一网两平台”的市公共信用信息管理系统，率先成立市级信用中心，率先制订“1+4+N”的社会信用管理制度，并运用信用手段创新市场监管方式方法，推动信用在政府管理各个领域的广泛应用。在全省“两建”考核中社会信用体系建设连续3年第一。

按照“巩固（基础）、提升（质量）、优化（功能）、拓展（应用）”的总体思路，采用“三建两促”的做法，推动我市社会信用体系建设。

一是建机构。2012年年底，惠州市成立了由50多个市有关单位组成的社会信用体系建设统筹协调小组，协调推进社会信用体系建设各项工作，制定出台了《惠州市社会信用体系建设工作方案》、试点工作方案和公共信用信息管理系统建设方案，明确了建设任务和步骤。

二是建系统。综合运用“科技+制度”手段，全力推进市公共信用信息

市民在惠州市信用中心窗口办理业务

管理系统建设。出台了《惠州市公共信用信息系统建设工作方案》，明确了构建具有惠州特色的社会信用信息管理系统的基本原则、主要任务、责任分工和实施步骤。

三是建制度。惠州市先后制定了“1+4+N”的系列制度，其中“1”即惠州市公共信用信息管理办法，“4”包括政府公共管理中使用信用信息管理规范、企业信用联动奖惩机制、信用信息报送和应用考核办法、政务信息数据安全保障管理办法，“N”是各专责小组制定的具体实施办法。

四是促应用。建立粮油产品安全可追溯体系。在全省首推粮油二维码溯源，运行粮油二维码溯源系统，全过程监控粮油食品在生产加工、物流配送、质量检测等各个环节的准确信息并传递到消费者、监管者，实现“来源可追、质量可塑，问题可查，责任可究”。

五是促合作。2013年以来，为了加强联合奖惩的力度，我市积极推动区域信用合作，惠州市先后与省内各市进行了信用建设经验的全方位交流，与梅州、河源等地市签订信用建设合作协议。2014年，牵头组织召开了深莞惠与河源、汕尾的“3+2”区域信用合作第一次联席会议，签署了《“3+2”区域信用合作备忘录》，发布《“3+2”区域信用合作宣言》。

目前，惠州已经通过国家社会信用体系建设示范城市的前期审核，预计近期可以获批广东省首批国家社会信用体系建设示范城市试点。

潮州创建乡贤咨询委员会探索创新乡村治理模式

（主创单位：潮州市委）

推介词

乡村治理现代化，是当代中国城镇化亟待破解的重大课题。潮州问道传统文化，在全市1015个村居全部成立乡贤咨询委员会，出钱出力、出智献策，以制度化形式予以规范运行，提高基层治理能力，创新社会治理模式。

当前，潮州正在全市范围内实施一项乡村治理新模式，以设立乡贤咨询委员会，作为村（居）民自治的有益补充，通过凝聚乡贤力量，充分发挥乡贤的亲缘、人缘、地缘优势，弘扬优秀文化，推进基层协商民主，提高基层治理能力，为潮州正在实施的“文明镇街、文明村居”创建活动提供有力支撑。

根据《关于探索建立乡贤创建“文明村居”咨询委员会的通知》方案介绍，委员会人员“由籍贯在当地（指本村、社区），或成长、工作在当地以及姻亲关系在当地，有德行、有才能、有威望、有影响的社会贤达组成”。它甚至包括专业技术人员、民间人才、在本地创业的优秀外来人才。

其基本原则包括三方面：（一）坚持党的领导。乡贤创建“文明村居”咨询委员会在镇街党（工）委和村、社区党组织的领导下培育发展、开展活动，并接受当地党委政府监督管理和业务指导。（二）坚持民事民议。坚持以群众为主体，以需求为导向，以“共商、共建、共享”为目标，发挥乡贤在基层治理中的参谋建议、桥梁纽带等作用，激发群众自治活力。（三）坚持补位辅助。咨询委员会发挥其补位和辅助作用，弥补基层政府和自治组织在公共决策、公共服务、公共管理方面存在的不足，形成有益补充。

挂钩联系潮安区金石镇潘厝村的潮州市委书记李水华，以乡贤身份参加潘厝村乡贤咨询委员会第一次会议

乡贤创建“文明村居”咨询委员会的主要任务是，在本村、社区党组织的领导下，凝聚乡贤力量，协助加强党群联系，推动“文明村居”创建工作扎实有效开展。主要任务包括以下内容：（一）为村、社区经济社会发展和创建“文明村居”建言献策；（二）收集了解村情民意，反馈群众意见建议；（三）向群众宣传上级关于基层建设、基层治理和开展“文明村居”创建的部署和要求。

值得一提的是，在乡贤咨询委员会建立之前，潮州就有类似形式的民间组织存在的传统，比如老人组、老人协会、潮商会、同乡会等。根据过往情况看，这些民间组织大部分在修路造桥、捐资助学、环卫整治等资金筹措方面发挥积极作用，而乡贤咨询委员会是在此基础上的升格，它更明确了“咨询”作用，突出智囊、共治等角色。

目前，乡贤创建“文明村居”咨询委员会主要通过会议参事的方式开展活动。村、社区一般应于春节期间召开咨询委员会会议，由村、社区党组织书记担任召集人，向乡贤通报当地经济社会发展情况，围绕家乡建设开展。同时，各村、社区咨询委员会可根据成员特长和实际，通过适当活动发挥不同领域乡贤在服务“文明村居”创建方面的参谋作用；通过一定方式了解收集村情民意，向村、社区“两委”反馈。

中德金属生态城探索新型办园模式

（主创单位：揭阳市金属企业联合会）

推介词

产业园区如何闯出新路？中德金属生态城向制度变革要转型动力，摒弃传统“管委会”指令式管理，通过党委领导、政府指导、协会组织、公司营运、市场化运作，以“中国制造2025”和“德国工业4.0”合作共创为导向，激发市场活力，闯出一条跨国合作、集约高效的发展新路径。

中德金属生态城位于揭阳市，规划总用地面积2341.66公顷，计划总投资1500亿元，是揭阳市与德国有关方面共同规划建设的以“国际合作、市场主导、全产业链、环保先行、产城融合”为主要特色的绿色产业新城，于2015年5月获国家工信部批准设立为华南首个中德中小企业合作区。

园区采用“党委领导、政府指导、协会主导、企业主体、市场运作”的新型办园模式，设计打造金属原材料交易与制品销售、研发设计、金属制品生产与机械制造、人力资源、废旧金属产品回收再利用、金融服务六大平台，建设中德“合创小镇”“动力小镇”“智造小镇”三期单位，将于2020年全部建成，预计年可创工业总产值超千亿元。

中德金属生态城深入贯彻落实国家“一带一路”发展战略以及省委、省政府加强与欧美等发达国家合作的决策部署，以“中国制造2025”和“德国工业4.0”合作共创为导向，积极抢抓中德全方位战略合作机遇，打造广东省乃至中国对德合作的重要平台，现为中德经济合作顾问委员会成员、中德中小企业知识产权保护试验区和中德智能制造（工业4.0）创新基地，被广

中德金属生态城初具规模

东省经济和信息化委员会认定为第四批省市共建循环经济产业基地，被广东省科学技术厅认定为第十七批国际科技合作基地，2014年12月获评“广东年度经济风云园区”。

项目的建设得到了国家和省、市党政领导的极大关注和大力支持。广东省政府在2013年出台下达了《关于支持揭阳金属生态城建设的批复》，从体制、机制、土地、财政、科研、教育、环保、金融等九大方面支持园区建设；揭阳市政府也在2015年11月出台《关于加快中德（揭阳）中小企业合作区起步区建设发展的若干意见》，以政策支持助推中德金属生态城创新发展。

在广东省政府下发的《关于支持揭阳金属生态城建设的批复》（粤府函〔2013〕110号）文件，高度概括了中德金属生态城的积极探索意义——创新工业园区建设管理体制，创新国际合作方式，创新传统优势产业转型升级模式。

在过去的一年，中德金属生态城主动对接德国“工业4.0”计划，围绕“4个100”目标（100家中德中小企业对接、交流、合作，100名德国专家工程师签约进厂入企，100项德方高新科技成果和先进设备展示、转让、转化，创立100亿元中德中小企业合作基金），成功举办首届中德中小企业合作交流会，创建中德中小企业合作交流平台，并形成一年一度长效机制，让双方合作有明确目标、有务实成果，也为揭阳市众多中小企业拥抱智能时代提供宝贵经验。

2016年初，中德金属生态城试水会展经济领域，顺利举办首届中德（欧）购物节，促进中德（欧）中小企业的商贸合作，首创“大树底下、花海丛中”的新型生态化购物模式，在实践中走出一条轻资本、新生态、新型综合消费的发展道路。

广东构建运行化妆品安全风险监管新模式

（主创单位：广东省食品药品监督管理局）

推介词

广东化妆品产业占据全国半壁江山，有限力量如何实现有效监管？广东省食品药品监督管理局引入风险管理国际标准，构建了以政府实施风险监管、市场落实主体责任、社会力量共同治理为核心的化妆品安全风险监管新模式，推动监管重心从事前走向事中事后，让老百姓的“美丽工程”更加放心。

广东化妆品产业占据全国半壁江山，是名副其实的化妆品大省，安全治理水平事关全国大局。自2013年以来，广东省食品药品监督管理局按照中央“四个最严”和总局“探索创新监管模式”等一系列要求，在化妆品监管领域引入风险管理国际标准，经过近三年的创新实践，构建并运行了以政府实施风险监管、市场落实主体责任、社会力量共同治理为核心的化妆品安全风险监管新模式，全省化妆品安全治理体系初步建立、治理能力明显提升。

广东省食药监局自2013年机构改革化妆品监管职能归并后，展开了一系列的课题研究。在化妆品质量安全特点研究上，得出了允许实施相对较弱的监管强度和要求实施相对较高的监管效率的结论；在对化妆品市场的质量评价性研究上，得出了总体质量是好的但也存在不少质量安全问题的结论；在与发达国家化妆品监管模式对比研究上，得出了应当选择宽进严管的市场终端风险监管模式和大力发展社会力量参与治理的结论；在对我国化妆品安全事件的回顾性研究上，得出了安全问题主要来自原料特别是非法添加禁用成分的结论。

为把国际标准确立的原则、框架和过程准确地与现行管理体制进行有效

2015年8月，广东省食药监局举行化妆品创新监管研讨会

融合，夯实风险评估、风险防控、风险交流、绩效管理四大基石，广东省食药监局三年来，针对传统模式存在的问题，在创新中监管、在监管中创新，逐步形成了一套由监管理念、治理结构、方式方法、持续改进等内容组成的新模式操作系统，较好地回答了“监管什么”“靠谁监管”“怎样监管”“如何改进”等重大问题。

新模式的首要基石是风险评估。风险评估以风险监测为前提，以风险清单、风险报告输出为结果，目的是为风险防控和风险交流提供科学准确的依据。科学的风险监测评估体系是新模式的基础工程。

新模式的第二基石是风险防控。广东省食药监局在推进化妆品生产许可职能委托下放和注册备案职能相对分离的基础上，将监管重心从事前为主转向事中事后为主，根据风险评估结果，形成了一套以防控安全风险为核心的推进落实事中事后监管责任的组合拳，在实践中取得了明显成效。

新模式的第三基石是风险交流。广东省食药监局自觉担负起了风险交流的主导角色，三年来，既充分利用了自身监管信息资源优势，又充分发挥了社会各界的能动作用，形成了共享监管信息、共治安全风险的风险交流机制和平台。

新模式的第四基石是绩效管理。广东省食药监局在新模式的创新过程中，一开始就引入ISO 31000的管理评审机制，实施了以结果为导向的绩效管理，并在实践中逐步健全完善，开启了持续改进的模式创新轨道。

加大舆情研判和处置工作力度，促进城市治理体系和治理能力现代化

（主创单位：广州市委宣传部）

推介词

移动互联网时代，社会治理如何跟上信息化的脚步？广州建立舆情研判中心，确立24小时值班制度，发挥网情在风险预警、化解危机、通达民情、科学决策中的突出作用，“一网情深”换来网络空间的天朗气清。

广州地处改革开放的前沿，网民数量大、思想活跃，各类经济和社会问题常引发媒体和网民高度关注，并迅速形成舆论热点。广州较早运用网络治理理念进行社会管理创新的积极探索与尝试。

三年来，广州市舆情研判中心有效发挥着网络舆情预警、研判作用，及时研究舆情发展规律，促使政府部门从更多维度、更长时间跨度对舆情进行综合分析。如今，中心已成为党委政府探民情、察民意、聚民智的重要平台，在服务决策、汇聚民智和维护稳定中的作用不断提升。

一是密切跟踪涉穗民生类、重大突发事件舆情动态，促进地方社会经济发展。广州市舆情研判中心紧紧围绕市委、市政府中心工作，不断为广州发展、行政决策提供科学参考。中心不断提升对互联网信息的搜集能力，尤其是通过对海量数据的收集、整理，精准发现涉穗热点、敏感舆情线索。

二是强化分析研判及预警能力，精确定位焦点问题，有效提升全市的舆情应对水平及突发事件处置能力。中心目前形成了每天两报、突发事件另发专报的工作机制。工作人员依托系统推送的数据，通过数据化分析技术及

广州积极引导舆情，及时平息涉火车站等公共场所的谣言

“广州舆情指标体系”，精选出对市领导和有关部门决策有较高参考价值的信息，形成舆情快报等系列产品。在成功应对和处置广州火车站砍人事件、广州地铁“超级细菌”事件、“登革热”疫情防控等事件中发挥了有效作用。如2015年3月6日，有网民传播广州火车站发生持刀砍人事件，迅速引发大批网民关注，并产生了一些不实信息，有关部门利用中心的舆情监测和研判结果，迅速发布权威信息有效遏止了谣言传播。

三是健全舆情处置反馈工作机制，确保民生问题得到有效解决。广州市委、市政府领导及有关部门对网络舆情高度重视，市政府相关部门还专门就中心呈报的舆情信息，出台了《舆情事项处理工作办法》，由市政府办公厅作为舆情事项综合督办单位，建立台账逐项跟进。

四是以网络舆情监测、分析、处置为抓手，带动全市构筑“大舆情”工作格局。舆情研判中目前实现了舆情信息语义分析、大数据分析、辅助决策等应用功能，为网络舆情工作提供坚实的硬件支撑；同时与各区宣传部门、相关政府职能部门实现信息交流、共享，构建主动式预警预测、处置引导及指挥协调的综合性舆情研判体系，形成全市大舆情工作格局。

目前，现代化舆情研判中心针对当前涉穗舆情的最新发展形势，通过大数据、云计算平台、移动互联网等现代化信息技术手段，不断创新舆情研判工作机制，促进从被动式舆情收集研判向主动式舆情引导的转变，形成具有广州特色的舆情传播引导模式。

广东工会法律服务律师团

（主创单位：广东省总工会）

推介词

作为经济大省、人口大省和用工大省，广东如何更好处理劳资纠纷？广东省总工会积极探索创新工会维权机制，在全国率先组建广东工会法律服务律师团，充分发挥律师专业作用，五年多来为职工挽回经济损失8亿元，为广东劳动关系治理探索了经验。

2010年7月，广东省总工会积极探索创新工会维权机制，联合省司法厅、省律师协会共同组建广东工会法律服务律师团，充分发挥律师专业作用参与劳动关系治理，成为全国第一个“吃螃蟹”的省级工会。广东工会法律服务律师团成立五年多来，为职工和企业工会提供多项服务，为职工挽回经济损失8亿元，深受职工信赖和认可，得到社会各界高度赞赏和各级领导肯定，成为广东工会法律服务的拳头品牌。

广东工会法律服务律师团由省总工会律师团、21个地级以上市总工会和顺德区总工会律师分团组成，成员包括社会律师、法援律师和高校法学专家等共1402人。工会律师团通过“三专”即专门化的工作制度、专业化的人员构成、专家化的服务水平为职工提供优质法律服务，帮助职工维护自身合法权益。一是工作制度专门化。成立伊始，省总工会就制定《工会法律服务律师团管理暂行办法》，明确律师团服务宗旨、内容、形式，保证律师团具体工作有序开展，保证工会法律服务的规范化、专业化。二是人员构成专业化。律师团成员包括劳动法领域的知名律师、高校法学教授和经验丰富的工会系统法律援助律师，基本涵盖了省内劳动法理论界和实务界的高端人才。三是服务水平专家化。律师团成员普遍理论功底深厚、实践经验丰富、态度诚恳耐心，在参与集体协商或处理劳资纠纷时，用人单位易于接受律师提出的协商条件或调解意见，职工也能更好理解法律赋予的权利，自觉理性维权。

接受广东省总工会法律援助的职工到广东省政府法律顾问室送上锦旗

广东工会法律服务律师团秉承以专业服务社会的真诚信念，不断创新工作方式，积极参与构建和谐劳动关系，成效良好。一是从坐等上门向主动走访延伸。引导律师团成员主动为职工提供法律服务，制定《广东省工会法律服务律师团主动办案工作制度》，每名律师团成员每年为职工办理不少于两件劳动争议案件，案件办理情况纳入年终考评范畴。二是从消极等待向积极介入转变。省总工会劳资纠纷应急处置分队前往一线直接处置劳资纠纷群体性事件时，均带上律师团律师随队出动。三是从服务个体向服务整体拓展。2015年，省总工会与省司法厅联合印发《关于聘请工会律师团律师担任企业工会法律顾问的工作制度（试行）》，省总工会出资聘请工会律师团律师每人挂钩1—3个企业担任企业工会法律顾问，预防排查企业劳资纠纷，在帮助职工的同时，也为企业工会整体保驾护航。

党的十八大以来，依法治国理念深入人心，以法治思维法治方式处理劳资矛盾，维护职工合法权益也成为社会共识。广东工会律师团积极参与调处劳资纠纷，通过引导劳资双方开展平等协商、为职工提供法律援助等方式，有力地维护了劳动关系和社会稳定。

广州（清远）产业园探索精准扶贫管理运行模式

［主创单位：广州（清远）产业转移工业园管委会］

推介词

扶贫如何从“大水漫灌”走向“精准滴灌”？广州（清远）产业园克服规模扩张冲动，严拒粗放落后产能，引进高科技企业，撬动社会资本，创新投融资模式，在青山绿水间腾起一座有温度、有情怀的工业新城。

广州（清远）产业转移工业园（以下简称“广清园”）经过一年多的开发建设，从一片“毛地”变成一个热火朝天的建设工地：近万亩土地完成“七通一平”，配套设施不断完善；签约入园项目60多个，计划总投资330亿元以上，预计产值达1100亿元。其中，动工产业项目35个，从今年3月已有项目陆续建成投产，一个现代化产业园区的雏形初步显现，到2020年底可实现“再造一个清远工业”的目标。广清园在短时间内开发建设取得的成绩，得到社会各界的广泛认同，也证明了“广清园模式”的成功。

为贯彻落实中央扶贫会议精神，确保在2020年底实现全面建成小康社会的目标，省委、省政府在继续做好过去采取的“扶贫双到”做法基础上，提出的建设产业园，实行产业帮扶的策略，本身就是帮扶工作的创新，目前来看，也是行之有效的。就广清园的管理模式来讲，主要有以下几下方面：

（一）“政府+公司”模式。从整体上讲，园区成立管委会，并作为清远市政府的派出机构代表清远市政府履行政府职能，同时注册成立投资开发公司负责运营，公司根据管委会的统一决策进行运作、落实。这样就实现了“政府主管、市场配置”的有机统一，在政府主导下，使政府的决策有了市

广州（清远）产业转移工业园规划图

场运作的平台（融资等），依靠市场又不完全依赖市场，又能打破政府机关在市场运行中的“约束”。

（二）“派出方主导”模式。广州开发区成立三十多年，主要经济指标始终走在全国各国家级开发区的前列，积累了丰富的产业园区开发建设的经验，拥有丰富的资源，由广州开发区派出的团队主导园区开发建设，可以直接“拿来”使用，能使园区迅速树立自己的品牌，扩大影响，快速打造升级版产业园区。

（三）“充分授权、封闭运作”模式。根据广清两市合作共建广清园的框架协议，清远市将66项职权授予园区管委会，相关职能部门相应刻制20枚3号印章移交园区使用，行使市一级的审批权限；人民银行广州分行批准园区设立独立金库，建立一级财政预决算，确保财政相对独立。这样的顶层设计，有利于排除对园区建设的各种干扰，有利于提高决策效率，有利于降低部门间协调的难度，兑现了“办事不出园区”的承诺，降低了项目投资的风险和时间成本，增加了企业和投资者的信心。“充分授权”是“封闭运作”“派出方主导”的前题条件，“封闭运作”是确保园区开发建设高效运行的保障。

广清园经过一年多时间的开发建设，不仅证明建设产业园，实行产业帮扶是在相对短期内迅速改变地区落后面貌的最佳策略，是对口帮扶模式的创新，更加证明广清园管理运行的模式是行之有效的，是园区开发建设模式的创新。

“集思公益　幸福广东”支持妇女计划

（主创单位：广东省妇女儿童工作委员会）

推介词

在“全民公益”时代，广东省妇女儿童工作委员会通过集纳政府资金与社会资本，打造PPP投融资的公益版，创新性地运用个性服务、部门联动、专家辅导，最大限度调动社会资源，汇聚起关爱妇女儿童的强大暖流。

近年来，广东省委、省政府加快创新社会治理，发挥工青妇等人民团体枢纽性作用，更广泛地联结和服务社会组织，服务广大群众。为激发民间投资活力，凝聚社会力量，满足妇女儿童多元服务需求，广东省妇女儿童工作委员会围绕“妇女发展”主题，积极探索政府与社会资本合作模式，争取到省政府和李嘉诚基金会共同出资2000万元人民币，于2012年10月启动了“集思公益　幸福广东”——支持妇女计划。本计划以“妇女发展、性别平等、公众参与”为核心理念，以培育社会组织，开拓社会服务空间，为广大妇女发展提供多元服务为宗旨。广东省妇女儿童工作委员会为执行机构，广东省妇女联合会、广东省民政厅、广东省社会工作委员会为支持机构。

本计划历时3年分两期执行，至2015年10月底基本执行完毕。两期收到社会组织申报的妇女公益项目申请共2219个，设四个资助档次，公众投票决出获资助项目177个。为扶持更多社会组织实施优秀创意，2014年李嘉诚基金会再次拨款人民币200万元，从票决落选项目中择优29个项目予以特别资助，两期（连特别资助，以下同）共拨出资助款18,456,802元，资助项目共206个，其中1万—5万元以下项目92个，5万—10万元以下项目107个，10

“集思公益 幸福广东”——支持妇女计划惠及农村地区妇女

万—50万元以下项目6个，50万—100万元项目1个。获资助项目服务涵盖教育、医疗卫生、劳动就业、文化体育及残疾人康复社会服务五大领域，服务覆盖全省21个地级以上市及顺德等40个县（市、区），由141个社会组织具体执行（剔除两期重复执行机构），其中一期执行机构56个，二期执行机构56个，特别资助执行机构29个。

至2015年10月底，除1个因故申请中止执行外，其余陆续执行完毕并相继提交结项报告与财务报告。根据各个项目报告显示，如期结项172个，申请调整结项33个。两期直接服务妇女儿童68万人次，间接惠及至少259万人，有效回应了妇女儿童多样性社会服务需求。项目引入专业社工或聘请社工督导200多名，发展义工2900多人，参与志愿服务近2万人次。执行期间，项目办先后组织了两次集中检查和多次不定期检查。经执行机构结项自查、独立第三方评估验收，各项目的人员配置、财务管理、信息公开、执行开展等总体反馈良好。经项目办评估，206个项目中被列为优质管理项目的有65个，占31.55%；被列为规范管理项目的有129个，占62.62%；被列为欠规范管理项目的有12个（含1个中止），占5.83%。普华永道会计师事务所的财务审计意见认为，集思公益项目的收入支出表在所有重大方面按照《行政单位会计制度》中有关收入及支出的相关规定编制，会计核算以收付实现制为基础编制并执行相关会计政策。

江门“微市长”微信公众平台

（主创单位：江门市政府）

推介词

网络时代如何更好地走群众路线？江门在全国率先以“微市长”命名建设官方微信平台，整合政府服务资源，全天候提供政务公开、群众办事、便民服务，成为“互联网+政务服务”的创新典型。

江门“微市长”作为全国首个以“微市长”命名、代表地方政府提供服务的官方微信公众平台，有“微”必应，无“微”不至，是江门先行先试，政府治理创新的重要举措。

江门“微市长”微信公众平台（以下简称“微市长”），是江门市政府积极适应移动互联网和社交网络快速普及的大趋势，整合政务资源，创新打造的24小时全天候服务群众的“网上政府”。“微市长”充分利用“12345”政府服务热线长期积累的资源，成为全市统一的接受市民咨询、诉求、建议的微信公众平台，以此引领“12345”政府服务热线工作，拓宽、畅通群众诉求渠道，满足市民群众多样化、多层次的服务需求。“微市长”秉承“倾听民声、集聚民智、排解民忧”的宗旨，设置了“微服务”“微互动”“微发布”三大功能模块，涵盖信息公开、群众办事、诉求表达、便民服务等全方位内容，让市民群众只须“动动手指”就能随时随地表达诉求、反映问题，实时了解政务服务信息、政策法规、办事指南，即时查询事项处理进度等，为政府治理创新提供了新路径、新经验。

自2015年5月20日正式上线运营以来，截至2016年3月底，“微市长”关注用户量达61,160个，与网友互动信息30,249条，受理有效事项11,657宗，其中由热线接处中心直接答复7443宗，即时办结率100%，转部门办理的事项4214宗，办结率96.89%，市民满意率93.16%，获得了广大市民群众的“点赞”。“微市长”上线以来，腾讯网、新华网、凤凰网、南方网、金羊网等国家、省级媒体都进行了专题报道，高度评价“微市长”是江门政务便民服务的一大利器，是市民24小时实时与政府交流、表达诉求的政务“私人助手”。

江门“微市长”手机互动页面

推动“五个首创”，实现行政效能和社会效益“双提升”。以敬民之心，行简政之道，江门市坚持先行先试的首创精神，全力推动以“微市长”为代表的政府服务改革向纵深发展，实现企业群众办事的“爽”。

一是首创一号纵横联动，涵盖市直部门、三区四市等400多个平台单位，实行“统一接听、按责转办、限时办结、统一督办、统一考核”机制，实现“市长”无处不在。

二是首创一号“百事可知可办”，通过部门信息共享使市民可以获取全市政务信息和便民服务，实现服务无“微”不至。

三是首创全天候网上自助服务，依托移动终端和微信，实现办事“随时随地”。

四是首创多渠道微信问政，开设意见征集栏目，不定期举办开放活动，实现“民生热线”手机同步直播，拓宽市民参政议政渠道，并通过大数据及时分析社情民意，实现与民意“无缝对接”。

五是首创“12345城市管理服务先进标准体系”，通过省认证，成为省试点，对事项受理、录入、转办、回复、回访按标准流程操作，实现“民有呼，政必应”。

中山市南头镇"微治理"系统

（主创单位：中山市南头镇党委）

推介词

基层政府如何准确把握社情民意，高效处理民生"小事"？中山市南头镇开通"微治理"微信互动平台，打通联系群众"最后一公里"，疏通"为群众办事"毛细血管，实现了基层治理的扁平化和精细化。

移动互联网时代，镇街一级基层政府如何准确把握辖区社情民意？如何高效地处理群众关心的"小事"？党委政府如何对下属单位进行扁平化管理？在中山市南头镇，一个基于微信公众号的问政系统成功地完成了以上几个目标。

2015年以来，中山市南头镇开发出"南头微治理"微信系统。群众可通过系统反映各类问题，系统自动分配给各部门，南头镇党政班子成员对责任部门的办理情况进行全流程监管，并在事后给出评价。这一系统，运用信息化手段填补了信息鸿沟，打通了基层治理的最后一公里，实现了基层管理的扁平化和精细化。

在中山南头镇，越来越多的群众养成了这样一种习惯：走在路上，看到路边贴有牛皮癣等，就随手拿起手机拍下，并上传到一个叫作"微治理"的平台。快的时候，他们在第二天便能看到昨天上传的问题已经得到解决。

南头镇创建"微治理"平台至今，该平台收集处理群众反映的问题近1600条，因为谋事实在，南头镇的干群关系也因此变得日益融洽。

家住在南头镇，目前在奥马三分厂工作的朱銮胜，在今年7月份的某天，走在路上发现路边一个坏了的沙井盖。他打开手机，将眼前看到的景象拍下来，上传到该镇的“微治理”平台。第二天再经过该处的时候，他意外地发现，昨天还残缺的沙井盖，不知不觉已经更换成全新的。这跟以前相比，简直是天壤之别。“以前我找到社区，走程序一般要7—8天，有时候为了能够快点，我们直接找到部门，但最快也要四五天。”

南头镇“微治理”平台使民生问题迅速上传，迅速解决

和朱銮胜一样，因为尝到了好处，从“微治理”平台创建至今，南头镇越来越多的群众，加入到该平台的互动中。信息内容几乎都集中在牛皮癣、路上坑洼、垃圾乱倒、电线掉了等鸡毛蒜皮的小事。这些小事的妥善处理，让南头的干群关系向前迈出了一大步。

“这个平台主要是解决了联系群众最后一公里的问题。”南头镇流管办负责人李超一针见血，他举例说，“例如哪个地方的电线掉下来，相关人员没能及时发现，群众就会说部门不作为，现在通过这个平台，不仅能及时发现问题，还能及时解决群众的问题。”

南头镇民安社区内勤梁杰向记者透露了一个有趣的现象：平台运行之后，她每天需要转达处理的问题比平时多了三成，工作量却比之前减少了一半左右。

这其中的“奥秘”，在于部门的工作方式实现了从“求文求真相”向“求图求真相”转变。“以前群众过来投诉问题之后，我们需要写书面报告，呈交给社区书记，书记签字盖章之后，再递交给相关部门，部门处理完之后，再通过书面报告回复我们。现在有了平台之后，群众过来反映问题，我们拍下照片之后通过手机上传，并将其分给相关的部门就可以了。”

以牛皮癣清理为例子，以前整个流程下来慢则需要7天，快则需要5天。现在快的时候，今天上传，第二天就清理完了。

舆情引导优秀案例

舆情引导“供给侧”改革的深圳实践——以光明新区“12·20”重大滑坡事故为例

（主创单位：深圳市互联网信息办公室）

推介词

深圳“12·20”重大滑坡事故引起中外媒体和社会各界强烈关注，一度形成全国乃至全球高度聚焦的社会热点。深圳有关方面通过及时主动的新闻发布、专业化的媒体运行和因势利导的舆情处置工作，为事件救援处置营造了平衡有序的舆论环境，成为年度重特大突发事件舆情引导的经典案例，为新形势下突发事件舆论引导工作积累了宝贵经验。

2015年12月20日中午11：40左右，深圳市光明新区一处淤泥渣土受纳场的人工堆土发生滑坡事故，造成15家企业22栋厂房和民宅被掩埋，76人失联。事故将深圳推向了全国乃至全球舆论的风口浪尖。有关“深圳滑坡”的信息立即成为中外媒体报道的焦点新闻和全国各大论坛、微博微信等社交媒体的热点话题。

与抢险救援同步，另一个“战场”——信息发布和舆情引导的战斗也打响了。在中宣部和省委宣传部的强有力支持和指导下，深圳市委、市政府坚持公开透明、实事求是的原则，快速反应、科学应对，采取有力举措，舆论引导工作赢得了主动，媒体报道和舆情态势有序可控。

西方媒体报道认为，（这次事件）“信息发布公开，很及时”，并就此评论认为：“中国政府舆情应对能力日显娴熟。”

深圳“12·20”重大滑坡事故的舆情应对，立足政务信息公开理念，从

滑坡事故处理现场指挥部共举行10场新闻发布会，有效引导了舆情

信息发布、议程协调和媒体服务的源头开展工作，是深圳建立重大舆情应对综合协调机制、加大舆情引导“供给侧”改革探索的一次成功实践。

12月20日，深圳微博发布厅成员单位——“深圳消防之窗”微博13：03发布事件首条信息，“光明发布”微博14：59发出权威信息。当天17：15，现场指挥部举行第一场发布会，到25日晚上，总共召开了10场新闻发布会，几乎每半天就举行一场新闻发布会。通过及时、准确、透明的信息发布，充分保障公众知情权，有效引导了舆情。

事故发生后，境内外各路记者纷至沓来，累计约有83家境内外媒体的538名记者（包括外国媒体18家43人，港澳媒体12家42人）采访报道事件。深圳坚持“善待媒体，善用媒体”原则，在采访便利、新闻信息提供和后勤工作等方面都全方位服务记者。

在中央和广东省新闻宣传部门指导下，事件应急救援总指挥部确立了科学引导、理性引导、温情不煽情的舆论引导原则，保障了内容导向和传播秩序。中央、省、市宣传部门五次联合召开媒体新闻通气会，及时传达上级有关精神，深入分析研判舆情走势，有针对性地明确报道基调，提出报道方向和重点，确保国内媒体坚持正确舆论导向。同时，积极做好境外媒体的沟通协调，积极协助境外媒体开展采访，增信释疑。此外，迅速坚决管控网上不实有害信息，保障健康有序的传播导向。

信息技术发展到今天，互联网成为政府职能转变和管理创新的绕不过去的语境。互联网环境下的政府治理，既有挑战，也有机遇。借鉴经济领域的“供给侧”结构改革的理念，我们也可以思考互联网内容治理的“供给侧”问题。

唱响新东莞

（主创单位：东莞市委宣传部）

推介词

2015年和2016年，东莞分别以“不一样的东莞”和“创新东莞”为年度宣传主题，有序引导舆情，向外界推介“东莞故事”“东莞亮点”，使城市形象呈现出“不一样的精彩”，体现在“与过去印象不一样、与网络印象不一样、与其他地方不一样”。开动新思维，唱响新东莞。

近年来，东莞以习总书记关于宣传思想工作的系列重要讲话精神为指引，先后围绕“精彩东莞”“活力东莞”等年度主题，对外讲述“东莞故事”，宣传推介东莞“每天绽放新精彩”的城市形象。经过多年努力，2015年和2016年年初，又分别提出了“不一样的东莞”和“创新东莞”年度主题，全市上下围绕该主题积极开展工作，挖掘、展示、推介东莞不同领域、不同行业不一样的新亮点、新故事和新面貌，让外界看到一个鲜活而又“不一样的东莞”，呈现出“国际制造名城、国家文化名城、现代生态都市”的新形象。

2015年以来，东莞少数企业出现关停外迁的情况，被外界误读为“东莞再现企业倒闭潮”。为积极引导舆论，有效回应并澄清外界的质疑和误解，去年10月份至今，东莞主动策划，组织中央、省、市及境外重点媒体到东莞实地采访调研，分别开展了“经济好不好　基层看一看”、2015年前三季度经济形势分析会、“海上丝绸之路沿线国家主流财经媒体”集体采访市长、“主流媒体走进世界工厂”、“经济活力看广东·转型升级”、中央重点主流媒体团“东莞调研行”共六次大型主题调研和采访活动。

2015年苏迪曼杯羽毛球赛在东莞举办，提升了城市形象

2015年至今，东莞围绕"不一样的东莞"和"创新东莞"两大主题，紧扣创新驱动、"东莞制造2025战略"、机器换人等重点工作，加强统筹，主动策划，讲好"东莞故事"，推介"东莞亮点"。

2015年，东莞相继举办和召开了苏迪曼杯、加博会、漫博会、海博会、智博会、国际科技合作周等30多项重大活动。依托这些大型赛事和活动，东莞精心准备主题热点，统筹整合宣传资源。以苏迪曼杯为例，赛事期间共邀请了13个国家和地区的110家媒体304名记者来莞采访报道，协调各媒体刊播苏杯相关原创稿件8000多篇。

为营造良好发展氛围，东莞在舆论引导上持续抓好舆情监测、突发处置、正面宣传和队伍建设等四方面工作。一是安排专人每日监测、汇编媒体及网络涉莞舆情，并以短信、微信、《舆情信息专报》等方式上报，确保及时掌握舆情的最新动态。二是针对突发事件和敏感舆情，完善和强化舆情处置机制，提前介入，提早处置，大力协调境内外媒体客观报道，保持舆论态势平稳有序。三是对社会关注度高的涉莞问题保持高度敏感，及时澄清回应，消除误解，引导舆论客观中立。四是通过专题授课、模拟演练、实地考察等方式，全面提高我市各级新闻发言人的实战能力和水平。去年7月和12月，东莞分别举办了全市新闻发言人培训班，同时还与中山大学传播与设计学院合作录制了"新闻发布视频公开课"，并在市委党校网络学院上线发布，将队伍培训拓展至网上课堂。

茂名以法治谣出成效

（主创单位：茂名市互联网信息办公室）

推介词

网络谣言已成社会公害，作为网络大市，茂名按照“管得住是硬道理，正能量是总要求”的总要求，主动作为，出实招、狠招、新招夯实思想意识、底线意识、法律意识，推进以法治谣。今天的茂名，已经形成“谣言现身，人人喊打”的高压态势，建立起清朗有序的网络空间。

茂名地处粤西，人口750多万，经济欠发达，但网络超前发展，网民近400万，本地各类网站、微信公众号4000多个，是名副其实的网络大市。受多种因素影响，茂名网络舆论生态复杂多变。茂名市网信办高度重视互联网信息管理工作，主动作为、联合发力、以法治谣，取得显著的成效，仅去年专项整治网络谣言九个月以来，失实帖和谣言帖较同期下降约八成，网络空间日渐清朗有序。

网站方面，采取集中学习和督促自学相结合方式开展学习。建立网站联席会议制度，定期召开学习交流会进行集中学习，共同学习交流互联网相关法律法规知识，探讨遵法违法等正反面案例等。

网民方面，通过广泛开展法律法规网络宣传和结合节点、专项行动等开展主题宣传活动，普及互联网法律法规，引导网民依法上网。组织属地的网站、论坛、微博、微信等网络平台，或在首页醒目位置设置互联网法律法规的链接横幅，或开设有关的网页专栏专版，或设置微博、微信#互联网法规知识#话题、栏目，发布刊载互联网法律法规。如粤西资讯网开展网络普法项目，通过QQ群、微信、短信、网站主页及论坛，制作图解、文章等推送互联网法规知识。

网络不是法外之地，法律是治网之重器。任何人在网络空间胡编乱造、造谣生事、胡作非为，必将受到道德的谴责，乃至法律法规的惩处。茂名市针对网络造谣传谣乱象，加大执法力度，发现一起查处一起，绝不手软。对于情节较轻者，进行约谈训诫，责令整改纠正；对于屡教不改、情节严重者，联合有关部门落地查处造谣者。一方面协调公安、通管、属地网站等各方力量，采用技术手段处理不实有害信息，切断谣言在网络的传播。一方面组织涉事部门、宣传部门发出通稿，第一时间发声，廓清各类不实传言，平息舆情。同时严查谣言源头，落地查人，加大依法打击力度，使造谣者受到应有惩处，形成高压态势，让其不敢造谣，不愿造谣。

2015年至今，查处属地微信公众号33个，约谈运营负责人、责任编辑58人；落地查处造谣网民75人，其中行政拘留15人，警戒教育60人；协调删除微博微信谣言1230条，关停、暂停造谣传谣网站3家。通过加大网络谣言打击力度，造谣传谣的乱象得到极大改善。2015年9月，《羊城晚报》刊登《茂名整治网络九个月谣言帖下降八成，治谣言而不禁言》的报道，盛赞茂名市整治网络谣言效果显著。

在通报违法违规行为时突出“接茂南群众举报”，精心打造了“茂南群众”品牌，形成网络谣言人人喊打的震慑力。通过大力宣传，达到处理一个教育一片的效果。下一步，还将组织本地网站、微信公众号负责人和意见领袖等，去拘留所参观，了解网络违法人员被拘情况，现场接受警示教育。

网传暴恐分子圣诞节袭击广州　广州警方迅速辟谣

（主创单位：广州市公安局）

推介词

2015年12月23日晚，广州，一则突然来临的暴恐消息在微博和微信流传，一时人心惶惶。广州市公安局根据舆情处置机制，快速反映，多部门联合协作，通过@广州公安 微博进行辟谣，有效制止了谣言扩散。从发现谣言到辟谣博文的发出，警方仅用了两个多小时。这是在移动互联网时代，立足新媒体平台，以“整体政府”概念为导向，建立舆情引导新机制的重大创新。

2015年12月23日19时左右，@广州公安 微博突然接到大量网友私信，称“暴恐分子将在圣诞节期间对中国大陆发动系列恐怖袭击，全国多个地市包括广州都被列入了恐怖分子袭击目标”，网友们纷纷来信求证这一信息的真伪。当晚值班的@广州公安 微博小编立即查看网友转发来的信息，发现这类信息在微博和微信朋友圈内被大量转发，同时，随着时间推移，这类信息的各种版本也随之出现，恐怖分子袭击的目标城市越来越多，也越来越具体，从泛指广州市到袭击具体的街道，具体的企事业单位、工厂、学校、幼儿园等，甚至几点几分开始袭击都标了出来……网友们纷纷表示不安，四处求证。

@广州公安 微博小编发现这宗舆情后，立即上报值班处领导，在处领导的指示下，通报给市公安局网警支队、反恐部门、110指挥中心、情报部门进行查实。各部门收到该起舆情后，立即进行查实，发现广州并没有收到指

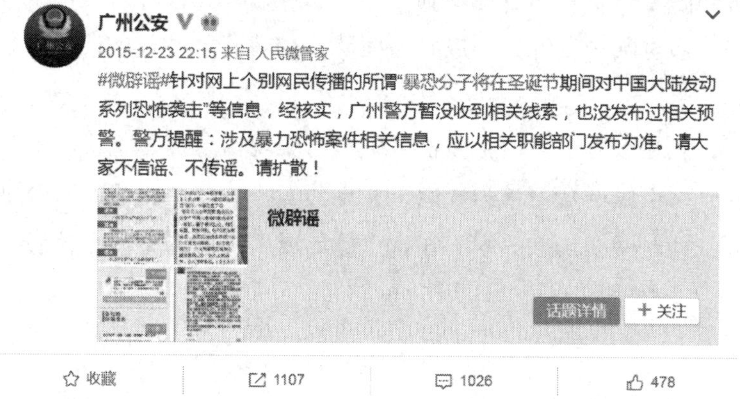

广州市公安局官方微博辟谣

向性的恐怖袭击情报及相关报警信息。12月23日21时30分左右，在得到多个部门的信息反馈后，@广州公安 值班小编立即撰写辟谣博文：“针对网上个别网民传播的所谓‘暴恐分子将在圣诞节期间对中国大陆发动系列恐怖袭击’等信息，经核实，广州警方暂时没收到相关线索，也没发布过相关预警。警方提醒：涉及暴力恐怖案件相关信息，应以相关职能部门发布为准。请大家不信谣、不传谣。请扩散！”该微博经处领导审核后上报局领导，局领导要求立即发布。12月23日22时15分，@广州公安 微博发布该条辟谣博文，立即得到网友的关注，短短一个小时内，阅读量超过100万，收到上千条转发评论，网友们纷纷通过个人微博、微信朋友圈进行转发，对@广州公安 快速澄清谣言的举措表示赞扬，纷纷表示不信谣、不传谣，还有部分网友要求严惩造谣分子。这条博文当晚还迅速被包括公安部刑侦局、中国警察网、平安南粤、新浪广东、广州日报、新华视点、江宁公安在线等在内的各大媒体微博、网站转发刊登。12月24到25日，@广州公安 微博值班小编继续密切关注网上舆情动态，发现此类谣言再也没有进行传播扩散，恐怖袭击的谣言至此得到有效抑制。

这是一起以“整体政府”理念指引舆情处置典型事例。广州公安从几个方面进行有效整合和组织，构建舆情引导新机制：

第一，广州公安舆情引导机制建设过程中，始终注重培养和实践人民警察的核心价值观——忠诚、为民、公正、廉洁，以此来凝聚民警个人的向心力，为部门融合打下政治思想基础。

第二，通过共享资源，形成联合团队，构建高度授权的广州公安网状层次结构。

第三，立足微博平台，打破信息壁垒，实现信息资源整合。

第四，以市民群众需求为导向，实现公安机关公共服务的联合供给。

第五，针对网络公共关系工作特点，形成多维度的整体考核激励机制。

番禺区成功引导“彩虹”台风袭粤舆情

（主创单位：广州市番禺区委宣传部）

推介词

2015年10月，超强台风“彩虹”袭击番禺，三人死亡，逾百人受伤，经济损失严重。当前传播格局下，灾情就是舆情，番禺区及时主动发布灾害信息及救援情况，让官方信息成为第一信源，合理设置舆论议程，正确引导舆情走向，有效遏制谣言信息，树立了化危为机的典型。

2015年10月4日17时许，在“彩虹”台风的影响下，番禺区南村镇、石碁镇遭遇龙卷风正面袭击。灾害发生后，番禺区高度重视舆论引导工作，立刻成立专门的舆情应对小组，有效监测和研判舆情，及时进行权威信息发布，善用议程设置引导舆情，维护了党和政府的正面形象。在事件中，番禺区的舆情引导主要分为以下三个阶段进行：

（一）第一阶段：及时发布受灾情况，保证信息公开透明。

遭到台风袭击后，番禺区迅速成立以区委宣传部为主体的舆情应对小组，第一时间赶赴受灾现场，召开舆情应对专题工作会议，与抗风救灾的各政府部门进行沟通协调，汇总灾害信息，统一消息口径，迅速通过“广州番禺发布”官方微博和微信等新媒体平台对灾害情况进行了官方权威发布。

第一阶段的信息发布主要聚焦于三点：一是受灾情况的迅速发布，如人员伤亡、波及范围、经济损失等；二是便民信息的及时发布，如供水供电的恢复时间、交通管制的范围、避难场所地址等；三是救灾工作的持续发布，如物资发放、救援队伍、灾民安置等。

“广州番禺发布”微博

（二）第二阶段：有效监测研判舆情，合理设置话题议程。

灾害发生后，区委宣传部及时有效监测到网络上出现了一些谣言和负面信息。从10月6日开始，区委宣传部着力将舆情信息工作的重点集中在抗风救灾工作动态和辟谣上。除持续发布关于龙卷风造成的如人员伤亡、房屋摧毁、交通阻断、停电等方面的灾情影响外，区委宣传部还重点跟进发布了受伤人员救治情况、救灾工作的筹备与布置等，牢牢把握住突发事件的话语权，合理设置话题议程，积极主动建立与社会公众的沟通对话话题，引导舆情走向，展现专业的媒介素养，遏制谣言的传播。

区委宣传部持续与各大主流媒体进行协调沟通，主动推送关于番禺区抗灾救援工作等主题的新闻通告和信息素材，展现党委和政府的良好形象，树立公信力，稳定社会公众情绪。

（三）第三阶段：持续发布灾后重建信息，树立政府良好形象。

紧急救援工作后，区委宣传部继续通过“广州番禺发布”微博、微信平台，着手于受灾地的灾后重建工作信息的持续发布，保证舆情引导的连贯性与系统性，树立起番禺在灾害事件救援方面应对得力的良好形象。据统计，区委宣传部共发布灾后重建工作信息内容12条、微信3篇，内容涵盖灾后重建的各方面内容，包括龙卷风伤亡人员救治和康复情况、水电交通恢复情况、余荫山房修葺情况、百年老树扶正等情况。番禺在整个灾害事件中的应对处置过程，未引起网络、媒体炒作，充分展现了番禺区在灾害事件中有效组织、为民便民的形象。

惠州市救治MERS病例舆情引导

（主创单位：惠州市委宣传部）

推介词

2015年5月，MERS疫情在多个国家蔓延，韩国一名MERS患者密切接触者在惠州确诊，成为我国首例输入性MERS患者，立即成为焦点。惠州成立舆情引导专门机构，制定专项方案，指定专人应对，建立规范完整的全链条应对工作机制，做到了信息公开权威及时、舆情态势有序可控、新闻传播规范有效，堪称舆情应急处置的生动教材。

2015年5月27日晚，世界卫生组织向我省通报，一名韩国确诊中东呼吸综合征（MERS）病例的密切接触者经香港入境广东省惠州市，已出现发热症状。接到省卫生计生部门的信息通报后，惠州市委、市政府高度重视，立即启动应急措施，在省卫生计生部门指导下，全面部署救治防控工作。5月29日，国家卫生计生委向社会通报了广东出现首例输入性中东呼吸综合征（MERS）确诊病例。

该病例不仅是我省首例，也是全国首例。病情公布后，引起公众和境内外媒体的高度关注。惠州在启动病人救治和疫情防控工作的同时，由市委宣传部牵头，迅速启动重大公共卫生事件新闻舆情应急处置机制，联合市卫计、公安、外事、侨务等部门，快速反应、主动作为，坚持做好信息发布、媒体接待、舆情监测和舆论引导等工作。截至6月11日，共接待境内外媒体记者100多批次共170多人，撰写推送正面报道180余篇，转发8000余次，阅读量超过200万人次，处置负面信息500余条。由于应对及时、措施得力，从

惠州救治MERS病人期间，记者在ICU门口进行现场采访医生

6月4日起，舆情逐步趋于平稳，集中体现为“四个下降”：媒体报道量、网站论坛转载量、网民讨论量、来惠采访媒体量均出现下降。整个抗击MERS疫情过程中，舆情态势有序可控，新闻传播规范有效。

惠州防控MERS取得良好效果，该名MERS患者被治愈出院，疫情在我市得到有效控制，没有出现第二例患者。事实证明，舆论引导工作为我市打赢防控MERS战役提供了坚强有力的舆论支持。在MERS事件的处理上，惠州的反应速度、应对态度和防控力度在国内外都收获了好评，既展示了我国面对突发公共卫生事件的应急处置能力，同时也将省、市党委政府有担当、负责任的良好形象传播了出去。

一方面，加强正面宣传引导。一是及时主动发布权威信息。从5月28日起，由省卫计委每天在官方网站、微博通报我国首例MERS患者救治情况和疫情防控最新信息，并向境内外媒体发布新闻通稿。

二是着重展现我市防控工作亮点。充分利用媒体集中采访活动，着重展现展示我市防控工作全力以赴、反应迅速、成效显著的工作情况。

三是有针对性回应网民关注热点。对网上言论进行密切追踪和观察，及时探究民众对MERS事件的看法、想了解的问题，及心理状况，并及时联动各部门不断发出有针对性的看法，回应民众诉求。

另一方面，加强负面舆情管控。在MERS病例初入惠州时，无中生有、似是而非的谣言也曾在微信朋友圈中出现，制造恐慌气氛。针对这种情况，惠州在加大信息公开力度的同时，采取有力措施，及时处置负面信息，加强打击造谣传谣行为。

广州地铁有效应对“超级细菌”事件案例

（主创单位：广州地铁集团）

推介词

面对突发事件的新闻处置，必须综合把握“为稳定大局服务”和“满足媒体和公众知情权”两个方面。广州地铁集团在应对“超级细菌”事件时，正是以此为方向，从时、度、效三个维度着手，及时、恰当、有效地做出回应，较好地完成舆情引导的工作，使得一起眼看着很可能造成全城恐慌的事件在短时间内消解。

2015年10月30日10时50分，澎湃新闻发布《广州地铁被检出超级细菌，研究者称不必恐慌应加强消毒》一文。该文指出，广州地铁系统检出超级细菌——耐甲氧西林的金黄色葡萄球菌。报道发出后，迅速在互联网中传播，并引起舆情关注。19时，“广州地铁超级细菌”登上新浪微博实时热搜榜榜首，网友评论主要关注广州地铁的卫生情况及清洁措施。

鉴于事件可能存在导致公众恐慌的重大风险，属于舆情类危机，广州地铁集团迅速做出应对策略，成立处置小组，做好以下四方面工作：

一是在研判后，果断通知各大媒体，当天一定会发布新闻通稿，说明事件，给媒体派定心丸。

二是立即召开跨部门会，由党群总部组织办公室、运营总部集中讨论应对口径，形成新闻通稿，当天向媒体发布情况通报。

三是将相关情况报告市应急办、市疾控中心和市国资委。

四是在广东省疾控中心发布专家答疑后，迅速通知并将相应的口径转发

广州地铁及时平息负面舆情，保障乘客安全出行

给各媒体。

广州地铁的应对把握好了时、度、效三个维度。在“时”的维度，地铁集团快速反应、及时发声、积极沟通。在“度”的维度，地铁公司只说地铁的事，卫生方面的事留给有关部门和专家，不评论非自己领域的专业问题。而在“效”的维度，宣传部积极与媒体记者沟通并承诺当天做出回应、发了通稿第一时间通知了记者、发通稿后进一步了解媒体的反应并做好解释。

由于地铁公司积极的舆情工作，10月30日晚，舆情迅速实现逆转，南方+、并读、中新网等新媒体，开始广泛报道地铁集团和疾控中心的官方信息，引导说明“超级病毒”并不可怕，地铁是卫生、安全、合格的。地铁集团及时发布情况通报，广东省疾控中心也发布专家释疑，舆情迅速逆转并趋向平稳可控。10月31日，《南方日报》《广州日报》等各大媒体均对此事进行了报道，内容集中在研究报告发布者的澄清、地铁情况通报、省疾控中心专家解释等三方面。此后，舆情渐渐趋于平静。舆情处置取得阶段性成效，没有引发公众恐慌。

此次事件的应对得到了多方的认可和肯定。市委任学锋书记评价：“应急处理得好，认真总结。” 市委宣传部副部长叶敏评价：“事件处理得很好！”中山大学传播与设计学院副院长张宁点评：“及时发布、解释清楚，和媒体的沟通、新闻通稿都很不错，是一个应对比较成功的案例。”多家媒体也对地铁集团的应对方式给予了充分的肯定。

肇庆处置商贩与城管执法冲突事件舆情引导

（主创单位：肇庆市委宣传部）

推介词

肇庆文明路商贩阻碍城管执法引冲突事件，舆情发展趋势较为起伏，舆论最高峰出现后，城管、小贩和网民之间经历了激烈的网络舆论博弈。城管部门通过及时回应、公布视频等方法，使得舆论一改“质疑城管、支持小贩”的惯性立场。网民在了解事情真相后，表达出支持城管依法执法的态度。

正在肇庆市全力推进创建文明城市之际，一则城管、商贩发生激烈冲突的消息，引起社会的广泛关注。2015年3月12日下午5时许，肇庆市端州区城管执法人员在文明路对“程村蚝城”餐饮店占道经营等行为进行整治时，程村蚝城员工突然暴力持刀对抗，并朝路人狂摔碗碟。事后，有关“小贩与城管发生激烈冲突”的消息在互联网快速传播。其中，一则配文为“一群人激动地冲了上去，而地上坐着一名流血的妇女”的视频被广泛传播，舆论普遍对城管执法的手段产生质疑。

3月13日，肇庆网信办建议城管部门通过官方媒体等权威渠道，对此次执法冲突事件做出回应。回应称，端州区城市管理联合执法队对城区市容环境例行巡查时，发现文明路程村蚝城将餐台、餐凳等置于人行道上，这不但严重影响了民众出行和交通秩序，而且违反了《城市道路管理条例》有关规定。对此，执法人员上前规劝店主遵守入室经营规范，但店主没听劝告，并伴有恶言。“随后店内一男子掏出菜刀恐吓执法队员，女店主亦将陶瓷餐具大力掷向执法队员，导致参与执法的三名工作队员手部受伤，女店主的投掷

肇庆市端州区城市管理水平借舆情引导再上台阶

行为也造成其本人受伤，城管一名队员为反抗持刀男子袭击而手指骨折。”

城管的回应激起新一轮舆论关注，一直占据主导地位的“质疑城管、同情小贩”的声音开始发生细微转变，支持城管依法执法的声音开始出现。

3月16日，论坛、微信上传播了视频《实拍：肇庆文明路城管冲突事件全过程》并引起网友关注。视频对舆论关注的两个问题进行了澄清：一是城管全程没有暴力执法；二是商贩确实违法占道，并通过持刀对抗、摔餐具等暴力抗法。事实的认定，让大部分网民开始支持城管。

此后，肇庆市民、商家、律师、人大代表等也纷纷通过媒体，表达了对此次冲突事件的看法，力挺城管依法执法。3月19日，持刀相向的商贩被行政拘留。3月20日，商贩在看守所里对来采访的媒体表达了深深的悔意。

根据舆情监测的数据显示，在此次事件中，舆论对城管部门的态度经历了从最开始的质疑到认可的转化，这与城管部门打破沉默，主动应对，积极澄清事实的做法密不可分。

肇庆城管部门的积极姿态同样赢得了媒体的认可，媒体通过采访市民、商贩、律师、人大代表等，发出支持整治城市乱象的声音。在舆论博弈中，借用第三方的数据、话语等做法，也是此次舆情应对的亮点。

总体来说，整个事件发展趋势较为起伏，而城管部门通过及时回应、公布视频等手段，使得舆论一改“质疑城管、支持小贩”的惯性立场，转而支持城管依法执法。

大数据与公共服务优秀案例

大数据服务平台支撑保障代表履职

（主创单位：广东省人大常委会）

推介词

人民代表要充分履行职责，就需要克服代表提交议案、建议的技术短板。广东省人大常委会与时俱进，基于移动互联网、云计算和大数据技术，搭建资讯丰富、智能分析、个性服务、可持续生长的大数据平台，打造“永不闭幕的人大会议”。代表履职突破时间空间限制，随时随地反映人民呼声，受益的是群众，进步的是国家。

2015年，经广东省人大常委会主要领导提议，常委会主任会议研究决定，在“代表履职支撑保障体系建设1——在线交流平台”建成投入使用，取得良好社会效益的基础上，紧紧围绕省人大代表和在粤全国人大代表履职需要，与时俱进，积极开展“代表履职支撑保障体系建设2——大数据服务”（以下简称大数据服务平台）建设，基于移动互联网、云计算和大数据技术，搭建资讯丰富、智能分析、个性服务、可持续生长的大数据平台，为代表履职提供更好的支撑保障。

大数据服务平台于2015年11月在广东省人大常委会第二十一次会议上投入试用，2016年1月在省十二届人大四次会议上全面启用，2016年3月在十二届全国人大四次会议上进一步为广东团全国人大代表提供服务，受到包括全国人大代表和省人大代表在内的社会各界一致好评。

大数据服务平台建设工作坚持“方便实用、集成整合、逐步完善”的原则。以智能手机等移动终端作为主要用户终端，终端程序由面向代表的蓝信

2016年1月22日，广东省人大常委会办公厅举行“大数据服务平台”示范日活动

和面向公众的“广东人大”微信公众号组成，界面友好，操作直观，用户无需专门培训即可使用；建设过程中充分利用现有资源，广泛吸收社会资源，从数据、功能、服务三个层面加以整合；遵循“互联网+”的设计理念，提供的各项服务，均通过“蓝信+订阅号”的方式实现，易用性强，可扩展性好。

建成的大数据服务平台一期工程，以文本数据为主要数据，通过自动抓取与整体集成的方法，实现了包括广东省人民政府网站和省政府各厅局网站，共计367个网站数据的实时抓取，已抓取文件200余万份。通过对抓取文本的大数据分析处理，构建文本信息相似与相关关系网络，便于代表从一个点入手，快速全面掌握与履职焦点相关的权威信息。

按照代表需求驱动原则，围绕代表迫切需要，开设了10个大数据服务订阅号，代表可根据履职需要，自行选择使用，实现了“量体裁衣”式履职支撑保障。大数据服务平台在提供数据服务的同时，还根据实际需要，提供履职沟通、会议等履职活动保障、面向群众的意见征集等实用功能。其中：1.履职沟通功能，基于蓝信系统实现，供代表随时随地与其他代表、人大机关工作人员、选举单位工作人员、议案建议承办单位工作人员沟通交流。2.会议等履职活动保障功能，支持代表参加会议、调研等履职活动时，通过智能手机随时了解活动安排，查阅会议文件，实现“一机在手，会情皆有”。3.“广东人大”微信公众号，面向群众提供法律法规和人大知识查询，推送人大最新信息，同时支持代表通过该公众号向群众发布问卷调查。

政府大数据统筹应用

（主创单位：佛山市南海区数据统筹局）

推介词

南海区成立了国内首家数据统筹局，创新性地提出“数据统筹整合政务资源、业务统筹提质社会治理与服务、数据统筹开放促进创新发展”的发展思路。通过以数据驱动和“互联网+”为引领，推动政府治理和公共服务由传统的以部门为中心，向现代的以公众为中心转型，同时，激活“封闭沉睡”的政务数据，实现有序向社会开放和应用。

南海区于2014年5月成立了国内首家数据统筹局。这是在南海区15年的信息化建设历程基础上，适应经济社会发展和政府治理创新需要的重要举措。南海信息化已走过了搭网络、建网站、做系统的初始阶段，开始步入以大数据技术推动业务流程再造、促进部门协同、支持公共决策的电子政务4.0时代。

在机构设置方面，南海区数据统筹工作实行“一办一局两中心”的管理架构。

“一办”，即网络安全和信息化领导小组办公室。领导小组的正副组长由区党政一把手出任，负责全面统筹全区电子政务和数据管理各项工作。领导小组下设办公室，办公室主任由数据统筹局局长兼任，主要负责协调数据统筹过程中出现的各种问题。成立数据治理委员会、专家咨询委员会、网络安全协调委员会三个委员会，参与决策咨询。

“一局”，即数据统筹局。主要职能是将分散在各部门的数据收集起

南海区发布全区政务数据融合成果，首推“四+1”数据统筹项目提升政府治理能力

来，统一进行提质、分析和应用。数据统筹局挂靠在区委办（区府办），有利于提升数据统筹的权威性。

数据统筹局下设两个中心：政务网络中心，主要负责区电子政务光纤网络平台和政务云平台的建设运维，区政务网统一出口服务、门户网站群平台、超级OA等基础应用平台的建设运维，为政府部门提供信息技术支持。

数据资源管理中心，主要负责数据资源的收集整理、提质存储、共享发布、分析挖掘和开发应用等技术实施工作。

在队伍建设方面，除加强自身队伍建设外，还建立了由单位负责人担任首席数据官（CDO）和由办公室负责人担任数据管理专员（DA）队伍。目前，全区90个数源单位全部设置了数据管理专员，共104人。

在机制规范方面，搭建政务数据统筹机制框架，为数据采集、数据质量管控、数据应用、数据安全等数据全生命周期的管理提供规范。已先后编制《佛山市南海区电子政务网络暂行管理办法》《关于调整区电子政务信息系统项目建设管理事项的通知》《佛山市南海区政务数据管理办法》《佛山市南海区政务数据管理规程》《佛山市南海区政务数据管理规范及实施细则》等一系列规范文件。

经过一年多的努力，南海数据统筹取得了阶段性成果，“图识南海”、“法人平台”、“信用南海”、“数说南海”、“南海一点通”APP、党联系统、检察情报分析系统、社会治理网格化平台、“图释南海”（政务地图）、企业监管平台、“南海一点通”APP等一大批项目相继完成，物联网平台等正在稳步推进中。

岭南通大数据在公共交通出行服务中的研究与应用

（主创单位：广东岭南通股份有限公司）

推介词

岭南通已成为全国规模最大的区域交通一卡通系统，根据自身所掌握的数据优势，通过研究和分析公共交通一卡通大数据，将其应用于公共交通服务领域、公众出行领域、突发事件处理等，有效提升了公共服务能力，改善了公众出行环境。

在广东省委省、政府督办和广东省交通运输厅具体部署下，2011年6月28日，由多家企业合作，正式成立了广东岭南通股份有限公司，以落实推进全省公交一卡通工作，目标是建立全省统一的交通一卡通“类银联”系统，实现“一卡在手，岭南通行”，为岭南大众提供最便利的公共交通出行服务。

截至2016年3月，岭南通已基本开通省内21个地级以上市，服务通达香港、澳门地区，在省内19个地级以上市实现全面覆盖，累计发卡量超过4920万张，成为全国规模最大的区域交通一卡通系统。

大数据云平台以海量的、复杂多样的交通大数据为基础，充分运用云计算、分布式存储等先进技术，基于Hadoop框架构建面向公共交通服务的大数据开放式公共服务平台。平台整合现有基础公共交通、道路客运、城际轨道等领域的业务系统数据，实现公共交通大数据的融合与共享，优化交通资源配置。面向政府、行业、合作伙伴、公众提供交通大数据服务，为交通管理和决策提供智力支撑，提升公共交通一体化的服务内涵。

广东公共交通大数据竞赛

广东岭南通股份有限公司在2013年开始意识到一卡通大数据的重要性，便一直积极投入研究与应用当中，在这3年的发展过程中，相继构建了岭南通大数据云平台系统，形成了11个一卡通大数据研究与应用方向，建立了4项交通一卡通大数据应用规范，参与组织了广东公共交通大数据竞赛，参与省经济和信息化委员会的大数据项目，在公共交通一卡通大数据研究与应用上取得重要的经验和成果。

基于公交一卡通在各种公共交通工具中的应用情况，对一卡通的刷卡时间、类别、频率、数量等数据关键信息进行分类统计，分析不同类型公共交通工具的承载能力和使用强度，分析结果可为交通部门和运输企业配置公共交通资源和投放类型车辆的决策过程提供科学的数据支撑。

广东公共交通大数据竞赛2015年举办，经广东省人民政府批准，由广东省经济和信息化委员会、广东省交通运输厅、广东省教育厅、共青团广东省委员会和阿里云联合主办的广东公共交通大数据竞赛。

广东岭南通股份有限公司作为本次大赛的唯一数据提供方参与了这次数据盛会，经广东省交通运输厅批准，岭南通公司为本次大赛提供了7000多万条经过脱敏处理的历史刷卡数据，参赛选手以此预测不同线路的客流情况和乘客未来公交出行的线路。

通过本次交通大数据竞赛的举办，以公共交通领域应用为突破口，提升大数据在政府公共服务中的研究和应用，打造开放、分享的政府形象，为政府、行业、企业及研究机构挖掘和输送高素质的数据分析人才，推动广东公共交通发展，构建安全、舒适的公共服务出行环境。

本次大赛吸引来自全球的4615支队伍参赛，产生了数百种有价值的预测算法和分析思路，对推动广东交通大数据发展和应用、交通大数据分析人才挖掘、大数据公共服务应用有重要影响。

珠三角大气污染联防联控技术应用示范

（主创单位：广东省环境监测中心）

推介词

各地的PM2.5是多少，空气质量好不好，只要上网点击地图就可以随时查。这项便捷利民的技术，正是来自广东省环境监测中心团队在珠三角大气污染联防联控技术应用示范中的大数据应用。目前，这项技术已推广应用到全国338个地级以上市1436个站点。以监测数据为基础，珠三角地区从监测预警系统、区域协调机制、战略与政策体系构建三个方面入手，在全国率先建立了区域大气污染联防联控技术示范区。

在空气质量监测数据获取上，目前，我省建立了一个布局合理、功能齐全、技术先进和管理有效的珠三角区域大气复合污染立体监测网络，实现了从地面监测到雷达探测到卫星遥测的多维立体监测，并与港澳合作升级组建粤港澳珠江三角洲区域空气监测网络，并启动粤港澳珠三角区域微细悬浮粒子研究合作。以此为基础，粤港双方采取综合防治措施改善区域空气质量。粤港澳珠三角监控网络的监测结果显示，2015年，粤港澳珠三角地区二氧化硫、二氧化氮、PM10、PM2.5等主要指标，与去年相比均有10%以上的降幅，表明区域空气质量有明显改善。

在空气质量发布上，从三项指标推进到包含PM2.5、臭氧1小时浓度等七项指标，从简单数据表格式发布推进到GIS地图式综合信息发布的变革与突破。该成果率先在珠三角地区实现了业务化示范应用，并逐步推广至全国。2014年底推广至全国338个城市1436个站点（含广东省112个站点），重构了

珠三角大气污染联防联控技术示范区媒体通报会

国家空气质量监测网的联网方式，推动了基于实时联网、实时发布以及网络化质量管理新模式的国家空气网的整体技术升级，实现了空气质量监测数据的一点（国家总站监控中心）多发、三级（国家级、省级、市级）直传和统一监管，实现了空气质量发布从城市推进到区域层面乃至全国范围。

广东还构建了区域空气质量多模式集合预报系统。该多模式预报系统实现了自动化和智能化，无需人工干预，完成预报的时间小于8小时，能提供72小时的短期气象要素和空气质量精细预报（不确定性小于30%）和7天的趋势预报，并具有对污染成因进行诊断和来源解析的功能。珠三角区域大气复合污染监测预警技术体系已实现业务化运行，并经过了2010年广州亚运会和2011年深圳世界大学生运动会空气质量保障的实战检验。

在列入科技部863计划重大项目的支持下，珠三角建成了我国第一个、世界上第三个区域大气污染联防联控技术示范区，并以此为技术基础构建了中国特色大气污染防治的区域协调机制，建立了大气污染防治的区域战略与政策体系。其中“珠江三角洲大气污染区域管理技术与机制”是目前世界上第三个，也是发展中国家唯一的一个大气环境管理的区域案例。为了支持这一机制的常态运行，在广东省环境信息中心建设了珠江三角洲大气环境信息系统和辅助决策支持平台，实现环境信息向决策者、科学研究者和公众的服务。

以气象大数据信息化建设助推气象防灾能力提升

（主创单位：广东省气象探测数据中心）

推介词

在全球气候变化极端天气趋于频发的背景下，全省大范围灾害性天气监测率提升到95%，中小尺度突发灾害性天气监测率达到88%。对台风的实况监测范围由原来离岸50公里延伸到200公里。全省气象部门不断加密立体化气象观测站网，打破数据孤岛，构建全省统一、集约开放的气象数据平台。“大数据+高速互联”的手段，为提高预报准确率，推动防灾减灾提供了重要支撑。

天气预警预报准确率的提升，离不开庞大的气象观测大数据，以及高性能的计算能力。2012年到2015年，区域自动站从1793个增加到2160个，天气雷达从9个增加至12个，海岛自动站从23个增加到49个，回南天监测点从无到38个……从太空、高空到地面、海洋的监测布点越来越密，我省立体化气象观测站网建设越来越优化与精细。

这些站点都是气象观测大数据的直接来源。针对海洋气象监测的短板，省气象部门近年持续推进南海气象监测预警等保障工程建设，形成由沿海8部雷达和49个海洋气象站、8个石油平台自动站、4个大型海上浮标站组成的防御台风的“三道防线”。

目前，对台风实况的监测范围从离岸50公里延伸到200公里。我省还在清远、珠海、肇庆新建3部新一代天气雷达及5部风廓线雷达。更为“高大上”的气象卫星观测系统建设也有序推进。全省气象观测系统完备程度提高

广东省气象探测数据中心监控大厅

了30%，气象观测自动化程度提高了200%。全省大范围灾害性天气监测率达到95%，中小尺度突发灾害性天气监测率达到88%。

为了确保气象监测站网正常运作，并通过气象信息化对大数据迅速处理利用，依托互联网和物联网技术，省气象局组织研发涵盖全省所有探测设备的在线监控平台、数据分级质量控制流程，初步建立了全省观测资料、业务系统、服务产品和管理信息等集约一体的数据资源库，服务全省。

除了集约平台，提速互联则夯实了数据资源云上应用的基础。覆盖全省、连接中国气象局的宽带网络系统已经建成，省级1000M MPLS-VPN IP接入运营商骨干专网，省到市50—100M，市到县20—50M，确保信息快速集中；实现一体化业务平台云上部署，全省共享应用，进一步消除市县“信息孤岛”和“数据堰塞湖”。经优化传输和处理流程后，实现了主要观测资料在一分钟内完成采集、传输、质量检验、入库、处理整合，并传输到省、市、县各级预报员桌面，数据质量和一致性也有效提升。预报员只要用简单的代码或在客户端上轻点鼠标，就可以接收到自己需要的数据产品。

以此平台和接口为基础，省气象局建成了集监测数据、数据共享、服务产品、预报预警、业务管理于一体的全省共用业务内网，集约共享了1162种产品，挂接56项业务入口，每天访问IP数达1300个，访问量达30万次；还与三防、水利、国土等部门实现了基于电子政务外网的互联互通，与民航等单位建立专网。

坪山新区以大数据理念推进基层治理能力现代化

（主创单位：深圳市坪山新区智慧社会服务中心）

推介词

经过多年的探索，深圳市坪山新区以大数据理念进行基层治理，已经形成清晰的路径：实施网格化服务管理，实行网格员新区直管，打造综合信息采集系统，构建高效信息采集机制，解决数据源的问题；整合各类信息资源库，打造统一的公共基础信息资源库，解决数据汇集的问题。可以预见，大数据背景下，坪山新区的智慧城市治理能力必将更上一层楼。

深圳市坪山新区以承担国家智慧城市试点区和深圳市社会建设“织网工程”综合试点区为契机，整合服务管理资源、深化大数据应用，建立起以“新区直管”“采办分离”等为特色的社区网格化服务管理机制，并逐步构建智慧城区综合服务管理平台，借此创新城市管理和社会治理方式，改进政府管理决策，提高公共服务质量。

坪山新区围绕打造公共基础信息资源库，解决信息来源问题，建立了以网格信息采集员（简称“网格员”）采集信息为基础，多种信息来源共同丰富基础信息资源库的“1+N”信息采集体系，确保信息的鲜活、真实、全面，为大数据应用提供基础数据保障。“1”就是网格员专职进行信息采集，“N”就是公众参与、自主申报、业务生成等多种信息来源。

为做好信息整合和分析、挖掘工作，坪山新区智慧社会服务中心专门组建了跨部门的数据分析小组和数据可视化小组，加强软硬件建设和专业技术培训，强化大数据应用能力。

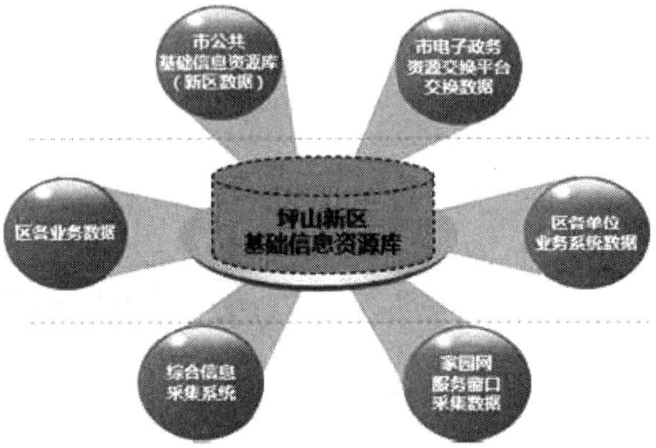

坪山新区基础信息资料库示意图

以大数据理念进行基层治理效果显著。

（一）工作更高效。依托专业化的信息采集和高效监督，坪山新区各业务部门工作不断朝着标准化、规范化、高效化的方向发展，问题的发现与解决更加及时，社会管理效能显著提升。2015年，共采集人口信息855,813条，比网格化服务管理实施前的2013年增加31%，且采集率、注销率、准确率均在97%以上。坪山新区数字化城管和社会综治事件办理数量从2013年的77,616条增加到2015年的112,888条，总办结率从最初的85.61%提升到96.39%。

（二）决策更科学。坪山新区还利用现有资源相继开发了劳资纠纷预警、辖区经济预判、自然灾害防御等跨部门专题应用，开发了统计分析工具模块，各部门可根据自身的业务需要，利用这些资源和统计分析工具自由定制问题及分析模型，进行专题开发，实现循数管理，为领导决策提供更加准确翔实的参考依据。

（三）群众更满意。去年下半年发布的《坪山新区社会建设和群众工作公众满意度调查报告》表明，坪山新区居民的幸福感和生活满意度正逐步提高，对目前生活状态感觉基本满意或非常满意比例达90%以上。

构建食品安全追溯体系　精准严管乳粉安全

（主创单位：广东省食品药品监督管理局）

推介词

食品安全牵动人心，婴幼儿食品关系到国家的未来。广东建成全国首个覆盖生产、流通和销售全环节的婴幼儿配方乳粉电子追溯系统，全省食品药品监管部门以此为切入点，全面推进食品安全追溯体系建设，创新食品监管模式，成效显著。让孩子快乐，让家长放心，是全社会的期待，监管措施的创新，给了全社会信心。

为建立最严格的覆盖全过程的监管制度，保障婴幼儿配方乳粉安全，省政府办公厅于2014年印发了《广东省加强婴幼儿配方乳粉质量安全工作实施方案》，提出建设婴幼儿配方乳粉电子追溯系统，并将此列入了省政府2014年重点工作。2014年12月28日，全国首个覆盖生产、流通和销售等全环节的婴幼儿配方乳粉电子追溯系统在我省正式上线。自上线以来，我省食品药品监管部门以婴幼儿配方乳粉电子追溯系统建设为切入点，全面推进食品安全追溯体系建设，创新食品监管模式，取得了良好成效。

婴幼儿配方乳粉电子追溯系统包括婴幼儿配方乳粉监管平台、生产流通企业追溯平台、公众查询平台，同时开发了公众查询APP、经营者APP应用，为企业、公众、监管部门三方提供服务。

监管人员通过监管平台，可对辖区内经营者的基本情况、许可情况、经营情况、产品流通情况等进行精细化监管、在线监管，然后进行有针对性的现场检查督促。省食药监局负责统一采集国家食药监总局和全国各地监管部

广东省婴幼儿配方乳粉追溯平台网站页面

门婴幼儿配方乳粉抽检信息，系统可自动对辖区内问题产品进行精准定位和锁定，通过预警功能，监管部门可迅速进行处理，督促企业下架、召回，将问题产品的损害降到最低，保障公众健康。

生产流通企业通过企业平台，以数据接口、表格导入、网页录入等多种方式上报产品生产流通数据。通过“一键验收”功能，下游经营者只需要确认即可完成数据上报。为方便经营者上报，还开发了经营者APP，通过简单的扫描功能，即可完成快速数据上报。追溯系统为生产流通企业提供了防假冒、防窜货功能，生产流通企业还可对下游产品流向进行分析、查看，对问题产品实现快速、精准召回，同时有助于企业进行市场分析，研判市场布局，提高竞争力，促进企业发展。

公众可以利用溯源平台、移动APP，通过扫描或者输入溯源码、条形码等方式，方便地对婴幼儿配方乳粉的原料信息、生产信息、流通信息、销售终端、企业自检报告、监督抽检信息等全过程、全方位信息进行溯源查询。对于监管抽检合格的产品，会给予公众详细展示，提高公众消费信心；对于抽检不合格的产品，给出醒目警示，提示公众不要购买，并向监管部门举报；对于自愿登记购买信息的消费者，当系统中发现抽检不合格的产品时，会通过系统短信及时、精准地通知消费者停止食用，减少健康损害。

经过一年的推进，截至2015年12月31日，我省6家生产企业（美赞臣、施恩、雅士利、雅贝氏、高培、美素力）已经全部加入广东省婴幼儿配方乳粉电子追溯系统，并按时上报生产环节信息；全省婴幼儿配方乳粉经营者中有14,820家加入追溯系统，14,779家上报了追溯数据，加入率、上报率达到

96%以上，持续在网率达到93.8%。追溯系统数据不断丰富，目前已有4441个国产、进口品种建立起超过1.1亿条追溯数据，生产经营者上传检验报告2.9余万张，省食药监局采集国家食药监总局、全国各地监管部门婴幼儿配方乳粉抽检数据1338条。公众对追溯系统的知晓度和应用度不断提高，公众APP下载量超过10万人次，公众通过追溯系统进行产品查询次数据近40万人次。

供电企业新媒体运营与大数据运用的探索与实践

（主创单位：深圳供电局有限公司）

推介词

当今时代，谁掌握了新媒体，谁就掌握了企业品牌形象宣传的制高点。南方电网公司深圳供电局注重新媒体运营和大数据运用，创新提出“1122”新媒体运营策略，即“1个主题，1个支点，2个支撑，2个渠道”，以微博加微信为双核开展新媒体运营，讲好电网故事，促进企业品牌持续提升。为处于垄断地位的电网企业树立了新的品牌形象，也为以创新为灵魂的深圳精神注入了新的内涵。

任何一个公共信息传播机构都希望自己传播的信息产生更大的社会影响力，希望赢得公众的信任，甚至希望公众对自己的信息发布渠道形成深度依赖。

在双微新媒体运营探索中，深圳供电局充分结合新媒体和大数据的特点和规律，创新前行，总结出“1122”的新媒体运营策略，即“1个主题，1个支点，2个支撑，2个渠道”，以微博加微信为双核开展新媒体运营，讲好电网故事，促进企业品牌持续提升。

一、1个主题：“电Funny”（即“电趣趣”）

对网民来说，参与群体传播很多时候并没有明确的传播目标。因此，在利用群体传播进行网络推广时，一定要研究并满足网民的心理需求，用新奇、趣味、有意义的焦点内容和陌生化的方式吸引大众，触动其疲惫、麻木的内心。“1个主题”，是指在专业、亲民、有活力、负责任的企业品牌形

深圳供电局微博页面生动活泼

象定位基础上，确立的“电Funny”主题。

二、1个支点：大型活动的策划和举办

“1个支点”，是指通过各种与“电”有关大型活动的策划和举办来吸引网友关注，从而与网友建立良好互动，在互动中提升企业品牌知名度和美誉度。

三、2个支撑：新媒体管理员团队和新媒体通讯员团队

“2个支撑”，是指打造富有活力的新媒体管理员团队和新媒体通讯员团队，作为新媒体有效运营的重要支撑。

四、2个渠道：线上和线下渠道

“2个渠道”，是指线上渠道（微信群）和线下渠道（讲座培训、对标学习等）相结合。

电网企业关系国计民生，妥善处置突发事件非常重要，关键是用好官方微博这个“小喇叭”。借助微博，有助于快速发布权威信息，满足公众知情权，正面引导社会舆论，从而化危为机。

近年来，深圳供电局创新开展新媒体运营，充分利用大数据新兴战略工具，策略应用成效显著，截至目前，深圳供电局不仅新浪官方微博粉丝攀升至40万，官方微信也迅速汇聚了36万“电粉”，除了在电力系统新媒体中屈指可数，还在深圳市政务类微博微信排名中名列前茅。

由于近年来孜孜不倦的努力，深圳供电局官方微信在腾讯2013年度十大“最具创新性微信公众账号”评选中排名第三，更是在2015年12月在乌镇举

行的世界互联网大会上被授予“微信城市服务类——2015年最受用户喜爱服务号”的称号。新浪官方微博获得“2014年度广东影响力飞跃微博”，并和官方微信联袂荣获“2015中国能源企业传播大奖优秀新媒体奖”。

走访案例报道

大数据服务平台：助力人大代表高效履职

为进一步凝聚智慧、推进治理创新，南方报业传媒集团南方舆情数据研究院日前连同北京大学中国政治学研究中心、中山大学政治与公共事务管理学院、暨南大学新闻与传播学院等机构，启动第三届“粤治–治理现代化”广东优秀案例推介活动，征集评选政府治理创新、舆情引导、大数据驱动创新等三类优秀案例。近日，南方报业记者、南方舆情数据研究院舆情分析师和专家学者深入部分案例所在单位和地区实地走访调研，为专家评审提供参考。

“很好用！”广东省人大代表赵广军对大数据服务平台评价说，“通过大平台，我可以随时跟踪我的议案处理情况。”

大数据服务平台，是指广东省人大“代表履职支撑保障体系建设2——大数据服务”项目中，基于移动互联网、云计算和大数据技术，搭建资讯丰富、智能分析、个性服务的大数据平台。

大数据服务平台自去年11月正式投入试用，于今年省十二届人大四次会议上全面启用，为省人大常委会会议、省十二届人大四次会议、十二届全国人大四次会议广东团活动提供了有力保障。省人大代表通过平台提交议案3件、建议783件；辅助全国人大代表起草议案14件、建议485件。

“蓝信+订阅号”搭建桥梁

在省人大的大数据服务项目当中，“蓝信+订阅号”双重搭配，使代表能够利用移动终端更加有效地支持工作。蓝信系统面向代表，实现履职上的沟通交流，代表们可通过该系统随时随地与其他代表、人大机关工作人员、选举单位工作人员、议案建议承办单位工作人员沟通交流。以“广东人大”微信公众号为代表的多个订阅号面向公众，为公众提供法律法规和人大知识查询，推送人大最新信息，同时支持代表通过该公众号向公众发布问卷调查。

平台采用的蓝信系统可支持基于智能手机的文字、图片、音频、视频、可视会议等多种交流方式，信息可随时回查回看，方便代表履职、与相关单位实现立体式交流。平台还为代表开通专属的履职“云空间”，供代表随时保存、使用履职所需信息，率先实现代表“云履职”。

群众意见“一键通达”

省人大常委会副秘书长、办公厅主任戴运龙介绍，目前已完成的只是一期建设，今年省人大将积极开展二期建设。

二期建设将重点加强信息的分析处理能力，提高智能化水平，并扩大信息收集范围，选取社会普遍关注的领域优先开展结构化数据的收集和分析。二期建设完成后，代表们在履职过程中将不仅可以获取定性分析的文件材料，还可获取定量分析的数据结果。

省人大还将在今年开展“代表履职支撑保障体系建设3——代表反映群众意见交办一键通”平台建设。“一键通”平台建成后，代表可随时随地使用智能手机，将公众意见诉求通过手机，一键通达政府相关部门。在群众意见诉求办理过程中，支持双向沟通、多方协调，支持转交、办理情况实时反馈。

专家点评　北京大学中国政治学研究中心教授何增科：粤率先将大数据和代表履职有机结合

“大数据服务平台投入使用，有助于人大代表尤其是基层代表传达社情民意。”北京大学中国政治学研究中心教授何增科在调研座谈会上点评。

何增科指出，国务院去年印发了《关于促进大数据发展行动纲要》，把大数据发展提高到了国家战略的高度，“用数据说话、用数据决策、用数据管理、用数据创新”已成为时代对人大工作提出的新要求。广东人大在全国人大系统中率先将大数据技术和代表履职有机结合，打造智能化履职信息助手，提升了代表的履职实效。

（南方日报记者洪奕宜，实习生温存，
《南方日报》2016年4月13日A05版报道）

代表有了履职APP　掌上随时提建议

粤治·开栏语

第三届“粤治-治理现代化”广东探索经验交流会将于本月底举行。交流会案例征集涉及政府治理创新、舆情引导、大数据与公共服务三大类。近日，专家学者、南方报业记者和南方舆情数据研究院舆情分析师深入部分案例地区实地走访、调研，获得第一手信息，为专家评审提供参考。即日起《南都》将推出“粤治”系列报道。

当了近10年代表，每年在省人代会上提交建议后，赵广军就会处于焦急等待状态，等“另一只靴子”掉下来，因为政府部门会联系、答复他，只是不知道是在截止前的哪天、哪一位。

今年这种等待结束了。“今年我提了一个海洋方面的建议，很着急，有了蓝信后，我能看到谁在办理我的建议，跟谁对接。从等通知，改变为我知道找谁，很快对接好。”省人大代表赵广军向专家调研组介绍，现在手机上装了一个“蓝信”APP方便多了。

和赵广军一样，近800名省人大代表、100多名驻粤全国人大代表都在使用广东省人大代表履职支撑保障体系——大数据服务平台。调研中，代表们反映提交建议、跟踪建议办理、查看会议文件方便多了。

代表现在用得最多的功能就是提供议案、建议、来信等的全过程管理功能。广东省人大常委会办公厅机关事务管理处陈德伟科长介绍，在手机上就能使用大数据平台的所有功能。代表可在蓝信上提交议案、建议、来信等，不用等到开大会时提交，闭会提交建议更方便了，还可查看处理情况，随时联系经办人员，接收答复，做出反馈。

蓝信还有一个好处就是查询资料方便了。蓝信有一个系统叫人大百科，代表通过人大百科子系统可模糊查询文件数据，还可按主题浏览人大及一府两院文件。

代表不单觉得提建议方便，就连参加履职的会议也方便了。

以前代表参加调研往往有纸质的行程，现在看掌中的蓝信就可以了。陈德伟介绍，代表参加会议、调研、视察、执法检查等各项履职活动相关通知、文件、日程安排等信息可直接发送到代表手中的蓝信，实现代表依法履职全周期、全覆盖的自动化和电子化管理。

（南方都市报记者薛冰妮，实习生赵毅鹏，
《南方都市报》2016年4月13日A06版报道）

揭阳中德金属生态城开发模式全国独一无二

创新工业园区建设管理体制、创新国际合作方式、创新传统优势产业转型升级模式

在揭阳中德金属生态城总体规划的2467公顷土地中，有将近一半是天然的山林、绿地、湖泊，最大限度地把绿水青山保留给居民，这得益于中德金属生态城的三大创新——创新工业园区建设管理体制、创新国际合作方式、创新传统优势产业转型升级模式。

政府职能下放市场主体

与国内其他产业园区不同的是，中德金属生态城并没有传统的管理委员会。

2012年6月，揭阳市金属企业联合会成立。当年9月，揭阳市金属企业联合会干了一件在国内都算破天荒的事情——聘请中信证券、北京正略均策、北京大成律师事务所为顾问单位，通过法定程序，自筹自建成立了中国（揭阳）金属产业投资基金，从各成员企业中融资10亿元。

中德金属生态城的建设在全国闯出了独一无二的开发新模式，即“党委领导、政府指导、协会组织、公司营运、市场化运作”。园区内不设类似管委会的一级政府机构。相关政府职能按照规定由社会组织承担的，逐步转移给金属企业联合会实施；不允许转移的职能，则由揭阳市政府通过机构驻点、现场办公、网上办事等形式，并设立行政管理服务平台统一实施。

寻求与德全方位合作对接

为着力推进“中德+教育”“中德+文化”战略，加强中德合作交流，6日，由揭阳职业技术学院与中德金属集团联合承办的德语夜校开班。

实际上，在国际交流合作上，中德金属生态城由点及面，全线推进。

在人才引进方面，通过中德金属科技研究院平台与德国高端机构洽谈，引进德国金属科研以及工业设计人才团队，聘请德国高级技工与工程师常驻园区；在教育合作方面，与德国埃斯林根应用科技大学合作共建中德双元应用科技大学，与德国工会联合会黑森—图林根区大区工会签订了《中德职业教育合作谅解备忘录》，与德国巴伐利亚州工业联合会合作创办中德产业合作教育培训机构……

中德金属生态城寻求与德国全方位合作对接，加强与以德国为中心的欧洲国家进行全面合作，现为中德经济合作顾问委员会成员、中德中小企业知识产权保护试验区和中德智能制造（工业4.0）创新基地，成为广东新一轮对德（欧）合作的领头羊。

建设绿色生态型园区

2015年底，国内首个电镀园区废水“零排放”工程在中德金属生态城投入运行。该工程采用废水分流、分类处理、废水回用、资源回收的技术路线，不仅使废水回用率提高到99.64%，而且还将处理后的金属固废再次回用，彻底实现了废水的“零排放”。

中德金属集团有限公司副总裁刘飞舟告诉记者，在园区的战略设计层面，中德金属生态城每个环节都跟绿色生态型园区、产业转型升级的要求密切相关，充分利用自然条件，创建人工建设与自然环境相依相生的绿色生态型园区，同时考虑到产业的可持续性、技术水平、国际合作，甚至金融创新，系统解决产业转型的瓶颈问题。

专家点评　深圳大学当代中国政治研究所所长、北京大学政治发展与政府管理研究所研究员黄卫平：中德金属生态城是“五大理念”的具体体现

中德金属生态城，是通过行业协会牵头、由大企业家带头、自发推出的

行业自律项目。将揭阳当地的金属加工企业都引入其中整合集约发展，同时积极引进德国先进的制造业技术和管理方式，通过合作、合资经营等形式，由中方提供土地、劳力和资本，由德方提供技术和管理经验，组建和引进一批先进制造业企业，极大推进产业升级换代和可持续发展。2012年项目开创，如今已成为中德经济技术合作国家战略的具体落实平台之一，也是“十三五”规划的“创新、协调、绿色、开放、共享”五大发展理念的具体体现。

（南方日报记者达海军，《南方日报》
2016年4月14日A06版报道）

车间“大树下”废水“零排放”

揭阳中德金属生态城打造“三生一体”的创新产业模式

走进中德金属生态城，映入眼帘的是绿草茵茵、绿树成荫。如果没有指示牌的提醒，你不会想到这里是一个产业园区。“车间在大树底下、家庭在工厂旁边、孩子在父母身边、园区在万亩森林环绕之中，生产、生活、生态三生一体”，中德金属生态城将这样一种理念变成了现实。

在总体规划的2467公顷土地中，有将近一半是天然的山林、绿地、湖泊，最大限度地把绿水青山保留给居民，打造起“大树下的幸福生活”“大树下的创富产业”，这得益于中德金属生态城的三大创新——创新工业园区建设管理体制、创新国际合作方式、创新传统优势产业转型升级模式。

开发新模式　将政府职能下放给市场主体

2012年6月，揭阳市金属企业联合会成立。当年9月，揭阳市金属企业联合会干了一件在国内都算破天荒的事情——聘请中信证券、北京正略均策、北京大成律师事务所为顾问单位，通过法定程序，自筹自建成立了中国（揭阳）金属产业投资基金，从各成员企业中融资10亿元。

揭阳市委、市政府进而明确提出，要理顺政府与市场的关系。中德金属生态城的建设在全国闯出了独一无二的开发新模式，即“党委领导、政府指导、协会组织、公司营运、市场化运作”。园区内不设类似管委会的一级政府机构。相关政府职能按照规定由社会组织承担的，逐步转移给金属企业联合会实施；不允许转移的职能，则由揭阳市政府通过机构驻点、现场办公、网上办事等形式，并设立行政管理服务平台统一实施。

绿色生态园 国内首个电镀废水“零排放”

2015年底，国内首个电镀园区废水“零排放”工程在中德金属生态城投入运行。该工程采用废水分流、分类处理、废水回用、资源回收的技术路线，不仅使废水回用率提高到99.64%，而且还将处理后的金属固废再次回用，彻底实现了废水的“零排放”。

中德金属集团有限公司副总裁刘飞舟告诉记者，在园区的战略设计层面，中德金属生态城每个环节都跟绿色生态型园区、产业转型升级的要求密切相关，充分利用自然条件，创建人工建设与自然环境相依相生的绿色生态型园区。

（南方日报记者达海军，南都记者薛冰妮，
《南方都市报》2016年4月14日A09版报道）

“褒诚信惩失信”机制落地生根

惠州5.3亿条入库信息织就信用数据云

小微企业信用优质，不用抵押也能申请到“征信贷”；21项政府专项扶持金，信用报告不过关则无缘申请……在惠州，信用逐渐成企业的“通行证”。

惠州力推社会信用，源于2012年9月成为广东省社会信用体系建设试点市。如今，该市率先在全省建成“一库一网两平台”，还整合了市直33个部门的数据，编织起信用数据云。今年4月6日，惠州市获国家发改委、中国人民银行批复同意创建社会信用体系建设示范城市。

信息采集量居全省首位

试点3年多来，惠州出台70多项社会信用体系建设的制度，涉及税务、卫生、食药品监管、公共资源交易等方面。

惠州市发改局相关负责人介绍，目前惠州市公共信用信息管理系统已发布两期信息采集目录，整合33个部门的147个数据主题，包含1400个数据项，入库数据量达5.3亿条，信息采集量居全省各地市首位。

不仅市级层面的机制完善，惠州还推动信用服务机构向县区延伸，成立了一家信用评级机构、一家信用研究机构、市信用协会等，初步形成政府主导、市县（区）联动、社会共建的常态化格局。该市还推动与深圳、东莞、河源、汕尾的信用合作，企业信用有“污点”，跨市也甩不掉。

专项资金申请要先查信用

公共资源交易是惠州较早运用信用产品的领域。该市公共资源交易系统与市联合征信系统实时对接，自动拦截违法违规企业。49家“黑名单”企业被系统屏蔽参与土地竞买，6家建筑企业因违法转包、投标业绩造假，被罚两年内禁止承接惠州建筑工程。

如今在惠州，越来越多政府管理事务要求出具信用报告，如农业龙头企业认定、现代产业100强引导资金申报、全民创业资金申请等。

惠州市信用办相关负责人透露，惠州共梳理出涉及10个部门的21项适合使用信用报告的专项扶持资金，总额达1.24亿元。企业有不良信用记录，申请将被“一票否决”。目前，惠州市信用中心窗口已出具信用报告4000多份，接受咨询超过2万人次。

信用记录好，贷款更容易

“信用记录好，贷款更容易了。”惠州市四季绿农产品有限公司董事长张宋说。

这源于惠州引导银行创新推出小微企业“征信贷”。据介绍，该市信用中心为中国建设银行惠州分行开通公共信用信息管理系统使用权限后，该行结合公共信用信息，综合评价企业及企业经营者信用，对资信良好的小微型企业发放信用贷款。目前已成功发放21笔共3460万元纯信用贷款。该行使用惠州市公共信用信息管理系统参与贷前调查、贷中作业和贷后管理，涉及贷款共有1471笔63亿元。

惠州市发改局相关负责人说，依托信用信息系统，惠州市信用办正联合中国人民银行惠州市中心支行建设中小微企业融资服务平台。借助这一“金融网上服务超市”，企业可授权推送信用报告，为融资方和资金提供方搭建沟通平台。该平台今年将上线运行，有助解决中小微企业融资难问题。

专家点评　郑州大学公共管理学院副教授、中央编译局博士后研究人员刘兆鑫：“惠州经验”值得学习借鉴

惠州将信用社会的理论、理念和设想通过切实的制度安排和政策措施付诸实践，以“守信有利、失信有损”为原则促进“信用增值”，积累了宝贵经验。第一，信用信息多部门共通共享在许多地区实现起来有难度，惠州做法和经验值得学习；第二，信息库建设、信息使用、信用教育和培训、信用市场等全方位推进，有利于解决单一渠道失效的问题，值得推广；第三，政府管制与服务、市场化运作和社会公益行动有机结合体现治理现代化的要求，是值得深入研究并持续推进的模式；第四，正面引导和负面惩戒相结合，制度安排上的许多设计，如授权制度、中介市场等，对预防“信用滥用”有帮助，值得借鉴。

（南方日报记者周欢，《南方都市报》
2016年4月15日A08版报道）

交通违章达95次　惠州一企业贷款遭拒

惠州率先建立公共信用信息管理系统，企业失信将入“黑名单”，贷款、投标均会受阻

银行发放贷款时，如何确认企业是否欠税？是否存在金融风险？政府采购招标时，如何判断竞标单位是否合法合规？在惠州，企业和个人的不良信用记录都将收录到公共信用信息管理系统中。个人违反交通规则等不文明行为将被记入个人信用档案；企业经营不诚信，可能被列入“黑名单”；小微企业信用良好，可以获得更多信用贷款。

财产申报进公务员诚信档案

2012年9月，惠州市成为广东省社会信用体系建设试点市，率先在全省建成“一库一网两平台”（公共信用信息库、信用惠州网、数据归集平台和信息应用平台）的市公共信用信息管理系统。目前，该系统已经整合了市直33个部门的147个数据主题，包含1400个数据项，信息涵盖了企业、个人、事业单位、社会组织四类主体，入库数据量达5.3亿条。

惠州市发改局有关负责人介绍，惠州市信用信息记录报告在公共资源交易、财政性资金分配、评先评优等政府管理，以及工程建设领域等重点领域均有应用，形成了多层次的应用对接。

依托公共信用信息管理系统，惠州市农业、税务、旅游、社会组织、卫生、环保等部门都已开展信用等级评定工作，工商、国税、地税、检验检疫、海关等部门对企业实行等级分类管理。对等级高的企业实行优待，对等级低的企业重点监控。建立“红黑榜”名单，及时公示守信企业，曝光失信

企业和违规人员信息。

此外，公务员、企业法定代表人、教师、医务人员、导游等14类人群，也是惠州推进信用体系建设的重点。其中，公务员财产申报、个人重大事项申报、廉政记录、年度考核结果、违法违纪违约行为等将纳入公务员诚信档案中，作为干部考核、任用、奖惩的重要依据。

一次失信，终身不贷

惠州依托市公共信用信息管理系统，建设了中小微企业融资服务平台。建行惠州分行相关负责人介绍，目前已成功发放21笔共3460万元纯信用贷款。

失信的企业想贷款则难上加难。2014年10月，惠州市一家主营汽车销售的商贸公司以购新车为由，向建行惠州分行申请小企业贷款1500万元。但查询发现，该企业存在多达95条交通违章记录，后经深入调查发现，该企业在人民银行征信存在不良信用记录，在同行中口碑也较差。该负责人说：“我们分析判断该企业不重视自身信用，即使其他条件都符合，我行仍拒绝了它的贷款申请。”

在推动农村信用建设方面也是如此。博罗县向符合要求的农户颁发“诚信通”卡，不良信用将记录在档，银行还会取消贷款资格，甚至给予“一次失信，终身不贷”的重罚。

交易系统屏蔽“黑名单”企业

失信企业在参与公共资源交易、政府招投标中更是寸步难行。2013年4月起，惠州市公共资源交易系统与市公共信用信息管理系统实时对接，对不诚信交易主体自动识别，拒绝其登录交易系统。

目前，土地与矿业交易中心对欠缴地价、闲置土地、违反合同约定等不诚信交易主体在库记录达57家。截至去年6月，有49家“黑名单”企业被系统屏蔽参与土地竞买，6家建筑企业因违法转包、投标业绩造假，被罚两年内禁止承接惠州建筑工程。

专家点评　第三方评价机构需壮大

郑州大学公共管理学院副教授刘兆鑫认为，惠州对社会信用体系的探索，以“守信有利、失信有损”为原则促进“信用增值”，不仅有利于本地社会信用体系建设，更为其他地区积累宝贵经验。其中政府管制与服务、市场化运作和社会公益行动有机结合体现治理现代化的要求，值得持续推进的模式。

对于惠州今后社会信用体系的完善，刘兆鑫建议，企业信用是抓手，市民信用也要补；信用评价体系是根本，第三方评价机构需要壮大；公共服务性信用信息是基本，产品性信用信息可交托。

（南方都市报记者陈燕，《南方都市报》
2016年4月15日A06版报道）

潮州乡贤咨询委员会补位乡村治理

短短3个月，覆盖全市1015个村居的乡贤咨询委员会建成，潮州探路乡村治理先手在握。春节以来，潮州各地利用在外工作、经商的乡贤集中回乡的契机，打“乡贤牌”、撒“英雄帖”、办“群英会”，形成了一股问策乡贤、创新治理的发展正能量。

经过一段时间的实践，潮州市探索建立的乡贤咨询委员会，通过凝聚乡贤力量，充分发挥乡贤的亲缘、人缘、地缘优势，在潮州广大乡村形成了新的民主协商平台，成为村民自治的有益补充和提高基层治理的新路径。

市委书记亲任乡贤当“智囊”

潮安区金石镇潘厝村是潮州有名的“落后村”，发展后劲差，乡村凝聚力弱，是潮州市委书记李水华的挂钩村。乡贤咨询委员会机制实施后，李水华主动要求担当潘厝村乡贤，发动村里乡贤共谋发展。

乡贤咨询委员会的创意源自潮州的党建实践。2014年底，李水华到任后，在潮州提出了以基层党建为引领，启动为期3年的“基层建设年”和“文明镇街、文明村居”创建活动，构建“大党建”工作格局。

在潮州，一直以来就有社会贤达反哺家乡的传统，在文明创建中，乡贤效应突出。因此，潮州也在思量如何引导这些民间力量，使之成为村民自治的有益补充和文明创建的推动力量，探路乡村治理。

在这样的背景下，乡贤咨询委员会应运而生。今年1月22日在“文明镇街、文明村居”创建工作会议上，潮州进一步提出各地要利用春节期间，在村（社区）党组织领导下，建立乡贤“文明村居”创建咨询委员会，把外出和家里的乡贤召集在一起商量新一年的工作，创新基层治理。

“智库+桥梁”引爆正能量

与其他民间组织不同的是，乡贤咨询委员会更加开放包容，凡符合有关条件、热心家乡事业者，均可参与。因此，这些成员中包括老党员、老干部、企业家、社会组织负责人、年轻创客、技术人士等。各种思想和理念在这里汇集、交流，共同为文明创建、家乡发展建言献策。

令人惊喜的是，乡贤咨询委员会还吸引了专业技术人员、青年创客等人才的回归，更多的农村优秀人才积极响应助力家乡发展。

通过这几个月的实践，潮州方面表示，要从长效着眼乡贤咨询委员会的特殊作用，必须要有新的探索与突破。必须强化基层党组织领导核心地位，健全乡贤咨询委员会的运行机制。把乡村社会治理引导、规范到法治的渠道，使乡村社会在法治的范畴中开展共治，真正从长效上为乡村治理补位。

专家点评　广东省体制改革研究会副会长彭澎博士：加强对现代乡贤的引导

广东省体制改革研究会副会长、广州市社会科学院高级研究员彭澎博士认为，乡贤咨询委员会是探索乡村治理的不错的尝试，可以成为基层治理的重要抓手，成为当前农村党建的新着眼点。

这是延续传统乡贤文化的新载体，各地可重新梳理本地历史上乡贤发挥的作用，加强对现代乡贤的引导。在此基础上，要善于借力，扩大乡贤的范围，重视新一代乡贤，并整合驻村干部、法律顾问等非本村籍的“新乡贤”；要利用“互联网+”搭建交流平台，以信息化的手段，引导乡贤确实有效地发挥示范引领作用。

（南方日报记者廖奕文、苏仕日，通讯员陈榆，
《南方日报》2016年4月18日A07版报道）

巧打“乡贤牌”　潮州补位乡村治理

短短3个月，覆盖全市1015个村居的乡贤咨询委员会建成，潮州探路乡村治理先手在握。春节以来，潮州各地利用在外工作、经商的乡贤集中回乡的契机，打“乡贤牌”、撒“英雄帖”、办“群英会”，形成了一股问策乡贤、创新治理的发展正能量。

潮安区金石镇潘厝村是潮州有名的“落后村”，也是市委书记李水华的挂钩村。乡贤咨询委员会机制实施后，李水华主动要求担当潘厝村乡贤，发动村里乡贤共谋发展。

2014年底，李水华到任后，在潮州提出了以基层党建为引领，启动为期3年的“基层建设年”和“文明镇街、文明村居”创建活动，构建“大党建”工作格局。在潮州，一直以来就有社会贤达反哺家乡的传统，类似“理事会”“老人组”等民间组织的影响力非常大，在文明创建中，乡贤效应极为突出。在这样的背景下，乡贤咨询委员会应运而生。

乡贤们通过座谈、微信群、QQ群等方式聚集一起，对创建活动提思路、献建议，通过出智、出资、出力，为当地环境整治的巩固提升注入强劲动力。

（南方日报记者廖奕文、苏仕日，南都记者陈燕，通讯员陈榆，《南方都市报》2016年4月18日A07版报道）

消除防灾减灾的“信息孤岛”

广东集约快速利用气象大数据

在广东省气象探测数据中心监控大厅内，宽大的屏幕中央显示的一张绿色网格图特别显眼。上面密密麻麻的绿点显示着全省各地市监测设备的运行情况。

该中心高级工程师周钦强介绍，目前可以将全省15大类2808个气象设备所在的地形、运行状态都通过3D虚拟技术实时展示出来，一旦某设备发生故障，平台会自动报警。

据悉，省气象局经过3年多的科技研发，打破数据孤岛，构建全省统一、集约开放的气象数据平台。

监测点覆盖海陆空

2012年到2015年，区域自动站从1793个增加到2160个，天气雷达从9个增加至12个，海岛自动站从23个增加到49个，回南天监测点从无到38个。这些点位都是庞大的气象观测大数据的直接来源。在海洋气象与台风监测预报方面，省气象部门近年持续推进南海气象监测预警等应急保障工程建设，形成由沿海8部雷达和49个海洋气象站、8个石油平台自动站、4个大型海上浮标站组成的防御台风的“三道防线”。

省气象探测数据中心相关负责人介绍，目前，对台风的实况监测范围由原来离岸50公里延伸到200公里。全省气象观测系统完备程度提高30%，气象观测自动化程度提高200%。全省大范围灾害性天气监测率达到95%，中小尺度突发灾害性天气监测率达到88%。

气象卫星观测系统建设也有序推进。广州气象卫星地面站（B）站区建成了风云三号极轨气象卫星地面应用系统、风云二号静止气象卫星指令与数据接收主站和测距副站、静止气象卫星核心业务备份系统。

建集约平台　提互联速度

“数据又快又好用，我们现在几乎能看到全省各地天气实况直播，为短临预报提供了重要支撑。”广东省气象台从事短临预报30余年的首席预报员刘运策说。省气象局针对全省所有探测设备和探测数据，建设了探测设备全网在线监控平台、数据分级质量控制流程，初步建立全省观测资料、业务系统、服务产品和管理信息等集约一体的数据资源库。

除了集约平台，提速互联则夯实数据资源云上应用的基础。广东建成覆盖全省、连接中国气象局的宽带网络系统，省级1000M MPLS-VPN IP接入运营商骨干专网，实现省到市50—100M、市到县20—50M。经优化处理后的主要观测资料一分钟可到达各级预报员桌面。

专家点评　省大气探测技术与装备学科带头人、正研级高级工程师敖振浪：信息处理扁平化为预报赢得时间

广东省气象部门充分利用最新信息化技术，优化数据采集传输流程，精简处理环节，数据整合集约，使气象监测数据传输处理应用模式由台站—市局—省局多层级，转变为台站—省局的扁平模式，这是对传统数据传输处理的根本性改革。

气象大数据利用的提速增效，为提前预警预报、更好地防灾减灾赢得了宝贵时间。

（南方日报记者谢庆裕，通讯员董永春、杨群娜，
《南方日报》2016年4月22日A11版报道）

摆事实驳斥“倒闭潮”论调

东莞组织多家媒体实地采访调研

东莞又现倒闭潮？东莞经济不行了？这类“唱衰”东莞的论调不绝于耳。

面对质疑，东莞选择主动出击。东莞市委宣传部坚持用事实和数据回应，持续向外界推介“东莞故事”“东莞亮点”，引发中外媒体广泛关注和积极报道，东莞的转型升级和创新实践引爆正面舆论场。讲好了故事的东莞，展现出不一样的精彩，呈现出“国际制造名城”的新形象。

解码蝶变背后动力转换

作为中国改革开放的先行城市，东莞的经济社会建设历来引人注目，其既是过去30多年中国发展模式的一个缩影，又在新时期成为中国制造业转型升级的典型样本。

为澄清外界的质疑和误解，去年10月至今，东莞主动策划，组织多家媒体实地采访调研，尤其是利用权威媒体，挖掘鲜活素材，辩证地宣传东莞经济社会发展新常态，通过开展“经济好不好，基层看一看”、主流媒体走进“世界工厂”等活动，积极正面地驳斥“外商撤资”“倒闭潮”论调，生动地报道东莞先行先试、转型升级的做法经验，着重解码东莞经济蝶变背后的动力转换与改革深化，进一步唱响“中国制造”“中国经济光明论”。

“不是说东莞外资都走光了吗，怎么2015年的经济数据还这么好看？”“诺基亚搬走了，但东莞的步步高OPPO手机又冒出来了”“华为居然是东莞的纳税大户？”东莞系列报道推出之后，不少网友跟帖发出这样的感慨。

数据翔实、全面客观的密集报道推出之后，东莞许多干部、企业家、群众也深受鼓舞，他们真切地感受到东莞经历了转型升级、爬坡越坎的艰难时期，成果来之不易。不少东莞人通过社交平台表达感想，为东莞点赞，持续形成舆论热潮。

用“小故事”诠释“大主题”

2015年，东莞相继举办了苏迪曼杯等30多项大型赛事和活动，成为“新闻富矿”。仅在苏迪曼赛事期间，东莞就邀请了13个国家和地区的110家媒体304名记者来莞采访报道，协调各媒体刊播苏迪曼赛事相关原创稿件8000多篇，提升了东莞活力四射的城市形象。

借力精彩纷呈的活动推介，东莞有效突出了“不一样的东莞”城市面貌。这样的东莞有别于网络上的陈旧印象，在洗刷污名的同时，进一步扩大了东莞在国内外的知名度和影响力。

“东莞作为中国改革开放的一个精彩而生动的缩影，我们既要讲好打基础、办实业、走正道，坚持物质文明与精神文明‘两手抓’等重大原则，也要总结东莞模式、东莞特色、东莞经验的典型案例和鲜活实践。”东莞市委常委、宣传部长潘新潮认为，转型升级与舆情引导、城市形象之间是互为推动的关系。近年来，东莞先后致力于“精彩东莞”“活力东莞”“不一样的东莞”等年度主题宣传，全力优化城市形象，取得较好效果。接下来，东莞将大力开展“创新东莞”主题宣传，通过分众化、差异化传播，精准定位受众，主动设置议题，用“小故事”诠释“大主题”，讲准、讲好、讲透东莞故事，为推动转型升级发展营造更加良好的舆论氛围。

专家点评　暨南大学新闻与传播学院副教授麦尚文：公开透明、直面媒体是政府有底气的表现

我注意到一个有意思的现象，东莞现在喜欢举办新闻发布会，用一种公开透明、直接面对记者的形式发布新闻。

数据显示，2015年东莞以市政府新闻办名义举办了36场新闻发布会，2016年到现在为止已举办了12场新闻发布会。这是政府有底气的表现。在公开透明和不断交锋的信息发布形式里，传言很容易不攻自破，你发传言质疑，我直接给你数据证明。

东莞的转型升级无疑需要健康、公平的舆论环境，抓好舆论引导、塑造良好城市形象，对经济增长、结构调整有着重要的支撑引领作用。东莞在大浪淘沙的舆论场中积极作为、因势利导，是有勇气，有智慧的表现。

（南方日报记者陈晨，通讯员张超，《南方日报》
2016年4月25日A07版报道）

附录一

“中国地方政府创新奖”广东申请项目名录（共计114个）

第一届中国地方政府创新奖广东省申请项目

1. 深圳市委党校：深圳农村股份合作制与民主政治的发展

2. 广东省开平市人民政府办公室：认真实行领导下访制度　切实把问题解决在基层

3. 广东省开平市人民政府办公室：建立健全的扶贫济困网络　确保困难群众的生活稳定

4. 广东省新会市人民政府：强督促检查　提高行政效能

5. 深圳市政府体改办：行政管理体制改革的一次成功探索——深圳市政府审批制度改革的做法和成效

6. 广东省澄海市人民检察院：中层干部，在竞争中诞生——澄海市人民检察院竞争任职改革剪影

7. 革“小财政”的命　从源头上防腐——深圳沙井镇财政管理制度创新

8. 广东省饶平县人民检察院：积极推行检务公开　创造良好执法环境

9. 中共阳江市委组织部课题组：积极探索　务求创新——关于我市干部制度改革的调查报告

10. 广东省阳江市公安局办公室：注重特色　讲求实效　——广东省阳江市公安机关警务公开工作的主要做法

11. 广东省江门市委宣传部：广东省江门市蓬江区民政工作有创新

12. 深圳大学管理学院当代中国政治研究所：大鹏镇长选择一小步，中国政治发展一大步

第二届中国地方政府创新奖广东省申请项目

1．深圳市体改办：深圳市公用事业市场化改革

2．广东省清远市扶贫办：清远市委市政府创新五项举措，着力解决突出的“三农”问题

第三届中国地方政府创新奖广东省申请项目

1．广东省江门市人民政府：广东省江门市“在政府部门全面导入ISO质量管理体系”

2．深圳市盐田区民政局：深圳市盐田区社区管理体制改革

第四届中国地方政府创新奖广东省申请项目

1．佛山市农业局：创新农村集体财务管理体制　重构新农村建设组织载体

2．中共云浮市委、云浮市人民政府：云浮市“活力民主，阳光村务”工程

3．深圳市监察局：深圳市行政审批电子监察系统

4．广东省医药行业协会：广东省“医药行业自律管理系统工程”

5．中共深圳市南山区委、南山区人民政府：深圳市南山区和谐社区建设“双向互动”制度创新

6．深圳市公安局坑梓派出所：深圳市公安局坑梓派出所社区警务理事会外来人员服务中心

第五届中国地方政府创新奖广东省申请项目

1．广东省佛山市妇女联合会：家庭教育社会化运行模式

2．广东省妇联：援助单亲特困母亲行动

3．广东省妇女联合会：广东省妇女维权与信息服务站项目

4．广东省揭阳市总工会：民间社团工会

5．广州市劳动和社会保障局：广州市农转居人员基本养老保险办法

6．广州市人力资源市场妇联分市场服务中心

7．汕头市妇女联合会：汕头儿童e家网

8．深圳市妇女联合会：“阳光系列”服务项目

9．深圳市民间组织管理局：深圳市社会组织登记管理体制改革

10．深圳市民政局：深圳市“政府推动　民间运作”的社会工作模式

11．深圳市市民情感护理中心：市民情感护理与心理援助

12．深圳市委组织部、深圳市人居环境委员会、深圳市监察局、深圳市统计局：深圳市环境保护实绩考核

13．中共广东省梅州市蕉岭县纪律检查委员会：中共广东省蕉岭县纪委：村务监督模式

14．中共深圳市龙岗区委、龙岗区人民政府：深圳市龙岗区“大综管”信访维稳综治平台

15．中共深圳市直属机关工作委员会：深圳市直机关基层党组织开展公推直选工作

16．中共湛江市纪律检查委员会：湛江市“村务e　路通”信息公开平台

17．深圳市妇联：将社会工作引入妇女工作

第六届中国地方政府创新奖广东省申请项目

1．云浮市人民政府：云浮“组为基础、三级联动”理事会制度

2．中共深圳市盐田区委：完善民意畅达机制　促进基层民主政治建设

3．广东省财政科学研究所：广东地方政府财政绩效管理改革与实践

4．广东省机构编制管理研究会：顺德区大部门体制改革

5．广东省佛山市顺德区北滘镇人民政府：广东工业设计城

6．珠海市政府采购中心：2009年第五届中国政府采购十大创新品牌

7．深圳市福利彩票公益金管理中心：“种子基金”为公共财政与社会对接探路

8．广东省中山市三乡镇妇女联合会：外来人口社区融入与发展——来自广东省中山市三乡镇的社会管理创新实践

9．深圳市精神文明建设委员会：深圳关爱行动

10．深圳市民政局：深圳市民间化专业化社会工作发展模式

11．深圳市妇女联合会：阳光家庭综合服务中心

第七届中国地方政府创新奖广东省申请项目

1. 潮州王伉传统文化研究会：办好青龙庙会，让民俗服务民生

2. 肇庆市社会工作委员会：肇庆市封开县　创建基层“便民通”服务平台

3. 肇庆市社会工作委员会：肇庆市公安局　全国首个公安微博“平安肇庆”

4. 广东省汕头市民政局：发挥特区立法优势，出台《汕头经济特区社会组织登记管理办法》，加快社会组织培育发展

5. 汕头市濠江区人民政府：汕头市濠江区探索市区职责关系法定化

6. 佛山市顺德区市场安全监管局：商事登记制度改革

7. 广东省机构编制委员会办公室：广东省行政审批制度改革

8. 阳江市科技工业和信息化局：阳江市工业企业集中服务月

9. 珠海市医疗纠纷人民调解委员会

10. 广东省东莞市社保局：建立统一医保服务体系

11. 深圳市龙岗区教育局：坚持科学发展观　建设龙岗和谐教育

12. 深圳市民政局民间组织管理局：中国公益慈善项目交流展示会

13. 珠海市香洲区一家亲妇女儿童发展服务中心：相伴成长——自闭症家长支持计划

14. 深圳市民政局：中国公益慈善项目交流展示会

15. 深圳市龙岗区龙祥社工服务中心：“我们都是深圳的孩子”新市民成长计划——城中村流动儿童成长中心项目

16. 珠海市香洲区委宣传部：网络参与社区管理——饭米粒网

17. 广东省清远市阳山县人民政府：县镇村三级社会综合服务网络

18. 广东省云浮市人民政府：广东省云浮市培育和发展自然村乡贤理事会

19. 中山市社会工作委员会：中山市流动人员积分制管理

20. 共青团清远市委员会：清远枢纽型社会组织建设

21. 广东省社会工作委员会：广东省异地务工人员服务组织建设

22. 广东省机构编制委员会办公室：法定机构新探索——顺德社会创新中心

23．深圳市龙岗区横岗街道办事处：“一会六共”模式推进社会管理创新

24．广东省梅州市平远县社会工作委员会：广东省梅州市平远县民情志愿服务队建设

25．广东省东莞市新莞人服务管理局：推动流动人口的社会融入

26．广东省东莞市社会工作委员会：利用异地商会资源，优化异地务工人员服务管理

27．广东省东莞市石龙镇党委、政府：借助信息系统加强企业风险预警和防范

28．深圳市罗湖区民政局：“精神民生”建设的探索与实践

29．茂名市茂南区人民政府：“以民促安”立体化打防管控体系

30．惠州市“特色之家”

31．深圳市龙岗区坂田街道党工委：打造社区和谐、居民幸福项目

32．宝龙社区工作站：青春健康俱乐部

33．深圳市龙岗区龙城街道紫薇社区工作站：“双工一社”服务模式

34．深圳市龙岗区龙城街道办事处：龙城街道“五好四美”城市管理模式

35．中共深圳市罗湖区委、罗湖区人民政府：“发展型”社会救助体系的探索与实践

36．清远市人民政府：依托行业协会，实现行业有效治理

37．深圳市南山区沙河街道办事处：开展“宜居出租屋”创建行动　探索城中村社会管理新路子

第八届中国地方政府创新奖广东省申请项目

1．佛山市顺德区人民政府：顺德区公共决策咨询委员会制度——地方政府对新型智库的探索

2．广东省总工会：广东“工人在线”网上综合服务平台

3．广东省云浮市社会工作委员会：广东云浮创新协同共治体系提升社会治理水平

4．深圳市龙华区社会工作委员会：政府治理与外来业主自治相结合的深圳“西头新村模式”

5．广东省广州市民政局：广州市社会组织公益创投

6．广东省深圳市坪山新区："智慧城市"创新实践

7．深圳市坪山新区管理委员会：大数据在基层社会治理中的创新运用

8．龙岗区民政局：龙岗区"社区民生大盆菜"

9．政协深圳市龙岗区委员会：龙岗区季度协商议政会

10．深圳市龙岗区政务服务管理办公室：全国首创全覆盖的区级权责清单

11．深圳市龙岗区横岗街道办事处：信访调解司法确认制探索——为信访调解加盖"法治"印章

12．深圳市罗湖区社会工作委员会：罗湖区党政社群社区共治项目

13．广州市人民政府国有资产监督管理委员会：广钢金融债务重组

14．深圳市盐田区人民政府：盐田区城市GEP（生态系统生产总值）核算体系及运用

15．广东省深圳市南山区蛇口街道办事处：蛇口街道"一平台两中心"社区治理体系

16．广州市越秀区人民政府：广州民间金融街城市更新项目

17．广州市越秀区人民政府：越秀区社区网格化服务管理

18．中共深圳市罗湖区南湖街道工作委员会：党建项目认领

19．深圳市龙华新区：基层党务工作者专业化职业化建设

20．深圳市南山区招商街道党工委、街道办事处："让社区回归社会"：招商街道社区体制改革经验

21．中山市社会工作委员会："博爱100·全民公益1+1+1"模式

22．深圳市福田区人民政府：实施"民生微实事"推进社区治理改革

23．中共清远市委农村工作委员会办公室：清远市"三个重心下移"乡村治理模式

24．深圳市大鹏新区组织人事局：大鹏新区构建党建工作职责清单体系

25．深圳"民生微实事"改革创新项目

26．广州市荔湾区人民政府：荔湾区"一窗式"　政务服务改革

27．中共深圳市罗湖区南湖街道工作委员会：基层党建质量认证体系

附录二

历届“中国地方政府创新奖”广东省获奖案例名录（共计18个）

第一届　广东省深圳市行政审批制度改革

广东省深圳市大鹏镇“三轮两票制选举乡镇长”

第二届　广东省深圳市“公用事业市场化改革”

第三届　深圳市盐田区委、区政府“社区管理体制改革”

第四届　深圳市南山区人大“和谐社区建设双向互动制度创新”

广东省深圳市监察局：行政审批电子监察系统

第五届　广东省深圳市民间组织管理局：社会组织登记管理体制改革

广东省揭阳市总工会：民间社团建工会

广东省深圳市龙岗区、委区政府：“大综管”信访维稳机制

第六届　广东省机构编制委员会办公室：大部门体制改革

广东省深圳市民政局：社会工作的民间化专业化

广东省中山市三乡镇妇联：外来人口社区融入与发展

广东省深圳市盐田区委：完善民意畅达机制

第七届　广东省中山市社会工作委员会：流动人员积分制管理

广东省肇庆市政法委：“法治肇庆”微博群

第八届　广东省深圳市盐田区人民政府：城市生态系统生产总值核算体系及运用

广东省佛山市顺德区人民政府：公共决策咨询委员会制度

广东省总工会：“工人在线”网上综合服务平台

附录三

三届“粤治-治理现代化”优秀案例名录（共计80个）

第一届“粤治-治理现代化”优秀案例名单

政府治理创新类

1. 佛山市顺德区委、区政府：顺德深化行政审批制度改革
2. 广州市政府：广州在全国率先公开“四公”预算
3. 广东省发改委：广东启动碳排放权交易
4. 中山市社工委：中山“博爱100·全民公益1+1+1”模式
5. 广东省公安厅：广东“警民通”便民服务平台
6. 深圳市市场监督管理局：深圳商事登记制度改革
7. 惠州市委、市政府：惠州村（居）委聘请“法制副主任”
8. 佛山市南海区委、区政府：佛山南海行政审批“三单管理”
9. 珠海市委社会管理工作部：珠海社会治理创新“三大平台”

舆情引导类

1. 揭阳市委宣传部：揭阳上浦村群体性事件舆情引导
2. 清远市委宣传部：清远“新闻施政”
3. 惠州市委宣传部：惠州人感染H7N9禽流感病例舆情引导
4. 广州市社工委：广州“平民英雄”传递社会正能量
5. 深圳市公安交通管理局：深圳龙岗保时捷车主撞死的哥被疑顶包案舆情引导
6. 广东省高级人民法院：广东高院首推网络舆情白皮书

网络问政类

1. 深圳市罗湖区委、区政府：深圳罗湖区家园网打造交互型社区
2. 阳江市政府：阳江网络问政强监督成惠民工程
3. 广东省总工会：广东“工人在线”平台传递劳动者声音
4. 佛山市委、市政府：佛山市区镇领导微访谈全覆盖办实事
5. 中山市委督查室、中山市南头镇：广东首个农村“电子社区”用网络连接地气
6. 肇庆市公安局：全国首个公安微博“平安肇庆”沟通警民
7. 潮州市委：潮州“一站式”创新网络问政机制
8. 湛江市文明委：湛江用足网络手段唱响“好人好报”

第二届“粤治-治理现代化”优秀案例名单

政府治理创新类

1. 广东省信息中心：广东省网上办事大厅“一站式”服务
2. 珠海市纪委：珠海建设廉情预警评估系统
3. 佛山市禅城区委、区政府：佛山禅城“一门式”政务服务改革
4. 广州增城市政府：增城“村民民主议事决策”破“问题村”治理难题
5. 广东省总工会：广东省总工会应急处置分队化解劳资纠纷
6. 惠州市政府：惠州“中介超市”探索
7. 深圳大鹏新区管委会：深圳大鹏新区生态文明体制改革
8. 汕头市潮阳区政府：潮阳“反哺工程”推动政府治理创新
9. 广州市民政局：广州首届社会组织公益创投活动
10. 广州市萝岗区司法局：萝岗实施“一村（社区）一法律顾问”促进基层依法治理

网络问政类

1. 黄细花、易凤娇：“花姐”微信公众号、“全国人大代表易凤娇”公众号
2. 深圳市龙岗区委宣传部：深圳龙岗“外网回音壁”网络答政平台

3. 广州市互联网信息办公室：“中国广州发布”微信平台
4. 深圳市南山区委宣传部：深圳南山“书记信箱群”
5. 茂名市委宣传部：茂名书记市长网友座谈会
6. 广东省政府新闻办公室：“广东发布”三微平台
7. 湛江市政府办公室：网络问政形成“湛江现象”
8. 东莞广播电视台：东莞“阳光热线”问政平台

舆情引导类

1. 广州市城管委：广州市城管委微博与“垃圾分类万人行”活动
2. 广东省互联网信息办公室：粤来粤好、岭南攻坚进行时、从粤企看信心
3. 广东省卫计委：广东省卫计委应对“现埃博拉病例”谣言
4. 汕尾陆丰市委：陆丰核电项目确保公众知情权
5. 茂名市委宣传部：茂名巧设议题破解市政建设难题
6. 汕头市公安局：汕头公安处置“虐童事件”舆情引导
7. 廖新波：廖新波“把胎留住”人性化解读

品牌管理类

1. 广州医药集团有限公司：广药集团多品类协同营销
2. 广东省中医院：广东省中医院“以患者需求为导向”推动品牌建设
3. 中山大学校友总会：中山大学90年校庆举办“校友嘉年华”
4. 珠海格力电器股份有限公司：格力品牌与董明珠画“约等号”
5. 广东省总工会：广东省总工会“广东职工大讲堂”
6. 深圳市大疆创新科技有限公司：大疆创新善用科技名人结合事件营销传播品牌

第三届“粤治–治理现代化”优秀案例名单

政府治理创新类

1. 惠州市发展和改革局：惠州市社会信用体系建设
2. 潮州市委：潮州创建乡贤咨询委员会探索创新乡村治理模式

3．揭阳市金属企业联合会：中德金属生态城探索新型办园模式
4．广东省食品药品监督管理局：广东构建运行化妆品安全风险监管新模式
5．广州市委宣传部：加大舆情研判和处置工作力度，促进城市治理体系和治理能力现代化
6．广东省总工会：广东工会法律服务律师团
7．广州（清远）产业园管委会：广州（清远）产业园探索精准扶贫管理运行模式
8．广东省妇女儿童工作委员会："集思公益　幸福广东"支持妇女计划
9．江门市政府：江门"微市长"微信公众号
10．中山市南头镇党委：中山市南头镇"微治理"系统

舆情引导类

1．深圳市互联网信息办公室：舆情引导"供给侧"改革的深圳实践——以光明新区"12·20"重大滑坡事故为例
2．东莞市委宣传部：唱响新东莞
3．茂名市互联网信息办公室：茂名以法治谣出成效
4．广州市公安局：网传暴恐分子圣诞节袭击广州　广州警方迅速辟谣
5．广州市番禺区委宣传部：番禺区成功引导"彩虹"台风袭粤舆情
6．惠州市委宣传部：惠州市救治MERS病例舆情引导
7．广州地铁集团：广州地铁有效应对"超级细菌"事件案例
8．肇庆市委宣传部：肇庆处置商贩与城管执法冲突事件舆情引导

大数据与公共服务类

1．广东省人大常委会：大数据服务平台支撑保障代表履职
2．佛山市南海区数据统筹局：政府大数据统筹应用
3．广东省岭南通股份有限公司：岭南通大数据在公共交通出行服务研究与应用
4．广东省环境监测中心：珠三角大气污染联防联控技术应用示范

5. 广东省气象探测数据中心：气象大数据信息化建设助推气象防在能力提升
6. 深圳市坪山新区智慧社会服务中心：坪山新区以大数据理念推进基层治理能力现代化
7. 广东省食品药品监督管理局：构建食品安全追溯体系　精准严管乳粉安全
8. 深圳市供电局：供电企业新媒体运营与大数据运用的探索与实践

后记

呈现在读者面前的这部学术作品是媒体和学界跨界合作的一个结晶。数年前，当俞老师和我还在中央编译局任职时，南方报业传媒集团下属的南方舆情数据研究院和俞可平老师所率领的研究团队的合作就已开始，我们合作的内容包括共享广东省申报历届中国地方政府创新奖项目数据、参与南方舆情数据研究院主办的“粤治–治理现代化”优秀案例评选经验交流和研究工作等。当俞老师和我先后调往北京大学中国政治学研究中心工作后，我们这种合作在新的平台上继续在进行。2016年上半年北大中国政治学研究中心组织若干高校老师对广东省获得第八届中国地方政府创新奖的案例和参选“粤治”的若干案例进行了实地考察，撰写了调研报告。我则在寒假期间利用八届中国地方政府创新奖广东的申报项目和三届“粤治”优秀案例开展了定量分析和定性研究，撰写了一份总的研究报告。曹轲和蓝云带领南方舆情数据研究院的同事们将三届“粤治”的优秀案例汇编起来，我们双方分工合作，把案例研究报告和优秀案例共同汇编成册。

俞可平老师作为中心主任和合作课题负责人对本项研究和本书编辑出版给予了全力支持和细心指导，南方报业传媒集团领导莫高义、刘红兵、黄常开、王垂林同样给予了无私的支持。曹轲、蓝云和我对双方领导的玉成合作深表谢意。

我们深知自己对广东省治理创新和治理现代化的研究还是初步的，但我们的初步研究和案例汇编若能为推动广东省治理创新和治理现代化做出些微贡献，能够为推动更为深入的研究起到抛砖引玉的作用，我们的目的也就算达到了。我们也将以这本书为起点，推动媒体和学界在治理创新和治理现代化优良实践的研究和推广方面的合作不断取得新的成果。

何增科

2017年春于燕园书香斋